Sérgio Karkache

Direito Financeiro e Tributário

Elaborado de acordo com as Resoluções nº 67, de 3 de julho de 2009, do Conselho da Justiça Federal e nº 75, de 12 de maio de 2009, do Conselho Nacional de Justiça.

Sérgio Karkache

Direito Financeiro e Tributário

para concurso de Juiz Federal

edipro concursos

Direito Financeiro e Tributário
para concurso de Juiz Federal

Sérgio Karkache

1ª edição 2011

Editores: Jair Lot Vieira e Maíra Lot Vieira Micales
Produção editorial: Murilo Oliveira de Castro Coelho
Revisão: Carolina Bravalhieri da Silva e Ricardo Virando
Arte: Karina Tenório e Simone Melz

Dados de Catalogação na Fonte (CIP) Internacional
(Câmara Brasileira do Livro, SP, Brasil)

Karkache, Sérgio
Direito financeiro e tributário : para concurso de juiz federal / Sérgio Karkache. – São Paulo : EDIPRO, 2011. – (Série concurso de juiz federal)

ISBN 978-85-7283-742-2

1. Direito financeiro - Brasil - Concursos 2. Direito tributário - Brasil - Concursos 3. Magistratura - Concursos I. Título. II. Série.

11-00319 CDU-34:336(81)(079)

Índices para catálogo sistemático:
1. Brasil : Concursos : Direito financeiro 34:336 (81) (079)
2. Brasil : Direito financeiro : Concursos 34:336 (81) (079)

edipro

edições profissionais ltda.
São Paulo: Fone (11) 3107-4788 – Fax (11) 3107-0061
Bauru: Fone (14) 3234-4121 – Fax (14) 3234-4122
www.edipro.com.br

Sumário

Agradecimentos e nota do autor 13
Abreviaturas e convenções 15

Capítulo 1 **Finanças públicas na Constituição de 1988** 19

1.1. Lei complementar financeira e orçamentária 19
1.2. Banco Central do Brasil 20
1.3. Ciclo orçamentário 21
1.4. Tipos de orçamento 21
1.5. Proposta orçamentária do Poder Judiciário 23
1.6. Processo legislativo das leis orçamentárias 24
1.7. Créditos orçamentários e adicionais 27
1.8. Programação financeira – os "duodécimos" 28
Questões de concursos 29

Capítulo 2 **Orçamento público** 31

2.1. Orçamento: conceito 31
2.2. Orçamento: classificação e espécies 31
2.3. Orçamento: natureza jurídica 35
2.4. Princípios orçamentários 36
2.4.1. Princípio da legalidade 36
2.4.2. Princípio da exclusividade 37
2.4.3. Princípio da programação 38
2.4.4. Princípio do equilíbrio orçamentário 38

2.4.5. Princípio da anualidade 39
2.4.6. Princípio da unidade 40
2.4.7. Princípio da universalidade 40
2.4.8. Princípio do orçamento bruto 40
2.4.9. Princípio da não afetação 41
2.4.10. Princípio participativo 41
2.4.11. Princípio da publicidade 42
2.4.12. Princípio da especificação 42
2.4.13. Princípio da clareza 43
2.4.14. Princípio da uniformidade 43
2.5. Normas gerais de Direito Financeiro 43
2.6. Fiscalização e controle interno e externo dos orçamentos 45
2.7. Controle externo 45
2.8. Controle interno 47
2.9. Controle nos estados e municípios 47
2.10. Relatório Resumido de Execução Orçamentária (RREO) 48
Questões de concursos 49

Capítulo 3 **Despesa pública e precatórios** 51

3.1. Despesa pública: conceito 51
3.2. Despesa pública: classificações 51
3.3. Regime constitucional dos precatórios 53
3.4. Compensações de créditos e débitos 55
3.5. Outras alternativas 55
3.6. Pequenos valores 56
3.7. Despesas com pessoal 57
Questões de concursos 58

Capítulo 4 **Receita pública** 61

4.1. Ingressos e receitas 61
4.2. Classificação: receitas originárias e derivadas 61
Questões de concursos 64

Capítulo 5 **Dívida ativa, crédito e dívida pública** 65

5.1. Dívida ativa da União 65
5.2. Crédito público: conceito 67
5.3. Dívida pública: conceito 68

Questões de concursos 69

Capítulo 6 **Sistema Tributário Nacional** 71

6.1. Sistema Tributário Nacional 71
6.2. Limitações constitucionais ao poder de tributar 72
6.3. Isonomia (ou igualdade tributária) 73
6.4. Princípio da capacidade contributiva 73
6.5. Razões extrafiscais 74
6.6. Princípio da irretroatividade tributária 75
6.7. A repartição de competências na federação brasileira 76
6.8. Delegação de arrecadação 78
6.9. Discriminação constitucional das rendas tributárias 78
6.10. Legislação sobre o Sistema Tributário Brasileiro 80
6.11. Definição de tributo 81
6.12. Espécies de tributos 82
6.13. Impostos 84
6.14. Taxas 85
6.15. Contribuições de melhoria 86
6.16. Empréstimos compulsórios e contribuições especiais 87
Questões de concursos 89

Capítulo 7 **Competência tributária e imunidades** 93

7.1. Competência tributária plena 93
7.2. Indelegabilidade da competência 93
7.3. Não exercício da competência 94
7.4. Competência residual e extraordinária 96
7.5. Limitações da competência 97
7.6. Princípios da legalidade e da tipicidade 98
7.7. Princípio da anualidade 103
7.8. Proibição de tributos interlocais 106
7.9. Imunidade e isenção 107
7.10. Uniformidade tributária 109
7.11. Tributação das concessionárias, sociedades mistas e fundações 110
7.11.1. Imunidade recíproca. Extensão da imunidade às autarquias 110

Questões de concursos.......112

Capítulo 8 **Impostos federais: IE, II, IPI, IOF** 121

8.1. Impostos sobre o Comércio Exterior 121
8.2. Imposto sobre a Importação de Produtos Estrangeiros.......121
8.3. Imposto de Exportação.......123
8.4. Imposto sobre Produtos Industrializados 125
8.5. Imposto sobre Operações de Crédito, Câmbio e Seguro, e sobre Operações Relativas a Títulos e Valores Mobiliários (IOF).......131
Questões de concursos.......133

Capítulo 9 **Imposto de renda** 137

9.1. Imposto de renda: hipótese de incidência 137
9.2. Princípios constitucionais do imposto de renda 139
9.3. Incidência e não incidência.......142
9.4. Regimes jurídicos 145
9.5. Imposto de Renda das Pessoas Jurídicas 146
9.6. Imposto de Renda das Pessoas Físicas 149
9.7. Legislação aplicável ao imposto de renda 151
Questões de concursos.......152

Capítulo 10 **Taxas, contribuições de seguridade, CSSL, COFINS, CPMF, CIDEs e empréstimos compulsórios**.......155

10.1. Fato gerador, taxas e preços públicos.......155
10.2. Taxas contratuais e facultativas.......158
10.3. Contribuições para a Seguridade Social 159
10.4. Contribuições para a seguridade: espécies 162
10.5. Contribuição para a Previdência dos Servidores Públicos.......164
10.6. Contribuição Social sobre o Lucro.......166
10.7. O regime da COFINS.......168
10.8. Contribuição Provisória sobre Movimentação Financeira (CPMF) 172
10.9. A CIDE e o seu regime.......175
10.10. Empréstimo compulsório. As limitações constitucionais do empréstimo compulsório na Constituição Federal de 1988...177
Questões de concursos.......180

Capítulo 11 **Fontes do Direito Tributário** 185

11.1. Conceito de fonte 185
11.2. Fontes do Direito Tributário 186
11.3. Fontes formais do Direito Tributário 186
11.4. Legislação tributária: conceito 187
11.5. Lei, tratados e convenções internacionais 187
11.6. Medidas provisórias 190
11.7. Tratados internacionais e legislação interna 192
11.8. Vigência e perda de eficácia dos tratados 192
11.9. Os tratados sobre matéria tributária e o art. 98 do CTN 194
11.10. Normas complementares 196
11.11. Leis complementares 196
11.12. Vigência da legislação tributária 199
11.13. Aplicação da legislação tributária 202
11.14. Interpretação e integração da legislação tributária 203
Questões de concursos 206

Capítulo 12 **Obrigação e responsabilidade tributária** 211

12.1. Obrigação principal e acessória 211
12.2. Fato gerador 212
12.3. Sujeito ativo e sujeito passivo 215
12.4. Capacidade tributária passiva 217
12.5. Domicílio tributário 219
12.6. Responsabilidade tributária 220
  12.6.1 Responsabilidade por substituição 220
  12.6.2. Responsabilidade por transferência 222
12.7. Solidariedade. Responsabilidade dos sucessores 222
12.8. Responsabilidade por infrações 226
Questões de concursos 228

Capítulo 13 **Crédito tributário: constituição e suspensão** 233

13.1. Constituição do crédito tributário 233
13.2. Lançamento 234
13.3. Modalidades de lançamento 236
13.4. Suspensão do crédito tributário 240
  13.4.1. Moratória 240

13.4.2. Depósito integral 242
13.4.3. Reclamações e recursos 243
13.4.4. Decisões liminares 243
13.4.5. Parcelamento 245
Questões de concursos 246

Capítulo 14 **Extinção do crédito tributário** 251

14.1. Pagamento 251
14.2. Compensação 254
14.3. Restituição de tributos indevidos 256
14.3.1. Restituição do tributo transferido 257
14.3.2. Restituição de juros e multas. Correção monetária 258
14.4. Transação 259
14.5. Remissão 260
14.6. Prescrição e decadência 261
14.6.1. Decadência 262
14.6.2. Prescrição 264
14.7. Conversão do depósito em renda 265
14.8. Consignação em pagamento 266
14.9. Decisão administrativa irreformável e decisão judicial passada em julgado 267
Questões de concursos 267

Capítulo 15 **Direito processual tributário** 273

15.1. Direito processual pributário 273
15.2. Processo administrativo tributário 274
15.3. Processo judicial tributário 278
15.3.1. Execução fiscal 278
15.3.2. Embargos do devedor 284
15.3.3. Cautelar fiscal 284
15.3.4. Mandado de segurança 286
15.3.5. Ação de repetição de indébito 288
15.3.6. Anulatória de débito fiscal 289
15.3.7. Ação declaratória 290
15.3.8. Ação de consignação em pagamento 291
Questões de concursos 291

Capítulo 16 **Administração tributária e dívida ativa** 299

16.1. Administração tributária 299
16.2. Procedimento fiscal 300
16.3. Sigilo fiscal e prestação de informações 301
16.3.1. Sigilo profissional 302
16.3.2. Sigilo fiscal 302
16.3.3. Sigilo bancário 304
16.3.4. Cooperação entre fazendas e entes públicos 306
16.4. Dívida ativa 307
16.5. Certidões e cadastro 308
Questões de concursos 310

Referências 315

Agradecimentos e nota do autor

Tem crescido a importância do Direito Financeiro e Tributário nas provas para a magistratura federal em nosso país. Assistimos não só ao aumento quantitativo de questões, como ao aprofundamento dos temas, em especial ligados à jurisprudência do Supremo Tribunal Federal e do Superior Tribunal de Justiça.

Este livro busca servir ao estudante que se prepara para os concursos da magistratura federal, abordando os principais tópicos relativos ao Direito Financeiro e Direito Tributário, em formato de resumo. Seu objetivo é oferecer um roteiro de estudos que permita uma análise rápida, objetiva, prática e organizada dos temas tradicionalmente tratados em concursos desta espécie, muito embora não dispense a consulta às obras clássicas, sobretudo para aprofundamento da compreensão sobre os diversos temas expostos.

Seu foco principal é expor e abranger os temas conforme a previsão de assuntos prováveis para os próximos concursos. Esta previsão é baseada em método que se utiliza da análise dos concursos anteriores, priorizando questões que abordem temas atuais. Nossa esperança é de haver contribuído para o êxito de nossos leitores em seus projetos profissionais.

Necessário consignar nossos agradecimentos ao patrocínio e confiança da EDIPRO, aos diversos professores, coordenadores e diretores das diversas instituições onde atuei como palestrante, instrutor e professor, pela oportunidade de acumular conhecimentos e experiência no magistério, e à minha família e amigos, pela compreensão, apoio e consolo nesta empreitada.

Abreviaturas e convenções

ADI	Ação Direta de Inconstitucionalidade
AFRF	Auditor Fiscal da Receita Federal do Brasil
AFTE	Auditor Fiscal de Tributos Estaduais
ARO	Operações de Crédito por Antecipação de Receitas Orçamentárias
CARF	Conselho Administrativo de Recursos Fiscais (Ministério da Fazenda – Brasil)
CDA	Certidão de Dívida Ativa
CFEM	Compensação Financeira sobre a Exploração Mineral
CGU	Controladoria-Geral da União
CIDE	Contribuição de Intervenção no Domínio Econômico
CMO	Comissão Mista Permanente de Orçamento
CPC	Código de Processo Civil
CPMF	Contribuição Provisória sobre Movimentação Financeira (CF/1988, ADCT, arts. 74, 75, 79, 84, 85, 90)
CSSL	Contribuição Social sobre o Lucro Líquido
CTN	Código Tributário Nacional (Lei nº 5.172, de 25 de outubro de 1966)
DCTF	Declaração de Débitos e Créditos Federais (Pessoa Jurídica)

DIRPF	Declaração de Ajuste Anual do Imposto de Renda da Pessoa Física
DRJ	Delegacias da Receita Federal de Julgamento
EC	Emenda Constitucional
ESAF	Escola Superior de Administração Fazendária
ICMS	Imposto sobre Operações Relativas à Circulação de Mercadorias e sobre Prestações de Serviços de Transporte Interestadual e Intermunicipal e de Comunicação, ainda que as operações e as prestações se iniciem no exterior
IE	Imposto de Exportação, para o exterior, de produtos nacionais ou nacionalizados
IGF	Imposto de Grandes Fortunas
II	Imposto de importação de produtos estrangeiros
IOF	Imposto de Operações de Crédito, câmbio e seguro, ou relativas a títulos ou valores mobiliários
IPI	Imposto de Produtos Industrializados
IPTU	Imposto sobre Propriedade Predial e Territorial Urbana
IPVA	Imposto sobre Propriedade de Veículos Automotores
IR, IRPF ou IRPJ	Imposto de Renda e Proventos de Qualquer Natureza
IRPJ	Imposto de Renda da Pessoa Jurídica
ISSQN	Imposto Sobre Serviços de Qualquer Natureza, não compreendidos no art. 155, II, definidos em lei complementar
ITBI	Imposto sobre Transmissão Intervivos, a qualquer título, por ato oneroso, de bens imóveis, por natureza ou acessão física, e de direitos reais sobre imóveis, exceto os de garantia, bem como cessão de direitos a sua aquisição
ITCMD	Imposto sobre Transmissão Causa Mortis e Doação de quaisquer bens ou direitos
ITR	Imposto de Propriedade Territorial Rural

L.	Lei Ordinária Federal
LC	Lei Complementar Federal
LDO	Lei de Diretrizes Orçamentárias
LEF	Lei de Execução Fiscal – Lei Federal nº 6.830, de 22 de setembro de 1980
LOA	Lei Orçamentária Anual
LRF	Lei de Responsabilidade Fiscal, ou Lei Complementar nº 101/2000
MG	Estado de Minas Gerais – Brasil
MP	Medida Provisória
PFN	Procurador da Fazenda Nacional
PGFN	Procuradoria-Geral da Fazenda Nacional, órgão do Ministério da Fazenda
PPA	Plano Plurianual (ou Lei do Plano Plurianual)
RE/RREE	Recurso Extraordinário/Recursos Extraordinários
RF	Revista Forense
RGPS	Regime Geral de Previdência Social
STF	Supremo Tribunal Federal
STF SV	Súmula Vinculante do Supremo Tribunal Federal
STJ	Superior Tribunal de Justiça
TCE	Tribunal de Contas do Estado
TCM	Tribunal de Contas do Município (RJ e SP)
TCU	Tribunal de Contas da União
TRF	Tribunal Regional Federal

Finanças públicas na Constituição de 1988

O título VI, capítulo II da Constituição Federal brasileira de 1988 é dedicado a disciplinar as finanças públicas. Por certo, contudo, há muitas outras normas de Direito Financeiro ao longo do texto constitucional, como o artigo 100 (que trata do regime dos precatórios), ou o artigo 48 (quando se refere às leis orçamentárias), ou os artigos 170 a 175, que dispõem sobre a fiscalização financeira e orçamentária.

1.1. LEI COMPLEMENTAR FINANCEIRA E ORÇAMENTÁRIA

Um dos primeiros temas com o qual a Constituição se preocupa é o âmbito de competência das leis complementares. Principia estabelecendo que caberá à lei complementar dispor sobre finanças públicas, dívida pública externa e interna, incluída a das autarquias, fundações e demais entidades controladas pelo poder público; concessão de garantias pelas entidades públicas; emissão e resgate de títulos da dívida pública; fiscalização financeira da administração pública direta e indireta; operações de câmbio realizadas por órgãos e entidades da União, dos Estados, do Distrito Federal e dos Municípios; compatibilização das funções das instituições oficiais de crédito da União, resguardadas as características e condições operacionais plenas das voltadas ao desenvolvimento regional (CF/1988, art. 163).

Em matéria de orçamentos públicos, por sua vez, a Constituição também reserva matérias à lei complementar, dizendo que cabe a esta espécie normativa dispor sobre o exercício financeiro, a vigência, os prazos, a elaboração e a organização do plano plurianual, da lei de diretrizes orçamentárias e da lei orçamentária anual, e também estabelecer normas de gestão financeira e patrimonial da administração direta e indireta, bem como condições para a instituição e funcionamento de fundos (CF, art. 165, § 9º).

No ordenamento atual, duas normas disciplinam estes assuntos como leis complementares, que são a Lei Complementar nº 101, de 4 de maio de 2000, que estabelece normas de finanças públicas voltadas para a responsabilidade na gestão fiscal e dá outras providências, e a Lei nº 4.320, de 17 de março de 1964, que dispõe sobre normas gerais de Direito Financeiro para elaboração e controle dos orçamentos e balanços da União, dos Estados, dos Municípios e do Distrito Federal.

Quanto à Lei nº 4.320/1964, cumpre lembrar que, embora promulgada como lei ordinária, foi recepcionada pela Constituição e adquiriu status de lei complementar, pela aplicação (analógica) do artigo 34, § 5º do Ato das Disposições Constitucionais Transitórias da atual Carta Magna (CF/1988, ADCT). Isso exatamente porque (e na medida em que) a matéria disciplinada enquadra-se como de lei complementar e permanece fiel à Constituição (JUND, 2008, p. 16-17; STF ADI 1726 MC).

Outro aspecto digno de nota diz respeito ao conflito (aparente) entre a Lei nº 4.320/1964 e a Lei de Responsabilidade Fiscal (LRF). São, ambas, normas com status de leis complementares, mas esta é posterior àquela, razão pela qual, em caso de disciplinarem a mesma matéria, prevalecerá a LRF (LC nº 101/2000) (SILVA, 2008, p. 684).

1.2. BANCO CENTRAL DO BRASIL

A competência da União para emitir moeda será exercida exclusivamente pelo Banco Central do Brasil, sendo-lhe vedado conceder, direta ou indiretamente, empréstimos ao Tesouro Nacional e a qualquer órgão ou entidade que não seja instituição financeira. Não obstante, o Banco Central (Bacen) poderá comprar e vender títulos de emissão do Tesouro Nacional, com o objetivo de regular a oferta de moeda ou a taxa de juros.

As disponibilidades de caixa da União serão depositadas no Banco Central, enquanto as dos Estados, do Distrito Federal, dos Municípios e dos órgãos ou entidades do poder público e das empresas por ele controladas, em instituições financeiras oficiais, ressalvados os casos previstos em lei.

1.3. CICLO ORÇAMENTÁRIO

Corresponde ao período de tempo em que se processam as atividades típicas do orçamento público, desde a sua concepção até a apresentação final. A Constituição traz normas sobre o ciclo orçamentário, as quais são complementadas pela LRF e pela Lei nº 4.320/1964.

1.4. TIPOS DE ORÇAMENTO

A Constituição prevê três espécies de orçamentos no Brasil: o plano plurianual (PPA), a lei de diretrizes orçamentárias (LDO) e o orçamento anual (LOA). Compõem um único e sinérgico sistema orçamentário, mas com funções, vigência, prazos e elementos distintos, como se fossem peças de uma mesma máquina.

Os orçamentos são previstos através de leis ordinárias, de iniciativa privativa do chefe do Poder Executivo, ou seja, presidente da República para os orçamentos da União, Governador para os Orçamentos dos Estados-membros ou do Distrito Federal e Prefeito, na hipótese dos Municípios (CF/1988, arts. 84, XXIII e 165 *caput*).

A lei orçamentária é elaborada segundo as normas próprias do processo legislativo comum, com detalhes e especificações que lhe são típicas, razão pela qual se diz que se trata de uma lei especial, embora ordinária.

O Plano Plurianual funciona como um planejamento de longo prazo das ações do Estado, com ênfase em sua atividade financeira. Sua função não é prever pormenores, mas sim estabelecer, de forma regionalizada, as diretrizes, objetivos e metas da administração pública federal para as despesas de capital e outras delas decorrentes, e para as relativas aos programas de duração continuada. A vigência desta lei é de quatro anos, iniciando no segundo ano do mandato do respectivo Presidente e terminando em 31 de dezembro do primeiro ano de mandato do próximo chefe do Poder Executivo.

O PPA é a grande base do planejamento da ação governamental. Com ele devem estar compatíveis todas as demais leis orçamentárias e também os planos e programas nacionais, regionais e setoriais previstos na Constituição, os quais serão apreciados pelo Congresso Nacional.

O chefe do Poder Executivo recebe, nos prazos definidos na Lei de Diretrizes Orçamentárias, as propostas orçamentárias diversas (Judiciário, Defensoria Pública, Executivo, Legislativo etc). Depois, consolida-as num único projeto de lei ordinária, que deverá encaminhar ao Congresso até quatro meses antes do final do primeiro exercício de seu mandato (ou seja, até 31 de agosto – art. 35, § 2º, I do ADCT).

O Congresso, por sua vez, deve apreciar e, se for o caso, aprovar o PPA até 22 de dezembro (término da sessão legislativa do primeiro ano de mandato). Note-se que, diferente das demais leis orçamentárias, este ciclo ocorre apenas no primeiro ano do mandato do respectivo chefe (CF/1988, arts. 57, 165, § 9º e ADCT, art. 35, § 2º).

A Lei de Diretrizes Orçamentárias (LDO), por sua vez, assimila diversas funções, sendo que as mais importantes são:

a) compreender as metas e prioridades da administração pública federal, incluindo as despesas de capital para o exercício financeiro subsequente;
b) orientar a elaboração da lei orçamentária anual;
c) dispor sobre as alterações na legislação tributária; e
d) estabelecer a política de aplicação das agências financeiras oficiais de fomento.

Assim como no PPA, a LDO é elaborada através de lei ordinária, também de iniciativa do chefe do Poder Executivo (presidente da República, na União). O projeto deve ouvir os demais Poderes (Judiciário, Ministério Público, Defensoria Pública etc.), em especial no que tange aos limites a estes aplicáveis (STF, ADI.MC 848/RO).

O projeto de Lei de Diretrizes Orçamentárias deve ser encaminhado até oito meses e meio antes do encerramento do exercício financeiro (15 de abril) e devolvido para sanção até o encerramento do primeiro período da sessão legislativa (17 de julho) , CF/ADCT 1988, art. 35, § 2º, II c/c art. 57.

A lei orçamentária anual compreende três partes: o orçamento fiscal, o orçamento de investimentos e o orçamento da seguridade social. O orçamento fiscal refere-se aos Poderes da União, seus fundos, órgãos e entidades da administração direta e indireta, inclusive fundações instituídas e mantidas pelo poder público. O orçamento de investimento diz respeito às empresas em que a União, direta ou indiretamente, detenha a maioria do capital social com direito a voto, ou seja, empresas estatais controladas pela União. Por fim, o orçamento da seguridade social. A seguridade social compreende, como diz a Constituição, um conjunto integrado de ações de iniciativa dos poderes públicos e da sociedade, destinadas a assegurar os direitos relativos à saúde, à previdência e à assistência social. O orçamento da seguridade social, portanto, abrange todas as entidades e órgãos a ela vinculados, da administração direta ou indireta, bem como os fundos e fundações instituídos e mantidos pelo poder público.

O projeto de Lei Orçamentária da União também é elaborado pelo chefe do Poder Executivo, a partir de propostas dos poderes e órgãos (na forma da Constituição e da LRF), e deve ser encaminhado até quatro meses antes do encerramento do exercício financeiro (31 de agosto) e devolvido para sanção até o encerramento da sessão legislativa (22 de dezembro) CF/1988, art. 57, c/c ADCT, art. 35, § 2º III.

1.5. PROPOSTA ORÇAMENTÁRIA DO PODER JUDICIÁRIO

O Poder Judiciário (ao lado de outros poderes e órgãos que gozam da mesma prerrogativa) possui autonomia orçamentário-financeira, que consiste no poder/dever conferido pela Constituição para organizar, propor, executar e fiscalizar seu próprio orçamento, sem prejuízo, contudo, de relações com outros poderes, nos termos do processo determinado pelo ordenamento jurídico.

A proposta orçamentária do Poder Judiciário é elaborada mediante consulta aos tribunais interessados e, uma vez concluída, é encaminhada, se falarmos da União, pelos presidentes do Supremo Tribunal Federal e dos Tribunais Superiores, com a aprovação dos respectivos tribunais (CF/1988, art. 99, § 2º). O encaminhamento tem como destino presidente da República, através de seu ministério competente.

Nos Estados-membros e no Distrito Federal, a proposta é encaminhada pelos presidentes dos Tribunais de Justiça, com a aprovação dos respectivos tribunais. Quanto aos Estados-membros, o encaminhamento é feito ao Governador do Estado. Já no caso do Distrito Federal, é de se lembrar que o Poder Judiciário é mantido pela União e serve também aos territórios federais. Por isso, a proposta é encaminhada ao presidente da República.

As propostas tomam por base os limites estipulados, conjuntamente com os demais poderes, na LDO em vigor para o respectivo orçamento a ser elaborado. Como vimos, o projeto de LDO (Lei de Diretrizes Orçamentárias) é privativamente encaminhado pelo chefe do Poder Executivo ao Legislativo, de forma que os limites nele fixados vinculam não só o Poder Judiciário, mas também os demais poderes e órgãos (como o Ministério Público, segundo a CF/1988, art. 127, § 3º). Não obstante, o chefe do Poder Executivo deve franquear a participação do Poder Judiciário na fixação do limite de sua proposta orçamentária, conforme vem decidindo o STF (ADI.MC 848/RO).

A LDO estabelece, também, os prazos para encaminhamento da proposta do Poder Judiciário. Se estes prazos vierem a ser desrespeitados, o Poder Executivo considerará, para fins de consolidação da proposta orçamentária anual, os valores aprovados na lei orçamentária vigente, ajustados de acordo com os limites estipulados na Lei de Diretrizes Orçamentárias (CF/1988, art. 99, § 3º, com redação dada pela EC nº 45/2004).

1.6. PROCESSO LEGISLATIVO DAS LEIS ORÇAMENTÁRIAS

São chamadas de leis orçamentárias as leis ordinárias, aprovadas pelo Poder Legislativo competente, que tanto disponham sobre orçamentos (plano plurianual, lei de diretrizes orçamentárias e orçamentos anuais), como também sobre as leis de créditos adicionais aos orçamentos.

Em regra, os projetos de lei relativos ao plano plurianual, às diretrizes orçamentárias, ao orçamento anual e aos créditos adicionais serão apreciados pelas duas Casas do Congresso Nacional, na forma do regimento comum (CF/1988, art. 166). Contudo, há certas especificidades típicas das leis orçamentárias, não presentes em outras matérias sujeitas ao procedimento comum.

A primeira destas especificidades é a figura da Comissão Mista de Orçamento (CMO ou, oficialmente, Comissão Mista de Planos, Orçamentos Públicos e Fiscalização). Apesar de sujeita a análise de ambas as casas do Congresso Nacional (Câmara dos Deputados e Senado Federal), a tramitação e apreciação dos projetos de leis orçamentárias é de competência de uma comissão mista permanente de senadores e deputados. A esta comissão (CMO) cabe, dentre outras atribuições (CF/1988, art. 166, § 1º):

a) examinar e emitir parecer sobre os projetos e sobre as contas apresentadas anualmente pelo presidente da República;
b) examinar e emitir parecer sobre os planos e programas nacionais, regionais e setoriais previstos na Constituição e exercer o acompanhamento e a fiscalização orçamentária, sem prejuízo da atuação das demais comissões do Congresso Nacional e de suas casas;
c) receber, processar e ao final emitir parecer sobre emendas aos projetos de leis orçamentárias, o qual será apreciado, na forma regimental, pelo Plenário das duas casas do Congresso Nacional (CF/1988, art. 166, § 2º).

As emendas são propostas, formuladas pelos parlamentares, para alteração de projetos de lei ou de normas submetidas à apreciação do Poder Legislativo (AURÉLIO, 2004, p. 326). As emendas ao projeto de lei do orçamento anual ou aos projetos que o modifiquem somente podem ser aprovadas nos seguintes casos (CF/1988, art. 166, § 3º):

1) Sejam compatíveis com o plano plurianual e com a lei de diretrizes orçamentárias;

2) Indiquem os recursos necessários, admitidos apenas os provenientes de anulação de despesa, excluídas as que incidam sobre:
   a) dotações para pessoal e seus encargos;
   b) serviço da dívida;
   c) transferências tributárias constitucionais para Estados, Municípios e Distrito Federal; ou
3) Sejam relacionadas:
   a) com a correção de erros ou omissões;
   b) com os dispositivos do texto do projeto de lei.

As emendas ao projeto de lei de diretrizes orçamentárias não poderão ser aprovadas quando incompatíveis com o plano plurianual (CF/1988, art. 166, § 4º).

O aumento de despesas nos projetos de leis orçamentárias, desde que respeitadas as normas constitucionais, é possível, exceto no projeto de lei do PPA (CF/1988, art. 63, I; SILVA, 2007, p. 695).

O presidente da República, por sua vez, se desejar alterar o projeto de lei orçamentária após sua recepção pelo Legislativo, lançará mão da "mensagem modificativa", e não da emenda. Esta mensagem pode ser enviada ao Poder Legislativo propondo modificação nos projetos do PPA, LDO e também da LOA, mas deve ser encaminhada enquanto não iniciada a votação, na comissão mista, da parte cuja alteração é proposta (CF/1988, art. 166, § 5º).

Aplicam-se aos projetos de leis orçamentárias, no que não contrariar as especificações da Constituição (antes expostas), as demais normas relativas ao processo legislativo (CF/1988, art. 166, § 7º). Por exemplo, aplicam-se as normas pertinentes à aprovação no Legislativo, à sanção ou veto pelo presidente da República, à "derrubada de veto" pelo Congresso, enfim, a todos os assuntos não expressamente disciplinados pela Constituição, em especial, para as leis orçamentárias.

O projeto de lei orçamentária anual, encaminhado pelo Executivo pode, em regra, ser rejeitado pelo Poder Legislativo. Já o projeto de lei de diretrizes orçamentárias não comporta rejeição, pois a sessão legislativa não será interrompida sem a aprovação do projeto de lei de diretrizes orçamentárias, conforme exige a CF/1988 (art. 57, § 2º; SILVA, 2008). Segundo alguns autores, também não comporta rejeição o projeto de PPA, ante a ausência de previsão constitucional (JUND, 2008, p. 77).

Caso ocorra o veto, emenda ou rejeição do projeto de lei orçamentária anual, os recursos que ficarem sem despesas correspondentes poderão ser utilizadas, conforme o caso, mediante créditos especiais ou suplementares, com prévia e específica autorização legislativa (CF/1988, art. 166, § 8º). Ou seja, "[...] as despesas, que não podem efetivar-se senão devidamente autorizadas pelo Legislativo, terão de ser autorizadas previa e especificamente, caso a caso, mediante leis de abertura de créditos especiais [...]" (SILVA, 2007, p. 695).

1.7. CRÉDITOS ORÇAMENTÁRIOS E ADICIONAIS

Entende-se por crédito orçamentário a autorização conferida pelo Legislativo para a realização de despesas públicas, definindo os montantes e os órgãos/entidades a quem serão destinados. Estes créditos, por este motivo, são também chamados de "iniciais" ou "originais".

Tal autorização é sempre prévia à realização da despesa, razão pela qual funciona como planejamento e previsão futura que, em virtude das circunstâncias, pode sofrer alterações, passando a necessitar de revisões ou adaptações. Surge então a figura dos créditos adicionais, que, sendo também autorizações legislativas para despesas, voltam-se a corrigir, complementar ou incluir novas autorizações no orçamento já em execução.

Em regra, os créditos (orçamentários ou adicionais) são aprovados por lei ordinária. Dentre os créditos adicionais, há os *créditos extraordinários*, os quais podem ser aprovados por lei ou medida provisória, como veremos a seguir (CF/1988, arts. 62 e 167, § 3º).

Não podem haver créditos ilimitados e despesas/assunção de obrigações que excedam os créditos orçamentários ou adicionais, assim como é vedado o início de programas ou projetos não incluídos na Lei Orçamentária Anual (CF/1988, art. 167, I, II e VII).

Os *créditos adicionais* podem ser classificados em três espécies: *suplementares*, *especiais* ou *extraordinários*.

Os *créditos suplementares* são aqueles destinados a reforçar o crédito extraordinário já existente. Por exemplo: a Lei nº 12.298 (20 de julho de 2010) abriu no Orçamento Fiscal da União, em favor do

Ministério do Turismo, crédito suplementar no valor de R$ 9,6 milhões para reforço de dotações constantes da lei orçamentária vigente.

Por sua vez, os *créditos especiais* são os destinados a despesas para as quais não haja dotação orçamentária específica.

Por fim, temos os *créditos extraordinários*, que são os destinados a autorizar despesas urgentes e imprevistas, em caso de guerra, comoção intestina ou calamidade pública.

A CF/1988 exige que a abertura de crédito suplementar ou especial seja precedida de prévia autorização legislativa e indique os recursos correspondentes. Portanto, é vedada a adoção da medida provisória ou do decreto nestes casos. Aliás, também é vedada sua adoção para matéria relativa a planos plurianuais, diretrizes orçamentárias, orçamento e créditos adicionais e suplementares, *exceto a hipótese de créditos extraordinários* (CF/1988, art. 62, § 3º, e art. 167, § 3º).

Para os créditos extraordinários, a medida provisória somente será admitida para atender a despesas imprevisíveis e urgentes, como as decorrentes de guerra, comoção interna ou calamidade pública. Exige-se, portanto, que sejam despesas imprevisíveis e urgentes, vedando-se seu uso para despesas correntes (STF, ADI.MC 4048/DF).

Os créditos especiais e extraordinários terão vigência no exercício financeiro em que forem autorizados, salvo se o ato de autorização for promulgado nos últimos quatro meses daquele exercício, caso em que, reabertos nos limites de seus saldos, serão incorporados ao orçamento do exercício financeiro subsequente (CF/1988, art. 167, § 2º).

1.8. PROGRAMAÇÃO FINANCEIRA – OS "DUODÉCIMOS"

Os recursos correspondentes às dotações orçamentárias, compreendidos os créditos suplementares e especiais, destinados aos órgãos dos Poderes Legislativo e Judiciário, do Ministério Público e da Defensoria Pública, ser-lhes-ão entregues até o dia 20 de cada mês, em duodécimos, na forma de lei complementar (CF/1988, art. 168, com redação dada pela EC nº 45/2004). O assunto, atualmente, é regulamentado pela LRF (LC nº 101/2000) e pela Lei nº 4.320/1964.

QUESTÕES DE CONCURSOS

(TRF 2ª Região – Juiz – 2009 – CESPE) Com relação às normas de finanças públicas previstas na CF e ao direito financeiro, assinale a opção correta:

a) O direito financeiro cuida do crédito público e da dívida pública.
b) Cabe à lei complementar instituir o plano plurianual.
c) À lei ordinária cabe dispor acerca do exercício financeiro da lei orçamentária anual.
d) A despesa, a receita, o orçamento e o crédito públicos são objeto de estudo do direito financeiro.
e) A compatibilização das funções das instituições oficiais de crédito da União, resguardadas as características e as condições operacionais plenas daquelas voltadas ao desenvolvimento regional, não é matéria de norma geral a ser reservada à lei complementar.

Resposta: D

(TRF 4ª Região – Juiz – 2004) Assinalar a alternativa correta.

a) Cabe ao Congresso Nacional dispor sobre todas as matérias de competência da União, salvo aquelas de iniciativa exclusiva do Poder Executivo, como a legislação tributária.
b) Não se incluem entre as atribuições do Congresso Nacional julgar, anualmente, as contas prestadas pelo presidente da República e apreciar relatórios sobre a execução dos planos de governo, nem zelar pela preservação de sua competência legislativa em face da atribuição normativa dos outros Poderes.
c) Os princípios orçamentários reforçam a utilização do orçamento como instrumento de controle democrático e são os de exclusividade, programação, equilíbrio, anualidade, unidade, universalidade e legalidade.
d) O controle externo sobre as atividades financeira, orçamentária, operacional e patrimonial da União é exercido exclusivamente pelo Tribunal de Contas da União, sem ingerência do Congresso Nacional.

Resposta: C

(TRF 4ª Região – Juiz – 2010) Dadas as assertivas abaixo, assinale a alternativa correta em matéria de Finanças Públicas.

I – As disposições legislativas relativas às Finanças Públicas deverão ser feitas mediante lei complementar.

II – A União somente pode emitir moeda pelo Banco Central.

III – É vedada a vinculação de receita de impostos a órgão, fundo ou despesa, salvo exceções expressas na Constituição.

IV – O orçamento estabelecerá o necessário equilíbrio entre receitas e despesas, havendo, portanto, uma vinculação entre a obtenção das receitas de impostos e as despesas previstas.

V – É vedada a utilização de recursos provenientes das contribuições sociais de que trata o art. 195, I, "a" e II, para realização de despesas distintas do pagamento de benefícios do Regime Geral de Previdência Social de que trata o art. 201, todos da Constituição Federal.

a) Estão corretas apenas as assertivas II e III.
b) Estão corretas apenas as assertivas I, II e V.
c) Estão corretas apenas as assertivas II, III e V.
d) Estão corretas apenas as assertivas I, II, III e V.
e) Estão corretas todas as assertivas.

Resposta: E

Orçamento público

2.1. ORÇAMENTO: CONCEITO

Orçamento é conceituado como o ato segundo o qual o Poder Legislativo, para um certo período de tempo, planeja, prevê e autoriza, de forma detalhada e quantificada, as despesas públicas e as receitas públicas em geral, planejando e controlando a atividade financeira do Estado (BALEEIRO, 1981).

2.2. ORÇAMENTO: CLASSIFICAÇÃO E ESPÉCIES

Segundo o critério que se adote, podem-se identificar diversas espécies de orçamento. As classificações de orçamentos mais comumente utilizadas são formuladas em torno do critério da competência, do critério histórico-teleológico e do critério da Constituição de 1988.

A classificação segundo o critério da competência diferencia os orçamentos quanto ao Poder (ou órgão) competente para elaborar e aprovar o orçamento. Segundo este critério, haveria três espécies de orçamento:

a) legislativo;

b) executivo;

c) misto (JUND, 2008, p. 51; HORVATH; OLIVEIRA, 2003).

No orçamento legislativo, compete ao Poder Legislativo a elaboração, votação e aprovação do orçamento, cabendo ao Poder Executivo apenas sua execução. É usual esta espécie de orçamento nos países parlamentaristas. A Constituição Brasileira de 1891 previa esta forma de orçamento.

O orçamento executivo, por sua vez, é aquele em que a elaboração, votação e aprovação do orçamento, bem como sua execução, são realizadas pelo Poder Executivo, com ou sem auxílio de órgãos consultivos ou técnicos. A Constituição do Estado Novo (1937) no Brasil foi exemplo, assim como modelos adotados em Estados de tendência autoritária ou totalitária.

Por fim, temos o orçamento misto. Nesta espécie de orçamento, cabe ao Poder Executivo a elaboração, sanção/veto e execução do orçamento, enquanto ao Legislativo cabe a discussão, emenda, votação, aprovação e controle dele. Este orçamento é típico dos países presidencialistas, e foi adotado na maioria das constituições brasileiras, inclusive na atual (1934, 1946, 1967/69 e 1988).

Segundo o critério histórico-teleológico, os orçamentos distinguem-se em função de sua finalidade predominante ao longo da história dos orçamentos. Importante registrar, nesta passagem, que o orçamento (ou figuras similares) existe desde o princípio das civilizações, mas sua feição moderna (que é estudada pelo Direito Financeiro) é considerada a partir dos modelos emergentes do Iluminismo e das revoluções liberais burguesas (americana e francesa).

Este critério, então, analisa as espécies de orçamentos que surgiram e dominaram épocas históricas, consideradas a partir do final do século XVIII. É um critério que presume a evolução dos orçamentos, ou seja, a espécie subsequente abrange características da(s) espécie(s) anterior(es), acrescentando novas características e focando com prioridade em uma delas.

Segundo este critério, haveria três grandes fases (ou espécies) do orçamento moderno:

a) tradicional;

b) cíclico;

c) orçamento-programa (HORVATH; OLIVEIRA, 2003).

O orçamento tradicional retrata o orçamento predominante em fins do século XVIII e ao longo do século XIX. Nesta fase, é possível identificar duas subespécies:

a) orçamento clássico *stricto sensu*;
b) orçamento clássico por desempenho.

O orçamento clássico *stricto sensu* tem seu estereótipo principal no orçamento francês adotado em face da Constituição de 1789 (durante a Revolução Francesa) e é uma decorrência da adoção do princípio do consentimento popular ao imposto. Parte-se do pressuposto de que as receitas, despesas e bens públicos não pertencem ao Estado, mas sim à população. Portanto, os governantes devem prestar contas do uso e manuseio destes recursos, através de demonstrativos ou balancetes, disponibilizados publicamente a todos os cidadãos. Não havia, nesta fase, preocupação em utilizar o orçamento como instrumento de planejamento da ação governamental ou do Estado, mas meramente de prestar contas e controlar os ingressos e gastos públicos, impedindo que o patrimônio público pudesse ser usado de forma particularizada. Também não estava presente, nesta espécie de orçamento, a pretensão de servir como instrumento de intervenção econômica ou social. Imperava, nesta época, de forma mais absoluta e radical, o liberalismo econômico, de forma a impor ao Estado que se abstivesse, tanto quanto possível, de intervir na economia ou influenciá-la.

Com a sucessão de crises ocorridas ao longo do século XIX, logo percebeu-se que a aplicação das teorias revolucionárias burguesas merecia revisão e ajustes por não se adequar à realidade. Na fase final do período clássico, portanto, surge o orçamento clássico por desempenho. Este tipo de orçamento preserva as características do orçamento clássico *stricto sensu*, ou seja, ainda não serve como planejamento da atividade financeira do Estado e nem como instrumento de planejamento ou intervenção na Economia ou Sociedade, mas já demonstra preocupação em estabelecer metas e prioridades, com vistas a permitir a avaliação, controle e melhoria da ação governamental.

Em fins do século XIX e início do século XX, surge a fase do orçamento cíclico, sob a influência de teóricos como Marx e Keynes. O orçamento passa a dar prioridade à utilização dos meios orçamentários com o objetivo de manter o equilíbrio econômico durante as fases cíclicas da economia (WILGES, 2006, p. 97). Ou seja, em épocas de recessão/depressão, o orçamento seria planejado de forma a gerar déficits (despesa maior que receita pública) orientados a compensar esta recessão/depressão. Por exemplo, o aumento de gastos públicos com obras de infraestrutura, durante o governo Roosevelt, nos EUA, dando milhões de empregos aos desempregados oriundos da Crise de 1929. Já, ao contrário, em épocas de prosperidade/superaquecimento da economia, o orçamento planejaria uma atividade financeira superavitária (maior receita que despesa, ou contenção de despesas de forma a gerar superávits orçamentários). Ou melhor, considerando-se que a economia não necessita de ingresso de novos recursos, aproveita-se para acumular recursos no Estado, de forma a saldar compromissos, dívidas anteriores e formar reservas para as épocas de recessão/depressão.

Por fim, vivemos atualmente na fase do orçamento-programa, que predomina desde meados do século XX até os dias atuais. Entende-se como orçamento-programa "[...] aquele que apresenta os propósitos, objetivos e metas para as quais a administração solicita os fundos necessários, identifica os custos dos programas propostos para alcançar tais objetivos e os dados quantitativos que medem as realizações e o trabalho realizado dentro de cada programa [...]" (WILGES, 2006, p. 98).

Há duas subespécies de orçamento-programa:

a) o de base histórica (BH);

b) o de base zero (BZ) (JUND, 2008-2, p. 82).

O *orçamento-programa base zero* consiste em técnica utilizada na elaboração do orçamento-programa em que todos os programas exigem justificação a cada novo ciclo orçamentário, e ignorando-se direitos ou bases em despesas/receitas de períodos anteriores, ou seja, a cada novo período, as receitas e despesas são "zeradas" como se a atividade financeira estivesse iniciando a partir daquele momento. Este sistema impõe uma revisão crítica e periódica em cada área de gastos e de prioridades, buscando otimizar a utilização de recursos e evitar a continuidade de erros passados.

O *orçamento-programa base histórica* predomina na atualidade e é utilizado pelo ordenamento jurídico brasileiro. Realiza todas as funções do orçamento-programa, mas prescinde do "zeramento" a cada período, permitindo e utilizando os resultados, gastos e receitas anteriores para o planejamento orçamentário futuro.

2.3. ORÇAMENTO: NATUREZA JURÍDICA

A natureza jurídica do orçamento (ou da Lei Orçamentária) sempre dividiu os autores. Os debates cristalizaram-se principalmente em torno de três visões acerca da natureza jurídica do orçamento:

a) o orçamento como "Lei Formal":

b) o orçamento como "Lei Material";

c) o orçamento como "Lei *sui generis*".

Segundo a teoria da "Lei Formal" (também chamada "Ato-Condição"), o orçamento seria uma norma que representa a autorização, dada pelo Poder Legislativo, para a realização de atos pelo Poder Executivo. A lei de orçamento, portanto, seria lei apenas no sentido formal, não obrigando o administrador a efetuar as despesas nele previstas ou, em outras palavras, a lei de orçamento se destina a planejar e prever a atividade financeira do Estado, e não a instituir, modificar ou extinguir os direitos e obrigações relacionados a esta atividade. Como exemplo, pode-se dizer que a lei de orçamento não reajusta vencimentos de servidores (outra lei material o fará), mas deve autorizar créditos suficientes para que isso ocorra e incluir o aumento de despesas em seu planejamento. Esta teoria foi construída a partir dos trabalhos de autores como Gaston Jèze, Louis Trobatas e Laband e, entre nós, Aliomar Baleeiro. É a teoria adotada no ordenamento jurídico brasileiro (STF, AR 929; RE nº 34581/DF).

Por sua vez, a teoria da "Lei Material" (defendida – dentre outros – por Myrnach-Rheinfeld e Sainz de Bujanda) postula que o orçamento seria uma lei de conteúdo material, ou seja, não somente significaria a autorização prévia, pelo Legislativo, à realização de despesas, mas criaria, modificaria ou extinguiria os respectivos direitos relacionados. Como consequência, a lei de orçamento poderia, por exemplo, revogar lei anterior incompatível com suas previsões. Como exemplo (seguindo a situação acima), a LOA não somente preveria despesas com pessoal, mas instituiria o reajuste nos vencimentos dos respectivos servidores, revogando a lei remuneratória anterior sobre o mesmo tema.

Por fim, segundo a teoria da "Lei *sui generis*", a lei de orçamento teria natureza híbrida, ou seja, seria ato-condição para autorização de despesas, mas assumiria quanto às receitas natureza de lei material, podendo, portanto, instituir ou modificar a legislação tributária vigente. Seu principal defensor foi Duguit.

No ordenamento brasileiro, como vimos, predomina a teoria da "Lei Formal". Como consequência, a lei orçamentária apresentaria quatro principais características:

a) é uma lei formal, como visto;
b) é uma lei temporária, pois sua vigência é pré-determinada (anual, em regra);
c) é uma lei especial, pois o seu processo legislativo, embora assentado sobre o procedimento comum, apresenta normas e ritos específicos;
d) é uma lei ordinária, pois aprovada por maioria simples de votos e, salvo as especificidades, de acordo com o processo legislativo comum (JUND, 2008, p. 32-33).

2.4. PRINCÍPIOS ORÇAMENTÁRIOS

Consideram-se "princípios orçamentários" as normas, com elevado grau de abstração e amplitude no ordenamento, que se dedicam a orientar o orçamento em seus processos de planejamento, elaboração, discussão, aprovação, execução e controle. Os princípios orçamentários identificados pela doutrina provêm tanto da Constituição como das leis complementares que tratam do tema (em especial, LRF e Lei nº 4.320/1964).

O elenco de princípios varia conforme o autor que trate do tema. Apresentaremos os princípios mais frequentes nas obras e em provas de concursos públicos.

2.4.1. Princípio da legalidade

O princípio da legalidade orçamentária provém do princípio da legalidade geral, segundo o qual ninguém será obrigado a fazer ou deixar de fazer alguma coisa, senão em virtude de lei (CF/1988, art. 5º, II), sendo que a administração pública direta e indireta de qualquer dos Poderes da União, dos Estados, do Distrito Federal e dos Municípios obedecerá ao princípio da legalidade (CF/1988, art. 37, *caput*).

Mais do que isso, contudo, a Constituição exige "prévia autorização legislativa", ou seja, submete à prévia discussão e aprovação do Poder Legislativo a maioria dos assuntos orçamentários, tais como: a) Plano Plurianual, Diretrizes Orçamentárias e Orçamentos Anuais (CF/1988, art. 166); b) operações de crédito, dívida pública e emissões de curso forçado (CF/1988, art. 48, II); c) planos e programas nacionais, regionais e setoriais de desenvolvimento (CF/1988, art. 48, IV); d) leis de créditos adicionais (CF/1988, art. 166).

Por outro lado, são vedadas diversas despesas e atos da Administração sem prévia autorização legislativa, tais como:

a) início de programas ou projetos não incluídos na lei orçamentária anual;
b) realização de operações de créditos que excedam o montante das despesas de capital, ressalvadas as autorizadas mediante créditos suplementares ou especiais com finalidade precisa, aprovados pelo Poder Legislativo por maioria absoluta;
c) abertura de crédito suplementar ou especial sem prévia autorização legislativa e sem indicação dos recursos correspondentes;
d) transposição, o remanejamento ou a transferência de recursos de uma categoria de programação para outra ou de um órgão para outro, sem prévia autorização legislativa;
e) instituição de fundos de qualquer natureza, sem prévia autorização legislativa (CF/1988, art. 167, I, III, V, VI e IX).

2.4.2. Princípio da exclusividade

A lei orçamentária anual não conterá dispositivo estranho à previsão da receita e à fixação da despesa, não se incluindo na proibição a autorização para abertura de créditos suplementares e contratação de operações de crédito, ainda que por antecipação de receita, nos termos da lei. (CF/1988, art. 165, § 8º).

Prescreve, assim, que a lei orçamentária deve manter "uniformidade temática", ou seja, deve tratar de assuntos financeiro-orçamentários apenas, deixando de prescrever normas estranhas a este âmbito. O objetivo é o de se evitar que o orçamento contenha assuntos estranhos a sua temática, ou seja, as "caudas" (ou "rabilongos") orçamentários (SILVA, 2007, p. 692).

As exceções (créditos suplementares e antecipações de receita – ARO) são, na verdade, assuntos financeiro-orçamentários, razão pela qual sua previsão não fere o princípio (JUND, 2008, p. 54).

2.4.3. Princípio da programação

Orçamento descreve e constitui programa de trabalho, traça metas, objetivos e meios para atingi-las seguindo os critérios anotados por cada governo, vinculando a ação de forma impessoal e organizada. São exemplos de normas constitucionais relacionadas com este princípio: CF/1988, art. 165, § 4º; 48, II e IV.

2.4.4. Princípio do equilíbrio orçamentário

O objetivo do orçamento é o equilíbrio entre despesas e receitas, ou seja, o montante da despesa não deve ultrapassar a receita prevista para um determinado período. Procura-se manter, através disso, a gestão eficaz, realista e equilibrada da atividade financeira do Estado, visando manter sua estabilidade e a preservação do patrimônio público.

Quase absoluto em épocas passadas, o princípio do equilíbrio orçamentário (em sua visão contemporânea) corresponde a um postulado flexível, que deve se preocupar não somente com o equilíbrio, mas com a coerência deste equilíbrio com o planejamento da atividade financeira do Estado, representado pelo orçamento. Por este motivo, o ordenamento brasileiro admite, por exceção, a presença de leves desequilíbrios, desde que coerentes com a estabilidade financeira do Estado. Assim ocorre quando a CF/1988 admite a hipótese das operações por antecipação de receitas orçamentárias (AROs, CF/1988, art. 165, § 8º) e a figura do superávit orçamentário, que trataremos junto ao tema Receita Pública (Lei nº 4.320/1964) (SILVA, 2007, p. 692).

2.4.5. Princípio da anualidade

O princípio da anualidade também é conhecido como princípio da periodicidade. Significa que o orçamento é, por definição, de vigência temporária e periódica. Consagrou-se a expressão "anualidade" porque o período anual é universalmente utilizado em Direito Comparado e na história legislativa do Brasil. Não obstante, registra-se em nosso ordenamento uma exceção, que é o Plano Plurianual, cuja lei tem vigência quadrienal.

Este princípio oferece diversas vantagens. Do ponto de vista político, permite a intervenção periódica do Poder Legislativo dando a oportunidade de efetuar modificações nos rumos da atividade financeira do Estado. Do ponto de vista financeiro, por sua vez, consiste em melhor técnica de organização das contas públicas, permitindo mais adequada apropriação das receitas e despesas, bem como oportunizando maior facilidade para controle da execução orçamentária. E, por fim, do ponto de vista econômico, a anualidade (ou periodicidade) permite ao Estado influir, de forma mais eficaz, nas flutuações inerentes aos ciclos econômicos.

Embora caiba à lei complementar definir o exercício financeiro (CF/1988, art. 165, § 9º, I), a própria Constituição define que o período orçamentário será, em regra, anual, quando dispõe que leis de iniciativa do Poder Executivo estabelecerão os orçamentos anuais (CF/1988, art. 165, III).

Por fim, cumpre observar que este princípio encontrava, na Constituição de 1967, aplicação no Direito Tributário, o que não mais ocorre com a Constituição de 1988, como discorreremos oportunamente.

2.4.6. Princípio da unidade

Sendo o orçamento um programa da atividade do Estado, necessário que corresponda a uma única orientação política e uma unidade de metas e objetivos. Portanto, embora o orçamento possa ser composto de diversos documentos (por exemplo plano plurianual, LDO, lei orçamentária anual, leis de créditos adicionais, orçamento de investimentos, orçamento de seguridade social, orçamento fiscal etc.), estes nada mais representam que a capitularização de um sistema maior, integrado, harmônico e coeso, como se fossem peças de uma mesma engrenagem (SILVA, 2007, p. 690).

Neste sentido, portanto, a Constituição estabelece que a lei orçamentária anual compreenderá o orçamento fiscal, o orçamento de investimentos e o orçamento da seguridade social (CF/1988, art. 165, § 5º). Por isso, a LOA deve ser compatível e coerente com a LDO e o PPA; a LDO deve ser compatível com o PPA e com este, também, os demais planos e programas nacionais, regionais e setoriais previstos constitucionalmente (CF/1988, art. 165, §§ 4º e 7º).

2.4.7. Princípio da universalidade

O princípio da universalidade (também chamado "globalização") estabelece que a lei orçamentária deve compreender todas as receitas e despesas, de todos os poderes, fundos, órgãos e entidades da Administração, direta ou indireta. As receitas e despesas extraorçamentárias, sobre as quais discorreremos oportunamente, representam exceção a este princípio.

Outra exceção é a situação descrita na Súmula nº 66 do STF: "É legítima a cobrança de tributo que houver sido aumentado após o orçamento, mas antes do início do respectivo exercício financeiro." (HORVATH; OLIVEIRA, 2003, p. 123).

2.4.8. Princípio do orçamento bruto

Prescreve que todas as receitas e despesas devem constar da lei orçamentária e de créditos adicionais pelos seus valores totais, vedadas quaisquer deduções (Lei nº 4.320/1964, art. 6º). Este princípio procura evitar a inclusão, no orçamento, de saldos totais ou importâncias líquidas que demonstrem apenas o resultado do encontro entre diversas despesas e receitas. Com isso, prestigia-se a clareza e compreensão do orçamento e da evolução de seus créditos (JUND, 2008, p. 55).

2.4.9. Princípio da não afetação

Também chamado de princípio da vedação à vinculação de receitas, tem como núcleo a ideia de evitar a fragmentação e particularização dos recursos entre os órgãos e entidades da Administração, garantindo a melhor distribuição das receitas à satisfação das despesas públicas. Resume-se, portanto, ao mandamento segundo o qual é vedada a vinculação de receita de impostos a órgão, fundo ou despesa, salvo exceções constitucionalmente previstas.

O princípio está positivado na CF/1988, em seu artigo 167, inciso IV:

> "É vedada a vinculação de receita de impostos a órgão, fundo ou despesa, ressalvadas a repartição do produto da arrecadação dos impostos a que se referem os arts. 158 e 159, a destinação de recursos para as ações e serviços públicos de saúde, para manutenção e desenvolvimento do ensino e para realização de atividades da administração tributária, como determinado, respectivamente, pelos arts. 198, § 2º, 212 e 37, XXII, e a prestação de garantias às operações de crédito por antecipação de receita, previstas no art. 165, § 8º, bem como o disposto no § 4º deste artigo."

Importante lembrar que o alcance do princípio é restrito à espécie imposto, sendo possível, portanto, a vinculação de taxas, contribuições de melhoria, contribuições especiais (ou parafiscais) e empréstimos compulsórios.

Além disso, dentre os impostos, a CF/1988 elenca diversas exceções, algumas já referenciadas no texto do artigo 167, IV (acima transcrito). Além dessas, há também exceções nos arts. 167, § 4º; 204, parágrafo único e 216, § 6º da Constituição de 1988.

2.4.10. Princípio participativo

Encontra-se positivado na Lei nº 10.257, de 10 de julho de 2001, art. 4º, segundo o qual:

"Para os fins desta Lei, serão utilizados, entre outros instrumentos:

[...] III – planejamento municipal, em especial:

[...] f) gestão orçamentária participativa;

No âmbito municipal, a gestão orçamentária participativa de que trata a alínea "f" do inciso III do art. 4º desta lei incluirá a realização de debates, audiências e consultas públicas sobre as propostas do plano plurianual, da lei de diretrizes orçamentárias e do orçamento anual, como condição obrigatória para sua aprovação pela Câmara Municipal.

Não é de observância obrigatória por Estados e União, mas aplica-se ao Distrito Federal por força do artigo 51 desta lei.

2.4.11. Princípio da publicidade

O princípio da publicidade orçamentária estabelece que as leis de orçamento, de créditos adicionais e relatórios de execução orçamentária, bem como todos os dados e informações necessários para compreender os fenômenos orçamentários devem estar ao alcance de todos os cidadãos, e não somente das autoridades envolvidas em sua elaboração e execução.

Esta norma deflui dos princípios gerais da administração pública (CF/1988, art. 37, *caput*) e encontra positivação em diversas outras normas em nosso ordenamento, como na figura do Relatório Resumido de Execução Orçamentária (RREO) a que se referem a CF/1988, art. 165, § 3º e a LRF, arts. 52 e 53.

2.4.12. Princípio da especificação

O princípio da especificação (também chamado Especialização) estabelece que a Lei de Orçamento não consignará dotações globais destinadas a atender indiferentemente as despesas de pessoal, material, serviços de terceiros, transferências ou quaisquer outras, ou seja, a discriminação da despesa far-se-á no mínimo por elementos.

Elemento é o desdobramento da despesa com pessoal, material, serviços, obras e outros meios de que se serve a administração pública para consecução dos seus fins (Lei nº 4.320/1964, arts. 5º e 15).

2.4.13. Princípio da clareza

Segundo este princípio, os orçamentos devem ser elaborados e redigidos de forma clara, objetiva e que seja acessível à compreensão não somente dos especialistas, mas de qualquer cidadão (JUND, 2008, p. 56).

2.4.14. Princípio da uniformidade

Segundo este princípio, o orçamento deve preservar, sempre que possível, estrutura formal uniforme, de forma a possibilitar a comparação de dados entre diversos orçamentos, ao longo de diversos exercícios financeiros ou épocas. (JUND, 2008, p. 56). Vai neste sentido a Constituição, quando exige lei complementar uniformizando conceitos e formas acerca de exercício financeiro, a vigência, os prazos, a elaboração e a organização do plano plurianual, da lei de diretrizes orçamentárias e da lei orçamentária anual.

2.5. NORMAS GERAIS DE DIREITO FINANCEIRO

O Direito Financeiro e Orçamento são matérias sobre as quais compete à União, Estados e Distrito Federal legislarem concorrentemente (CF/1988, art. 24, I e II). E, nos temas sujeitos à legislação concorrente, compete à União estabelecer normas gerais. Caso não faça, os Estados exercerão competência legislativa plena, mas para atender à suas próprias peculiaridades (CF/1988, art. 24, §§ 1º e 3º).

Normas gerais são ordenamentos (em regra) federais que estabelecem princípios, diretrizes e conceitos aplicáveis aos legisladores das unidades da Federação. Podem ser expressas em leis ordinárias ou complementares, e versam sobre temas específicos, tudo conforme dispuser a Constituição. No Direito Financeiro e nos Orçamentos, por força, respectivamente, dos artigos 163 e 165, § 9º da Constituição, as normas gerais são previstas em leis complementares.

Justifica-se, no Direito Financeiro e nos Orçamentos Públicos, a necessidade de normas gerais, pois todos os entes da Federação (União,

Estados, Distrito Federal, Municípios, órgãos e entidades) devem possuir orçamento e atividade financeira, respeitando normas comuns (de âmbito nacional) que permitam a realização dos princípios orçamentários da uniformidade, da legalidade, da publicidade etc. Permitir ao legislador local ampla liberdade para dispor sobre estes assuntos poderia representar sacrifício ao interesse público e aos princípios orçamentários.

Duas são as leis federais que preenchem este papel atualmente:

a) Lei nº 4.320, de 17 de março de 1964;

b) Lei Complementar nº 101, de 4 de maio de 2000.

A Lei nº 4.320/1964 dispõe sobre normas gerais de Direito Financeiro para elaboração e controle dos orçamentos e balanços da União, dos Estados, dos Municípios e do Distrito Federal. Embora promulgada como lei ordinária, foi recepcionada pela Constituição e adquiriu status de lei complementar, pela aplicação (analógica) do artigo 34, § 5º do Ato das Disposições Constitucionais Transitórias da atual Carta Magna (CF/1988, ADCT). Isso exatamente porque (e na medida em que) a matéria disciplinada enquadra-se como lei complementar, e permanece fiel à Constituição (JUND, 2008, p. 16/17; STF-ADI, 1726 MC).

Já a Lei Complementar nº 101/2000 estabelece normas de finanças públicas para regular a responsabilidade na gestão fiscal. Prevê, ainda, normas gerais, aplicadas obrigatoriamente a todos os entes da Federação ("As disposições desta Lei Complementar obrigam a União, os Estados, o Distrito Federal e os Municípios" – LRF, art. 1º, § 2) e voltadas ao planejamento (Leis orçamentárias: PPA; LDO; LOA), receita e despesa públicas, transferências voluntárias, destinação de recursos públicos ao setor privado, dívida e endividamento, gestão patrimonial, transparência, controle, fiscalização e outros assuntos.

Em caso de conflito entre as duas normas mencionadas (Lei nº 4.320/1964 e LRF) prevalece a Lei de Responsabilidade Fiscal, por ser lei posterior (LINDB, art. 2º, § 1º).

2.6. FISCALIZAÇÃO E CONTROLE INTERNO E EXTERNO DOS ORÇAMENTOS

A Constituição de 1988 impõe um sistema de controle governamental, denominando-o de sistema de "Fiscalização Financeira e

Orçamentária". Este sistema é composto, basicamente, por duas grandes espécies de controle: o controle externo e o controle interno.

O sistema de controle abrange a fiscalização contábil, financeira, orçamentária, operacional e patrimonial da União e das entidades da administração direta e indireta, quanto à legalidade, legitimidade, economicidade, aplicação das subvenções e renúncia de receitas (CF/1988, art. 70). Portanto, pode-se concluir que o controle é amplo e procura abarcar todos os aspectos possíveis, não se restringindo ao cumprimento do orçamento e nem à legalidade dos atos.

Prestará contas qualquer pessoa física ou jurídica, pública ou privada, que utilize, arrecade, guarde, gerencie ou administre dinheiros, bens e valores públicos ou pelos quais a União responda, ou que, em nome desta, assuma obrigações de natureza pecuniária (CF/1988, art. 70, parágrafo único). Os responsáveis pelo controle interno, ao tomarem conhecimento de qualquer irregularidade ou ilegalidade, dela darão ciência ao Tribunal de Contas da União, sob pena de responsabilidade solidária. Por outro lado, qualquer cidadão, partido político, associação ou sindicato é parte legítima para, na forma da lei, denunciar irregularidades ou ilegalidades perante o Tribunal de Contas da União (CF/1988, art. 74, §§ 1º e 2º).

2.7. CONTROLE EXTERNO

Na União, o controle externo consiste no controle exercido pelo Congresso Nacional, com o auxílio do Tribunal de Contas da União (TCU). Nos Estados e nos Municípios, o controle externo é exercido pelo Poder Legislativo local (Assembleias Legislativas nos Estados e Câmaras de Vereadores nos Municípios) com o auxílio dos respectivos Tribunais de Contas.

O Congresso Nacional exerce o controle externo em relação a si próprio e aos demais poderes, através de sua Comissão Mista de Orçamento e das Comissões Parlamentares. Exerce controle político, mas conta com o amparo técnico desempenhado pelo Tribunal de Contas da União que, apesar do nome, não integra o Poder Judiciário, mas sim o próprio Poder Legislativo.

A competência do TCU é detalhada na CF/1988, art. 71. Entre suas principais atribuições podemos ressaltar as seguintes competências:

a) apreciar contas do presidente e julgar contas dos demais administradores;

b) fiscalizar contas, realizar inspeções e auditorias (sendo de ofício ou não);

c) representar ao Poder competente (abusos ou irregularidades);

d) sustar atos ilegais, assinalando prazo para regularização;

e) impor penalidades, em caso de ilegalidade ou irregularidade, por meio de decisões com força de título executivo extrajudicial.

Cumpre ressaltar que, em caso de contratos administrativos, o TCU não pode sustar sua execução sem antes haver decisão do Congresso Nacional.

O TCU é composto por nove ministros, que tenham entre 35 e 65 anos de idade, com idoneidade moral e reputação ilibada, notórios conhecimentos jurídicos, contábeis, econômicos e financeiros ou de administração pública, com mais de 10 anos de exercício em função ou atividade profissional que exijam estes conhecimentos.

Além disso, cabe ao presidente da República, após aprovação do Senado Federal, escolher um terço dos ministros, sendo dois alternadamente dentre auditores e membros do Ministério Público junto ao Tribunal, indicados em lista tríplice pelo Tribunal, segundo os critérios de antiguidade e merecimento. Os outros 2/3 devem ser escolhidos pelo Congresso Nacional.

Embora não seja órgão do Judiciário, aplica-se ao TCU, subsidiariamente, as prerrogativas cabíveis aos juízes e Tribunais (CF/1988, art. 96), e têm seus membros prerrogativas semelhantes: ministros, as mesmas dos ministros do Superior Tribunal de Justiça (STJ) e os auditores, as mesmas dos desembargadores dos Tribunais Regionais Federais (TRF) (CF/1988, art. 73, §§ 3º e 4º).

A Comissão Mista de Orçamento, por sua vez, também pode tomar a iniciativa de investigar contas que julgar irregulares. Havendo indícios de despesas não autorizadas, ainda que sob a forma de investimentos não programados ou de subsídios não aprovados, poderá solicitar à autoridade governamental responsável que, no prazo de cinco dias, preste os esclarecimentos necessários.

Se não forem prestados os esclarecimentos, ou considerados estes insuficientes, a Comissão solicitará ao TCU que se pronuncie conclusivamente em 30 dias. Se o TCU entender a despesa como irregular, a Comissão, se julgar que o gasto possa causar dano irreparável ou grave lesão à economia pública, proporá ao Congresso Nacional a sua sustação (CF/1988, art. 72).

2.8. CONTROLE INTERNO

Já o controle interno é um sistema instituído dentro de cada Poder (Executivo, Legislativo e Judiciário). O sistema de controle interno é composto de duas espécies:

a) controle interno *stricto sensu* e

b) o controle interno integrado.

O controle interno *stricto sensu* consiste em sistemas instituídos dentro de cada Poder, com subdivisões entre os órgãos da Administração, os quais se incumbem de efetuar a contabilidade pública, controlar a execução orçamentário-financeira e prestar contas aos órgãos de controle.

Mantido, de forma integrada, pelos Poderes Legislativo, Executivo e Judiciário. O controle interno integrado (que não substitui o controle interno *stricto sensu* e nem o externo) tem como finalidades:

a) avaliar o cumprimento das metas previstas no plano plurianual, a execução dos programas de governo e dos orçamentos da União;

b) comprovar a legalidade e avaliar os resultados, quanto à eficácia e eficiência da gestão orçamentária, financeira e patrimonial nos órgãos e entidades da administração federal, bem como da aplicação de recursos públicos por entidades de direito privado;

c) exercer o controle das operações de crédito, avais e garantias, bem como dos direitos e haveres da União;

d) apoiar o controle externo no exercício de sua missão.

2.9. CONTROLE NOS ESTADOS E MUNICÍPIOS

Aplicam-se aos Estados, Distrito Federal e Municípios, no que couber, as normas constitucionais e da LRF sobre fiscalização financeira e orçamentária. O controle externo nos Estados é exercido pela Assembleia Legislativa com o auxílio do Tribunal de Contas dos Estados, este organizado e disciplinado pela respectiva Constituição Estadual (em conformidade com a CF/1988). Os TCEs serão compostos por sete conselheiros, segundo a CF/1988. No Distrito Federal, é a Câmara Distrital, com auxílio do Tribunal de Contas do DF, quem efetua o controle externo.

Nos Municípios, o controle externo será exercido pela Câmara de Vereadores, com o auxílio de Tribunais ou Conselhos de Contas dos Municípios, como dispuser a Constituição Estadual. Somente nos municípios de São Paulo e Rio de Janeiro há Tribunal de Contas, integrante do legislativo municipal. Nos demais municípios, o Tribunal ou Conselho de Contas será órgão do legislativo estadual, a serviço da Câmara de Vereadores Municipal.

O órgão competente (Tribunal de Contas Estadual, Tribunal de Contas Municipal, Cadastro de Contribuintes Mobiliários), após analisar as contas do prefeito, emitirá parecer prévio anual à Câmara de Vereadores, o qual só deixará de prevalecer por decisão de dois terços dos membros da Câmara Municipal. As contas dos Municípios ficarão, durante 60 dias, anualmente, à disposição de qualquer contribuinte, para exame e apreciação, o qual poderá questionar-lhes a legitimidade, nos termos da lei.

2.10. RELATÓRIO RESUMIDO DE EXECUÇÃO ORÇAMENTÁRIA (RREO)

Além da prestação de contas anual (do presidente da República ao Congresso, passando por parecer do Tribunal de Contas da União), há outros instrumentos de controle previstos na Lei de Responsabilidade Fiscal e na própria Constituição, o principal deles é o Relatório Resumido da Execução Orçamentária (RREO). Este relatório deve ser publicado pelo Poder Executivo, até 30 dias após o encerramento de cada bimestre, e se destina a fornecer dados que permitam o controle ao longo da execução da lei orçamentária (CF/1988, art. 165, § 3º).

QUESTÕES DE CONCURSOS

(TRF 4ª Região – Juiz – 2008) Dadas as assertivas abaixo, assinalar a alternativa correta.

I – Cabe à lei complementar dispor sobre as diretrizes orçamentárias e o plano plurianual, enquanto à lei ordinária cabe dispor sobre a vigência, prazos e elaboração do orçamento anual.

II – A lei orçamentária anual pode tratar de outros temas além do estabelecimento de receitas e despesas, desde que pertinentes e relevantes.

III – Nenhum investimento cuja execução ultrapasse um exercício financeiro poderá ser sequer iniciado sem prévia inclusão no plano plurianual, ou sem lei que autorize a inclusão, sob pena de crime de responsabilidade.

IV – O Poder Judiciário, o Poder Legislativo, o Ministério Público e a Defensoria Pública devem receber os recursos correspondentes às respectivas dotações orçamentárias em duodécimos até o dia 20 de cada mês.

a) Estão corretas apenas as assertivas I e IV.
b) Estão corretas apenas as assertivas II e III.
c) Estão corretas apenas as assertivas III e IV.
d) Estão corretas apenas as assertivas I, II e IV.

Resposta: C

(TRF 2ª Região – Juiz – CESPE – 2009) Considerando que o Poder Executivo federal esteja determinado a realizar a abertura de crédito extraordinário por meio da edição de medida provisória (MP), para fazer face às despesas de execução de investimentos das obras do Programa de Aceleração do Crescimento, de sua responsabilidade, assinale a opção correta de acordo com a jurisprudência do STF.

a) Trata-se de crédito suplementar ou especial e não de extraordinário e, por isso, será necessária prévia autorização legislativa para sua abertura, de modo a fazer face às despesas de execução de investimentos.

b) A abertura do crédito terá eficácia com a aprovação da MP pelo Congresso Nacional.
c) Tendo em conta que a matéria objeto da MP é de exclusiva competência do presidente da República, o crédito extraordinário será regular e terá eficácia desde a vigência da norma.
d) A MP poderá referir-se às despesas de custeio, mas não às de investimento, pois, neste caso, fugirá à natureza do crédito extraordinário.
e) Somente prévia autorização legislativa, ou seja, aprovação de lei no Congresso Nacional, poderá autorizar a abertura de qualquer crédito extraordinário.

Resposta: A

Capítulo 3

Despesa pública e precatórios

3.1. DESPESA PÚBLICA: CONCEITO

O conceito mais moderno de despesa pública apresenta duas faces: a) pode significar tanto o conjunto dos gastos do Estado, ou de outra pessoa de direito público, para o funcionamento do serviço público; b) pode também possuir o sentido da aplicação de certa quantia em dinheiro, por parte da autoridade ou agente público competente dentro de autorização legislativa, para execução de fim a cargo do governo. Em face desse duplo sentido, muitos autores falam acerca de um "conceito dual" para as despesas públicas (TORRES, 2008).

3.2. DESPESA PÚBLICA: CLASSIFICAÇÕES

Há diversas classificações para identificar as espécies de despesas públicas. As mais utilizadas são as classificações segundo a natureza, a competência, a regularidade e a classificação econômica.

Pelo critério da natureza, as despesas podem ser orçamentárias, quando seja obrigatória sua fixação no orçamento (como as despesas com pessoal), ou extraorçamentárias, quando não seja obrigatória sua fixação (como a liberação de depósitos judiciais).

Segundo o critério da competência, as despesas podem ser federais, estaduais, municipais ou distritais, conforme o ente obrigado a realizá-la, por força da Constituição ou das normas em vigor.

Quanto à regularidade, as despesas podem ser ordinárias, quando sua ocorrência for previsível e constante ao longo de diversos exercícios (por exemplo, despesas de custeio, despesas com pessoal, despesas de seguridade social, despesas obrigatórias de caráter continuado); ou podem ser extraordinárias, que são despesas excepcionais ou esporádicas, tais como as despesas decorrentes de calamidades públicas, guerras, etc.

E, por fim, a classificação econômica (ou critério econômico), que é a classificação adotada pela Lei nº 4.320/1964, e divide as despesas entre despesas correntes e despesas de capital. As despesas correntes, em resumo, são despesas necessárias para a manutenção dos serviços e da atividade pública, enquanto as despesas de capital são destinadas a acumular capital público ou aumentá-lo.

As despesas correntes dividem-se em despesas de custeio e transferências correntes. As despesas de custeio são destinadas à manutenção de serviços anteriormente criados, inclusive para atender a obras de conservação e adaptação de bens imóveis. Transferências correntes são às dotações para despesas as quais não corresponda contraprestação direta em bens ou serviços, inclusive para contribuições e subvenções destinadas a atender à manifestação de outras entidades de direito público ou privado.

As despesas de capital dividem-se, por sua vez, em investimentos, inversões financeiras e transferências de capital.

São investimentos as dotações para o planejamento e a execução de obras, inclusive as destinadas à aquisição de imóveis considerados necessários à realização destas últimas, bem como para os programas especiais de trabalho, aquisição de instalações, equipamentos e material permanente e constituição ou aumento do capital de empresas que não sejam de caráter comercial ou financeiro.

Já as inversões financeiras são dotações destinadas à aquisição de imóveis, ou de bens de capital já em utilização; aquisição de títulos representativos do capital de empresas ou entidades de qualquer espécie, já constituídas, quando a operação não importe aumento do capital; ou constituição ou aumento do capital de entidades ou empresas que visem a objetivos comerciais ou financeiros, inclusive operações bancárias ou de seguros.

Por fim, temos as transferências de capital, que são as dotações para investimentos ou inversões financeiras que outras pessoas de direito público ou privado devam realizar, independentemente de contraprestação direta em bens ou serviços, constituindo essas transferências auxílios ou contribuições, segundo derivem diretamente da Lei de Orçamento ou de lei especialmente anterior, bem como as dotações para amortização da dívida pública.

3.3. REGIME CONSTITUCIONAL DOS PRECATÓRIOS

Quando a Fazenda Pública é condenada a pagar quantias por força de sentença judiciária, o nosso ordenamento estabelece um regime próprio de execução, através do qual a entidade pública é citada para embargar, nos termos do CPC, art. 730. Não o fazendo, ou após o julgamento definitivo de seus embargos, a Fazenda pagará seus débitos através de instrumentos como o precatório, também chamado "ofício precatório". Contudo, a atual disciplina constitucional oferece outras alternativas a este instrumento, como veremos.

A efeito, segundo a Constituição:

> "Os pagamentos devidos pelas Fazendas Públicas Federal, Estaduais, Distrital e Municipais, em virtude de sentença judiciária, far-se-ão exclusivamente na ordem cronológica de apresentação dos precatórios e à conta dos créditos respectivos, proibida a designação de casos ou de pessoas nas dotações orçamentárias e nos créditos adicionais abertos para este fim" (CF/1988, art. 100, com redação dada pela EC nº 62/2009).

Para o total de precatórios apresentados até 1º de julho, deve ser incluída dotação suficiente na lei orçamentária anual do ente devedor, cuja vigência ocorrerá no exercício seguinte. A respectiva dotação será aberta no orçamento do ano seguinte diretamente ao Poder Judiciário, cabendo ao presidente do tribunal requisitante providenciar o pagamento até o final do exercício em que estiver em vigor esta lei orçamentária. Portanto, por exemplo, para um precatório apresentado até 1º de julho de 2010, o pagamento deve ser efetuado até 31 de dezembro de 2011 após esse prazo, os valores serão atualizados.

Para o pagamento, é necessário estabelecer ordem de preferências. Portanto, primeiro serão pagos os créditos alimentícios de valor até três vezes o limite da requisição de pequeno valor (RPV), que no caso da União importa em 180 salários mínimos. Para desfrutar desta preferência, o credor deve ser idoso (com idade de 60 anos ou mais) ou ser portador de doença grave, conforme definição em lei. Admite-se, para fins de preferência, fracionamento do crédito.

Então, por exemplo, se o idoso com 65 anos possui um crédito alimentício, perante a União, no valor equivalente a 300 salários mínimos, receberá preferencialmente 180 salários mínimos, e o restante (120 salários mínimos) será pago depois, segundo a ordem cronológica, com os demais credores sem preferência especial.

A seguir, serão pagos os demais créditos alimentícios. Entende-se por alimentícios os créditos decorrentes de salários, vencimentos, proventos, pensões e suas complementações, benefícios previdenciários e indenizações por morte ou por invalidez, fundadas em responsabilidade civil, em virtude de sentença judicial transitada em julgado.

Por fim, pagam-se os demais créditos, não portadores de preferência. Se houver mais de um credor com direito a créditos com preferência igual, segue-se a ordem cronológica. Por exemplo: se houver dois credores idosos, com créditos alimentícios, recebe primeiro o precatório que foi apresentado por primeiro.

O pagamento deve ser efetuado com atualização monetária e de forma integral. Se ocorrer preterimento de seu direito de precedência ou não alocação orçamentária do valor necessário à satisfação do seu débito, o credor poderá requerer ao presidente do tribunal o sequestro da quantia respectiva.

Se o presidente do tribunal retardar ou tentar frustrar a liquidação regular dos precatórios, ainda que por omissão, incorrerá em crime de responsabilidade e responderá, também, perante o Conselho Nacional de Justiça.

3.4. COMPENSAÇÕES DE CRÉDITOS E DÉBITOS

Se a Fazenda Pública devedora possuir, frente ao credor, débitos líquidos e certos, poder-se-á efetuar a compensação deles com o precatório. Esta compensação deve ocorrer no momento da expedição dos precatórios e independe de regulamentação.

Antes da expedição dos precatórios, o tribunal solicitará à Fazenda Pública devedora, para resposta em até 30 (trinta) dias, informação sobre os débitos passíveis de compensação. Se não houver resposta neste prazo, a Fazenda perde o direito ao abatimento.

Os débitos compensáveis devem ser líquidos e certos e já constituídos, podendo ou não estar inscritos em dívida ativa, e incluem prestações vincendas de parcelamentos. Não se incluem, todavia, os débitos cuja execução esteja suspensa em virtude de contestação administrativa ou judicial.

3.5. OUTRAS ALTERNATIVAS

A emenda Constitucional nº 62/2009 instituiu três formas alternativas de liquidar precatórios: a) crédito para aquisição de imóveis públicos; b) cessão do crédito a terceiros; c) regime especial de pagamentos.

A lei da entidade devedora pode facultar ao credor receber seus precatórios na forma de créditos para adquirir imóveis públicos do respectivo ente federado. Assim, por exemplo, se um credor tem um precatório a receber de R$ 1 milhão de um município, e deseja participar de uma licitação (do mesmo município) para adquirir imóvel deste no valor de R$ 1 milhão, poderá apresentar sua proposta usando o crédito oriundo do precatório.

Quanto à cessão a terceiros, o credor poderá ceder, total ou parcialmente, seus créditos em precatórios a terceiros. Neste caso, entretanto, o cessionário perde o direito à preferência dada ao crédito alimentício de idoso ou doente, bem como também não se lhe aplicará o regime dos pagamentos de pequeno valor. O credor não precisa da concordância da Fazenda Pública devedora, mas a cessão de precatórios somente produzirá efeitos após comunicação, por meio de petição protocolizada, ao tribunal de origem e à entidade devedora.

Por fim, o regime especial de pagamentos aplica-se a créditos devidos por Estados, Distrito Federal e Municípios. Configura uma possibilidade (e não uma vinculação), que deve ser instituída por lei complementar federal, e se justifica pela necessidade de adequar os créditos de precatórios devidos pelos entes descentralizados e a escassez de recursos em poder de tais entidades.

A lei complementar, então, poderá prever soluções alternativas de pagamento dos precatórios nestes entes, vinculando às respectivas receitas correntes líquidas ou alterando a forma e o prazo de liquidação.

Enquanto não editada a lei complementar, todavia, a Emenda nº 62, incluindo o artigo 97 ao ADCT da Constituição de 1988, instituiu um regime especial de pagamentos provisório, o qual inclui soluções aplicáveis aos precatórios em atraso.

3.6. PEQUENOS VALORES

Possuem tratamento próprio os créditos, devidos em virtude de sentença judiciária transitada em julgado, que sejam considerados "de baixo valor" ou "pequenos valores". Para estes casos, é possível que o pagamento ocorra no mesmo exercício da apresentação, pois as leis orçamentárias já contêm fixação de créditos e dotações, abertos ao Poder Judiciário, para seu pagamento. O prazo de pagamento, no caso da União, é de 60 (sessenta) dias a partir da apresentação da requisição.

Os "pequenos valores" são créditos cujo valor não deve exceder os limites fixados na legislação. Estes limites são fixados por leis do ente devedor, não podendo ser inferior ao maior benefício do RGPS (Regime Geral de Previdência Social –, por exemplo, R$ 3.467,40, a partir de 1º de janeiro de 2010).

Se a lei local não estabelecer outro, os limites para os créditos de pequeno valor são: a) para a União, até 60 (sessenta) salários mínimos; b) para os Estados e Distrito Federal, até 40 (quarenta) salários mínimos e c) para os Municípios, até 30 (trinta) salários mínimos

(CF/1988, art. 100, §§ 3º, 4º; ADCT, art. 97, § 12, com redação dada pela EC nº 62/2009).

É vedada a expedição de precatórios complementares ou suplementares de valor pago, bem como o fracionamento, repartição ou quebra do valor da execução para fins de enquadramento de parcela do total regime dos pagamentos de pequeno valor. Contudo, é cabível a expedição de precatório referente a parcela incontroversa, em sede de execução ajuizada em face da Fazenda Pública (STF, RE nº 458110/MG e outros; STJ, EREsp nº 721.791/RS e outros).

3.7. DESPESAS COM PESSOAL

A Constituição impõe disciplina aos gastos com pessoal no artigo 169. A matéria também é tratada pela Lei Complementar nº 101/2000 (LRF), que estabelece normas gerais sobre o tema.

Embora a realização de despesas com pessoal seja absolutamente necessária para que o Estado cumpra suas funções, o excesso de despesas nesta área pode prejudicar a atuação estatal em outros setores, igualmente vitais, como os investimentos em infraestrutura. Por este motivo, a Constituição determina que lei complementar federal estabeleça limites para as despesas com pessoal ativo e inativo dos entes da Federação. Este limite, atualmente, é fixado pela LRF da seguinte forma: a) 50% (cinquenta por cento) sobre a receita corrente líquida (RCL) para a União; b) 60% sobre a RCL para os Estados e Distrito Federal; c) 60% sobre a RCL nos Municípios.

O aumento de despesa com pessoal só pode ocorrer se houver prévia dotação orçamentária suficiente para atender às projeções de despesa de pessoal e aos acréscimos dela decorrentes, e se houver autorização específica na lei de diretrizes orçamentárias, ressalvadas as empresas públicas e as sociedades de economia mista. Entende-se por aumento de despesa a concessão de qualquer vantagem ou aumento de remuneração, a criação de cargos, empregos e funções ou alteração de estrutura de carreiras, bem como a admissão ou contratação de pessoal, a qualquer título, pelos órgãos e entidades da administração direta ou indireta, inclusive fundações instituídas e mantidas pelo poder público.

Os entes que estiverem praticando despesas com pessoal acima dos limites globais máximos antes descritos devem se submeter a medidas de enquadramento, que consistem sucessivamente em: a) reduzir em pelo menos vinte por cento as despesas com cargos em comissão e funções de confiança; b) exoneração dos servidores não estáveis; c) perda do cargo para os servidores estáveis.

A perda do cargo, na verdade, consiste na extinção de cargos (SILVA, 2007, p. 703). Através de ato normativo motivado, o cargo ocupado pelo servidor é extinto, não podendo ser criado cargo, emprego ou função com atribuições iguais ou assemelhadas pelos quatro anos seguintes. Este ato normativo deve ser expedido pelo respectivo Poder e deve especificar a atividade funcional, o órgão ou unidade administrativa objeto da redução de pessoal.

Em virtude da extinção do cargo, o servidor público é exonerado, fazendo jus, todavia, a indenização, cujo valor será equivalente a um mês por ano de serviço. A "perda do cargo" é disciplinada por normas gerais impostas por lei ordinária federal e aplicáveis a todos os entes da Federação, sendo que a lei de normas gerais atual é a Lei nº 9.801, de 14 de junho de 1999.

QUESTÕES DE CONCURSOS

(TRF 4ª Região – Juiz – 2008) Dadas as assertivas abaixo, assinalar a alternativa correta.

I – Segundo o princípio da exclusividade, a obtenção do financiamento por pessoa de direito público em instituição estrangeira, porque implica abertura de crédito e também porque importa antecipação de receita, não pode ser prevista na lei orçamentária anual.

II – Apenas o presidente do Supremo Tribunal Federal poderá encaminhar a proposta orçamentária do Poder Judiciário; e, se não o fizer no prazo, serão considerados pelo Executivo, para o fim de consolidação da proposta orçamentária anual, os valores constantes da lei orçamentária vigente, sem qualquer ajustamento.

III – A doutrina dominante acata o conceito dual de despesa pública, segundo o qual pode significar tanto o conjunto dos dispêndios do Estado, ou de outra pessoa de direito público, para o funcionamento do serviço público, como também a aplicação de certa quantia em dinheiro, por parte da autoridade ou agente público competente dentro de autorização legislativa, para execução de fim a cargo do governo.

IV – São denominadas originárias as receitas hauridas pelo Estado sob regime de direito privado, na exploração da atividade econômica.

(A) Estão corretas apenas as assertivas II e III.

(B) Estão corretas apenas as assertivas III e IV.

(C) Estão corretas apenas as assertivas I, II e III.

(D) Estão corretas apenas as assertivas II e IV.

Resposta: B (corretas III e IV).

Capítulo 4

Receita pública

4.1. INGRESSOS E RECEITAS

Considera-se ingresso ou entrada todos os bens e valores recebidos pelo Estado. Os ingressos podem ser provisórios, quando não produzem acréscimos ao patrimônio público, não se destinando a permanecer nos cofres públicos e, em regra, gerando obrigações perante terceiros. São exemplos de ingressos provisórios os depósitos, as cauções, as fianças etc. Os ingressos, por outro lado, podem ser definitivos quando configuram elemento que provoca acréscimo patrimonial ao Estado, sem gerar obrigações perantes terceiros, como por exemplo, os tributos, as penalidades pecuniárias etc.

Portanto, entende-se como receita pública o conjunto de ingressos definitivos, arrecadados pelo Estado e que configuram elemento novo com tendência de permanecer no erário para fins de consumo ou acumulação no patrimônio público, e não apresentando vínculo à pretensão de terceiros. São exemplos de receitas públicas as extorsões, doações, tributos, preços públicos, tarifas, dentre outras (BALEEIRO, 1981).

4.2. CLASSIFICAÇÃO: RECEITAS ORIGINÁRIAS E DERIVADAS

Há diversas classificações para as receitas públicas, que divergem em relação aos critérios adotados.

Quanto à natureza, as receitas podem ser orçamentárias, quando obrigatoriamente devam ser previstas nos orçamentos, como os tributos, contribuições, operações de crédito, alienação de bens e amortização de empréstimos; ou extraorçamentárias, que não precisam constar dos orçamentos (AROs, restos a pagar, serviços da dívida).

Segundo o critério da regularidade, as receitas podem ser ordinárias, quando seu ingresso é previsível e constante (ex.: tributos, contribuições, preços) ou extraordinárias, quando seu ingresso é imprevisível e esporádico (ex.: heranças, doações, imposto de guerra, empréstimos compulsórios).

Quanto ao poder de tributar (ou competência), as receitas podem ser federais, estaduais, municipais ou distritais, conforme o sujeito ativo.

Segundo o critério econômico, adotado pela Lei nº 4.320/1964, as receitas podem ser correntes, quando se destinam a satisfazer despesas correntes (ou de manutenção dos serviços ou bens do Estado), ou de capital, quando se destinam a formar ou ampliar o patrimônio acumulado do Estado.

Por fim, e segundo o critério da coercitividade, as receitas podem ser originárias ou derivadas.

As receitas originárias, também chamadas receitas de direito privado, consistem na receita oriunda da exploração do patrimônio ou da contraprestação devida em virtude da prestação de serviços públicos, devidas com base em acordos ou contratos em que o particular adquire bens ou serviços voluntariamente e possui autonomia para fazê-lo ou deixar de fazê-lo.

Não se aplicam, em regra, às receitas originárias os princípios da tipicidade (CTN, art. 97), da anterioridade tributária (CF/1988, art. 150, III, "b" e "c") e da legalidade tributária (CF/1988, art. 150, I). O Estado exercita seu *ius gestionis*, ou seja, o direito que possui de administrar bem os recursos e patrimônio que possui, fazendo-os gerar receitas.

É corrente (embora inexato) designar estas receitas como sendo "de direito privado", sob o argumento de que a relação jurídica entre o Estado e o particular é regida por normas do Direito Civil ou Comercial. Embora esta afirmação não seja falsa (pois de fato há relações que assim são), é incompleta, na medida em que há receitas originárias oriundas de relações regidas pelo Direito Administrativo também, como se dá com as tarifas, dentro do campo do Direito Público.

São exemplos de receitas originárias os foros, laudêmios, tarifas, preços públicos, aluguéis, direitos de uso.

As receitas derivadas, por sua vez, consistem na receita auferida em virtude do exercício (pelo Estado) de seu *ius imperii*, ou seja, o direito de "imperar" ou de administrar, dando prioridade ao interesse público frente ao privado. Estas receitas são oriundas de relações jurídicas impostas por lei, de forma compulsória (coercitiva), uma vez que ao particular não é dada a opção de participar da relação jurídica ou não.

Nas receitas derivadas, o Estado dispõe do patrimônio de seus súditos, através de atividade vinculada, sob o controle da Constituição e das demais normas jurídicas. São receitas sujeitas aos princípios da legalidade tributária, da tipicidade, da anterioridade, da vedação ao confisco e outros.

São exemplos de receitas derivadas os tributos, as reparações de guerra e as penalidades pecuniárias.

Há certa polêmica em torno da classificação quanto às compensações financeiras (CFEM), a que alude a Constituição, no artigo 20, § 1º. Esta norma dispõe que:

> "É assegurada, nos termos da lei, aos Estados, ao Distrito Federal e aos Municípios, bem como a órgãos da administração direta da União, participação no resultado da exploração de petróleo ou gás natural, de recursos hídricos para fins de geração de energia elétrica e de outros recursos minerais no respectivo território, plataforma continental, mar territorial ou zona econômica exclusiva, ou compensação financeira por essa exploração."

Não restam dúvidas de que se trata de receita pública, mas resta saber de que tipo (derivada ou originária). A questão esteve indefinida entre os autores e até hoje há opiniões divergentes. Contudo, o STF, no RE nº 228800-5/DF, decidiu tratar-se de receita originária, posto que oriunda da exploração patrimonial, não possuindo natureza de receita tributária.

QUESTÕES DE CONCURSOS

(AGU – CESPE – 2006) São exemplos de receitas orçamentárias correntes:

a) de alienação de bens, de amortização de empréstimos, industrial, de serviços e transferências correntes.
b) tributária, de contribuições, industrial, de serviços e transferências correntes.
c) tributária, de contribuições, de transferências de capital, de serviços e de transferências correntes.
d) tributária, de contribuições, de alienação de bens, de serviços e de transferência de capital.
e) de alienação de bens, de contribuições, industrial, patrimonial e de transferências correntes.

Resposta: B

(TCE/ES – PROCURADOR – CESPE – 2009) No que se refere à receita e à despesa pública, assinale a opção correta.

a) A amortização de empréstimos é receita de capital, sendo considerado o retorno de valores emprestados anteriormente a outras entidades de direito público.
b) Os recursos recebidos de outras pessoas de direito público ou privado são considerados transferências correntes, desde que haja contraprestação direta em bens e serviços.
c) Inversões financeiras são despesas correntes destinadas à aquisição de imóveis.
d) As dotações para atender a obras de conservação e adaptação de bens imóveis são consideradas despesas de capital.
e) Empréstimos do Banco do Brasil são considerados receitas correntes.

Resposta: A

Capítulo 5

Dívida ativa, crédito e dívida pública

5.1. DÍVIDA ATIVA DA UNIÃO

Dívida ativa tributária é o crédito da Fazenda Pública dessa natureza, proveniente de obrigação legal relativa a tributos e respectivos adicionais e multas; e *dívida ativa não tributária* são os demais créditos da Fazenda Pública, tais como os provenientes de multa de qualquer origem ou natureza, exceto as tributárias, foros, laudêmios, aluguéis ou taxas de ocupação, custas processuais, preços de serviços prestados por estabelecimentos públicos, indenizações, reposições, restituições, alcances dos responsáveis definitivamente julgados, bem assim os créditos decorrentes de obrigações em moeda estrangeira, de sub-rogação de hipoteca, fiança, aval ou outra garantia, de contratos em geral ou de outras obrigações legais.

A Lei nº 4.320/1964 classifica os empréstimos compulsórios e as contribuições especiais como dívida ativa não tributária, mas com o advento da Constituição de 1988, consolidou-se o entendimento acerca de sua natureza tributária (Lei nº 4.320/1964, art. 39, § 2º; STF, AI 74540).

Não se confunde a dívida ativa com a dívida pública passiva, pois esta última trata dos débitos em que a Fazenda Pública é devedora, especificamente oriundos de operações de crédito e assemelhados. Já a dívida ativa, por sua vez, versa sobre os créditos em que a Fazenda Pública é credora.

Os créditos da Fazenda Pública, sejam de natureza tributária ou não tributária, devem ser escriturados, junto às respectivas rubricas orçamentárias, como receita do exercício em que forem arrecadados, e não no exercício quando surgiu ou venceu a obrigação. Seguem, portanto, o regime de caixa.

Estão sujeitos a inscrição em dívida ativa os créditos da Fazenda:

a) que decorram de obrigação legal;
b) após a apuração de sua liquidez e certeza;
c) já devidamente constituídos;
d) exigíveis pelo transcurso do prazo para pagamento (ou melhor, já vencidos). Portanto, a receita de dívida ativa é distinta das demais receitas, pois escriturada especificamente a este título.

A receita de dívida ativa compreende o valor do crédito principal e de seus acréscimos, ou seja, atualização monetária, juros de mora, multas impostas por infrações relacionadas ao crédito (seu atraso, por exemplo) e, no caso da União, pelo encargo legal do Decreto-Lei nº 1.025/1969.

Devem ser inscritos em dívida ativa valores em moeda nacional (reais). Créditos expressos em moeda estrangeira devem ser convertidos ao correspondente na moeda nacional em curso. Como regra geral, deve ser adotada a taxa de câmbio oficial, para compra, na data da notificação ou intimação do devedor, incidindo, a partir da conversão, a atualização monetária e os juros de mora. Para os créditos tributários, todavia, utiliza-se a taxa de câmbio à data do fato gerador, e não a data do lançamento (ou de sua notificação), conforme preceitua o CTN, art. 143.

A inscrição em dívida ativa é ato que deve ser exercido privativamente por autoridade administrativa, determinada em normas expedidas pelo ente competente para instituir a obrigação da qual provém a receita. Na União, compete à Procuradoria-Geral da Fazenda Nacional a inscrição e cobrança judicial de sua dívida ativa (CF/1988, art. 131, § 3º; Lei nº 4.320/1964, art. 39, § 5º e Lei nº 6.830/1980, art. 2º, § 4º).

Sobre a dívida ativa tributária trataremos adiante, ao analisar a disciplina trazida pelo Código Tributário Nacional (CTN).

5.2. CRÉDITO PÚBLICO: CONCEITO

Crédito Público "[...] é o ramo do Direito Financeiro que regula a emissão dos títulos públicos e a captação de empréstimo no mercado aberto de capitais ou diretamente nos estabelecimentos bancários nacionais e estrangeiros [...]". (TORRES, 2008, p. 13). Como qualquer pessoa, é dado ao Estado tomar empréstimos de quantias junto a instituições financeiras, pessoas jurídicas ou físicas e até mesmo outros entes da Federação, países ou organismos internacionais.

O Estado vale-se destes recursos para complementar sua arrecadação, que frequentemente se mostra insuficiente para fazer frente às despesas públicas necessárias ao bom desempenho de seus deveres. Em outras vezes, lança mão destes recursos em prol do desenvolvimento econômico ou para estimular assunto sobre o qual recaia notório interesse público (JUND, 2008, p. 31).

Predomina o entendimento entre os autores quanto à natureza contratual do crédito público, ou seja, seu exercício se realiza através de operações de crédito. Tal natureza é confirmada pela LRF, que assim conceitua a operação de crédito:

> "Compromisso financeiro assumido em razão de mútuo, abertura de crédito, emissão e aceite de título, aquisição financiada de bens, recebimento antecipado de valores provenientes da venda a termo de bens e serviços, arrendamento mercantil e outras operações assemelhadas, inclusive com o uso de derivativos financeiros." (LRF, art. 29, III).

Apesar de indispensável e largamente praticada na administração pública contemporânea, esta atividade envolve riscos à estabilidade financeira do Estado, razão pela qual está sujeita a rígidos controles em nosso ordenamento.

Compete ao Congresso Nacional dispor sobre operações de crédito (CF/1988, art. 48, II), e ao Senado Federal (mediante resolução) dispor sobre limites globais e condições para as operações de crédito externo e interno da União, dos Estados, do Distrito Federal e dos Municípios, de suas autarquias e demais entidades controladas pelo poder público federal (CF/1988, art. 52, VII). É da competência do Senado, também, dispor sobre limites e condições para a concessão de garantia da União em operações de crédito externo e interno (CF/1988, art. 52, VIII).

A Constituição dispõe, ainda, acerca do crédito público:

a) A lei orçamentária anual pode conter dispositivo estranho à previsão da receita e à fixação da despesa para, dentre outros, contratação de operações de crédito, ainda que por antecipação de receita, nos termos da lei (CF/1988, art. 165, § 8º);
b) Pode vincular receita de impostos a órgão, fundo ou receita para prestar garantias às operações de crédito por antecipação de receita (CF/1988, art. 167, IV);
c) Os Poderes Legislativo, Executivo e Judiciário manterão, de forma integrada, sistema de controle interno com a finalidade de: [...] exercer o controle das operações de crédito, avais e garantias, bem como dos direitos e haveres da União (CF/1988, art. 74, III).

Por fim, a Constituição veda a realização de operações de créditos que excedam o montante das despesas de capital, ressalvadas as autorizadas mediante créditos suplementares ou especiais com finalidade precisa, aprovados pelo Poder Legislativo por maioria absoluta (CF/1988, art. 167, III). Esta regra recebe a alcunha de "regra de ouro", por controlar o endividamento excessivo e por impedir que o Estado contraia dívidas para saldar despesas correntes (JUND, 2008, p. 33).

5.3. DÍVIDA PÚBLICA: CONCEITO

A expressão dívida pública, no Direito Financeiro, é utilizada para designar os empréstimos captados no mercado financeiro interno e externo, através de operações de crédito ou na forma de dívida pública mobiliária, que é a dívida pública representada por títulos emitidos pela União, inclusive os do Banco Central do Brasil, Estados e Municípios. A dívida pública (também chamada dívida pública passiva) ainda abrange a concessão de garantias e avais, que potencialmente podem gerar endividamento (TORRES, 2008, p. 217).

Distingue-se a dívida pública do crédito público, pois este se preocupa quanto ao aspecto dinâmico, ou seja, com a atividade do Estado em tomar empréstimos ou emprestar recursos a outros entes;

enquanto aquela (a dívida pública) regula o resultado destas operações, tomado em seu contexto (aspecto estático).

A Constituição atribui competência: a) à lei complementar, para estabelecer normas gerais; b) ao Congresso Nacional, para dispor sobre dívida pública; c) e ao Senado Federal para impor seus limites (CF/1988, arts. 48, II; 52, VI e VII e 163, II e IV).

QUESTÕES DE CONCURSOS

(AL/ES – CONTADOR – 2006) Os créditos da Fazenda Pública, conforme o art. 39 da Lei Federal nº 4.320/1964, exigíveis pelo transcurso de prazo para pagamento, serão inscritos como dívida ativa após apurada sua liquidez e certeza. A receita de dívida ativa segrega-se em:

a) Orçamentária e extraordinária;
b) Tributária e não tributária;
c) Corrente e de capital;
d) Ordinária e extraordinária;
e) Global e estimativa.

Resposta: B

(APO PM/RJ – 2005) Das variáveis abaixo, aquela que dá ao Estado o poder ou a faculdade de dispor de capital alheio, mediante promessa de reembolso, é:

a) Crédito público;
b) Receita pública;
c) Imposto;
d) Taxa;
e) Contribuição de melhoria.

Resposta: A

(TRF 4ª Região – Juiz – 2004) Assinalar a alternativa correta.

a) Cabe ao Congresso Nacional dispor sobre todas as matérias de competência da União, salvo aquelas de iniciativa exclusiva do Poder Executivo, como a legislação tributária.

b) Não se incluem entre as atribuições do Congresso Nacional julgar, anualmente, as contas prestadas pelo presidente da República e apreciar relatórios sobre a execução dos planos de governo, nem zelar pela preservação de sua competência legislativa em face da atribuição normativa dos outros Poderes.
c) Os princípios orçamentários reforçam a utilização do orçamento como instrumento de controle democrático e são os de exclusividade, programação, equilíbrio, anualidade, unidade, universalidade e legalidade.
d) O controle externo sobre as atividades financeira, orçamentária, operacional e patrimonial da União é exercido exclusivamente pelo Tribunal de Contas da União, sem ingerência do Congresso Nacional.

Resposta: C

Capítulo 6

Sistema Tributário Nacional

6.1. SISTEMA TRIBUTÁRIO NACIONAL

Por Sistema Tributário Nacional deve-se entender o universo de normas jurídicas que versem sobre tributos e temas acessórios, organizadas como uma unidade lógica e coordenada (NOGUEIRA, 1986, p. 37). O STN inclui desde a Constituição Federal e suas emendas, passando pelas leis complementares, resoluções do Senado Federal e, nos limites das respectivas competências, pelas leis federais, Constituições e leis estaduais e leis municipais (inclusive suas leis orgânicas) (CTN, art. 2º).

A Constituição de 1988, em seu Título VI, trata da "Tributação e do Orçamento", que se subdivide em dois capítulos: a) Sistema Tributário Nacional; b) Finanças Públicas. Sobre as finanças públicas, já tivemos oportunidade de examinar as normas constitucionais pertinentes, concentradas na CF/1988, arts. 163 a 169, que constituem objeto de estudo do Direito Financeiro. Já o Capítulo I (Sistema Tributário Nacional, ou STN) é objeto de estudo do Direito Tributário.

Por sua vez, o Capítulo I é composto das seguintes seções: I – Dos Princípios Gerais (CF/1988, arts. 145 a 149-A); II – Das Limitações ao Poder de Tributar (CF/1988, arts. 150 a 152); III – Dos Impostos da União (CF/1988, arts. 153 e 154); IV – Dos Impostos dos Estados e do Distrito Federal (CF/1988, art. 155); V – Dos Impostos dos Municípios (CF/1988, art. 156); VI – Da Repartição das Receitas Tributárias (CF/1988, arts. 157 a 162).

6.2. LIMITAÇÕES CONSTITUCIONAIS AO PODER DE TRIBUTAR

É inerente às funções do Estado exercer o poder tributário sobre seus cidadãos e entidades sujeitas a seu poder de império. Ademais, como já se disse, os tributos são receitas derivadas, uma vez que exigidas por imposição legal e decorrente da relação de supremacia do interesse público sobre o privado. Contudo, a história demonstra que o exercício descontrolado e desviado do poder tributário pode conduzir exatamente à negação do interesse público, submetendo-o ao interesse privado e mesquinho dos governantes.

Portanto, predomina no mundo contemporâneo, entre os países civilizados, a máxima de John Marshall, segundo a qual "O poder de tributar não pode chegar à desmedida do poder de destruir" (RF 145/164 – RDA 34/132), ou seja, o poder tributário deve estar sujeito a limites, sob pena de produzir danos.

As limitações ao poder de tributar, que em nosso país estão fundadas na Constituição Federal, estabelecem limites, marcos e condições para o exercício do poder de tributar e, ao fazerem isso, tornam-se elementos definidores da competência tributária dos entes da Federação (AMARO, 2004, p. 105).

As normas que impõem limitações distribuem-se praticamente ao longo de todo o texto da Carta Magna, mas a Constituição reservou uma das seções do Capítulo I do Título VI especificamente para este tema (AMARO, 2004, p. 104). Nesta seção, aliás, é que se encontram as mais citadas limitações.

Cabe à Constituição estabelecer limitações, e cabe à lei complementar regulá-las, ou seja, estabelecer detalhamentos e requisitos, adensando o mandamento constitucional (CF/1988, art. 146, II). Algumas limitações representam, ao mesmo tempo, princípios constitucionais tributários (CARVALHO, 2005, p. 143).

6.3. ISONOMIA (OU IGUALDADE TRIBUTÁRIA)

A CF/1988 dispõe que é vedado instituir tratamento desigual entre contribuintes que se encontrem em situação equivalente, proibida qualquer distinção em razão de ocupação profissional ou função por eles exercida, independentemente da denominação jurídica dos rendimentos, títulos ou direitos (CF/1988, art. 150, II).

Esta norma representa em nosso Direito o princípio da isonomia tributária, e é princípio constitucional tributário, derivado da igualdade geral, entre nós consagrada na CF/1988, art. 5º, *caput* e inciso I. Encerra em si a noção, em resumo, de que "[...] A igualdade, desde Platão e Aristóteles, consiste em tratar-se de modo desigual os desiguais [...]" (STF, MS 26690/DF), ou melhor, "[...] O Princípio da Isonomia é compreendido, por toda a doutrina e jurisprudência, como tratamento igual aos iguais e desigual aos desiguais, assegurando a Constituição Federal a igualdade jurídica, ou seja, igual aos especificamente iguais perante a lei [...]" (TRF-2, AC 352692/RJ).

Portanto, o princípio da isonomia tributária admite distinções entre contribuintes, desde que não se encontrem em situação equivalente. E "[...] Em matéria tributária, as distinções podem se dar em função da capacidade contributiva ou por razões extrafiscais que estejam alicerçadas no interesse público [...]" (PAULSEN, 2010, p. 223)

6.4. PRINCÍPIO DA CAPACIDADE CONTRIBUTIVA

Em nosso Direito, os princípios da capacidade contributiva e da pessoalidade estão expressos na CF/1988, *in verbis*:

> "Sempre que possível, os impostos terão caráter pessoal e serão graduados segundo a capacidade econômica do contribuinte, facultado à administração tributária, especialmente para conferir efetividade a esses objetivos, identificar, respeitados os direitos individuais e nos termos da lei, o patrimônio, os rendimentos e as atividades econômicas do contribuinte." (CF/1988, art. 145, § 1º).

O princípio da capacidade contributiva, segundo a doutrina dominante, pode ser entendido como a possibilidade, dada ao Estado, de tributar a parcela da capacidade econômica dos contribuintes que exceder ao necessário para manter o mínimo vital. Em verdade, a capacidade contributiva e a seletividade são, ao lado de outros, subprincípios da isonomia tributária (RFDT, 2003, p. 71).

Controvertido o alcance do princípio da capacidade contributiva sobre as espécies tributárias. Para alguns, só seria obrigatório para a espécie impostos, posição adotada em boa parte dos concursos públicos na área fiscal (MACHADO, 1993, p. 16). Para outros, seria aplicável a todas as espécies tributárias, sendo esta a opinião atualmente dominante em nossa doutrina (CONTI, 1996, p. 65).

Também polêmica a interpretação da expressão "sempre que possível", contida na CF/1988, art. 145, § 1º. Alguns entendem que somente nos impostos pessoais seria possível sua aplicação, não cabendo nos impostos reais (FERREIRA FILHO, 1990, p. 3-93). Para outros, o foco reside na progressividade, como uma das vias de realização da capacidade contributiva, não sendo possível sua aplicação aos impostos reais, senão diante de expressa determinação Constitucional (STF, 153771-0).

Outros ainda sustentam que a capacidade contributiva (e a progressividade também) são aplicáveis tanto aos impostos pessoais como aos reais (CARRAZA, 2007, p. 80).

6.5. RAZÕES EXTRAFISCAIS

Pode também haver diferenciação entre contribuintes, conforme a isonomia tributária, por razões extrafiscais, tais como: interesses sociais, estímulo ao desenvolvimento econômico ou social, estímulo ou desestímulo a condutas por razões de soberania, defesa da concorrência, preservação da saúde pública, dentre muitos outros exemplos.

Um bom exemplo reside no tratamento jurídico favorecido e diferenciado conferido às pequenas empresas, por força do princípio do tratamento favorecido (CF/1988, arts. 170, IX e 179; KARKACHE, 2010; STF, ADI 1643-1/2002).

Outro bom exemplo pode ser encontrado na Lei nº 10.257/2001, art. 47: "Os tributos sobre imóveis urbanos, assim como as tarifas relativas a serviços públicos urbanos, serão diferenciados em função do interesse social."

6.6. PRINCÍPIO DA IRRETROATIVIDADE TRIBUTÁRIA

Segundo o princípio da irretroatividade tributária, é vedado (à União, Estados, Distrito Federal e Municípios) cobrar tributos em relação a fatos geradores ocorridos antes do início da vigência da lei que os houver instituído ou aumentado (CF/1988, art. 150, III, "a").

A irretroatividade tributária deriva do princípio constitucional da segurança jurídica, expresso em diversas normas da Constituição, sendo que uma delas dispõe que a lei não prejudicará o direito adquirido, o ato jurídico perfeito e a coisa julgada (CF/1988, art. 5º, XXXVI). Através deste princípio, fica estabelecido que o Estado pode mudar sua legislação tributária, mas sempre respeitando as situações já consolidadas e abstendo-se de surpreender o contribuinte.

É estabelecido como marco temporal a vigência da nova lei, e não sua publicação, sendo certo que tais eventos não precisam ser necessariamente simultâneos. O fato gerador, a que se refere a Constituição, diz respeito ao momento jurídico da ocorrência do fato gerador (PAULSEN, 2009, p. 205; STF, RE nº 104259 e ADI 513).

É importante notar que a irretroatividade refere-se à cobrança de tributos. Por isso, a lei tributária pode retroagir para conferir tratamento mais benéfico em caso de infrações ou suas penalidades, como dispõe o CTN no artigo 106.

Não obstante, polêmico o alcance da irretroatividade, no que tange à lei que reduz ou extingue tributos. Para alguns, não pode retroagir mesmo nos casos de leis que reduzem, extinguem tributos ou estabelecem tratamento mais gravoso em caso de infrações (ALEXANDRINO, 2008, p. 85). Para outros, a lei que reduz ou extingue tributos pode atingir fatos geradores anteriores ao início de sua vigência (AMARO, 2004, p. 119).

Falaremos mais sobre a irretroatividade tributária ao analisar sua aplicação ao imposto sobre a renda.

6.7. A REPARTIÇÃO DE COMPETÊNCIAS NA FEDERAÇÃO BRASILEIRA

O Estado brasileiro configura uma federação, composta de quatro entes: União, Estados, Distrito Federal e Municípios, todos autônomos (CF/1988, art. 18). Aos entes federados, portanto, a Constituição assegura capacidade de auto-organização, participação na formação da vontade geral e atribuição de funções (ou competências) (SOUSA, 2002).

Dentre as competências atribuídas pela Constituição, ganha destaque a de natureza tributária. Atribuir a cada espécie de ente a competência sobre tributos próprios é elemento essencial para realizar a autonomia imposta pela ordem constitucional, uma vez que é através dos tributos que o Estado aufere a maioria de suas receitas. E, assim como na vida, autonomia pressupõe autossuficiência econômico/financeira.

Em linhas gerais, a Constituição define a repartição das competências tributárias em seus artigos 145, 148, 149, 153, 155 e 156. Ao assim fazer, estabelece para cada ente da Federação uma faixa de competência própria, que compreende a atribuição de legislar sobre o tributo que lhe foi reconhecido e todas as prerrogativas e consequências derivadas disso (RUSCHMANN, 2006, p. 19). Surge aqui o princípio da privatividade da competência, expresso no CTN, art. 6º e seu parágrafo único:

> "[...] A atribuição constitucional de competência tributária compreende a competência legislativa plena, ressalvadas as limitações contidas na Constituição Federal, nas Constituições dos Estados e nas Leis Orgânicas do Distrito Federal e dos Municípios, e observado o disposto no CTN [...]. Os tributos cuja receita seja distribuída, no todo ou em parte, a outras pessoas jurídicas de direito público pertencerá à competência legislativa daquela a que tenham sido atribuídos".

Conforme a forma e características do exercício desta competência, tem-se denominações diferentes atribuídas pelos autores (ALEXANDRE, 2010, p. 207-230).

Chama-se competência concorrente a atribuição para estabelecer normas gerais em matéria tributária, pertencendo esta competência preferencialmente à União e, na sua falta, aos Estados e ao Distrito Federal (CF/1988, art. 24).

A competência privativa é como se convencionou chamar-se a competência atribuída para a maior parte dos impostos, como descreveremos melhor a seguir. São impostos privativos (em resumo) o II, IE, IPI, IOF, IR, ITR, IGF (para a União); o ITCMD, ICMS e IPVA (Estados e Distrito Federal) e IPTU, ITBI e ISSQN (Municípios) (CF/1988, arts. 153, I a VII; 155, I a III e 156).

A competência comum é a que ocorre nas taxas e contribuições de melhoria. É assim chamada porque as hipóteses de incidência são comuns a todos os entes tributantes, definindo-se a competência conforme a titularidade do serviço público, poder de polícia ou obra pública, conforme o caso. (CF/1988, art. 145, II e III).

A competência especial é a que se verifica nos empréstimos compulsórios e contribuições especiais (ou parafiscais) (CF/1988, arts. 148 e 149).

A competência residual pode surgir em três situações: a) para os impostos (a mais conhecida); b) nas contribuições para a seguridade social; c) nas taxas e contribuições de melhoria. Falaremos sobre ela em tópico específico adiante, assim como sobre a competência extraordinária.

Por fim, temos a competência cumulativa. Esta surge em duas situações: no caso de territórios federais e na hipótese do Distrito Federal.

O território federal integra a União, não configurando uma nova entidade da Federação. Por isso, compete à União instituir e legislar sobre os impostos estaduais (IPVA, ICMS e ITCMD) a serem exigidos dos contribuintes nos territórios federais. Se o território não for dividido em municípios, também acumulará, a União, a competência sobre os impostos municipais (IPTU, ITBI e ISSQN) (CF/1988, arts. 18, § 2º; 33, § 1º; 147). Contudo, se dentro do território existir município, caberá a ele a competência privativa prevista para os demais municípios da Federação.

Já quanto ao Distrito Federal, sendo vedada sua divisão em municípios, é atribuída a ele a competência tributária para os impostos municipais, que ele acumula com as competências privativas que já possui (ou seja, para o IPVA, ICMS e ITCMD).

6.8. DELEGAÇÃO DE ARRECADAÇÃO

Não se confunde competência tributária com capacidade tributária ativa, como veremos. A capacidade ativa compreende uma série de prerrogativas que são, em regra, atribuíveis a pessoas de direito público. Contudo, uma destas prerrogativas, que é a função de arrecadar o tributo, pode ser "delegada" a pessoas de direito privado, como prevê o CTN, em seu artigo 7º, § 3º.

Este artigo confirma que "Não constitui delegação de competência o cometimento, a pessoas de direito privado, do encargo ou da função de arrecadar tributos". Refere-se, aqui, à mera arrecadação, e não à capacidade ativa, devendo-se considerar esta como gênero do qual aquela é espécie ou componente.

Por isso, por exemplo, é lícito à União autorizar bancos privados a receberem tributos federais, ou a municípios estabelecerem convênios com redes de farmácias e supermercados para receberem pagamentos de tributos municipais (PAULSEN, 2009, p. 641). Contudo, as pessoas de direito privado não podem exercer as demais funções componentes da capacidade ativa, tais como fiscalizar, receber e julgar recursos ou reclamações administrativas, inscrever em dívida ativa, promover execução fiscal etc.

6.9. DISCRIMINAÇÃO CONSTITUCIONAL DAS RENDAS TRIBUTÁRIAS

Entende-se por discriminação de rendas a distribuição da competência tributária entre os entes da Federação, operada via de regra pela Constituição Federal. Não há um critério universal para esta discriminação. Ao contrário, cada Estado federal tem sua própria forma de distribuir (ROSA JUNIOR, 2009, p. 159).

A discriminação de rendas é composta de duas subdivisões: a) discriminação pela fonte, com base na competência tributária, e b) discriminação pelo produto, com base na distribuição de rendas. Esta discriminação implica a distribuição do produto da arrecadação, e é disciplinada na CF/1988, arts. 157 a 162 (MORAES, 2001).

Em resumo, compete à União legislar sobre: a) seus impostos (CF/1988, art. 153); b) taxas em virtude de serviços públicos ou poder de polícia federais; c) contribuição de melhoria, decorrentes de obras públicas federais; d) empréstimos compulsórios (CF/1988, art. 148); e) contribuições especiais (ou parafiscais), exceto sobre a contribuição de iluminação pública (CF/1988, art. 149-A) e contribuições para a previdência de servidores estaduais, distritais e municipais; f) impostos estaduais, na hipótese de território federal (CF/1988, art. 147); g) impostos municipais, na hipótese de território federal não dividido em municípios (CF/1988, art. 147).

São impostos federais, por sua vez: I – importação de produtos estrangeiros (II); II – exportação, para o exterior, de produtos nacionais ou nacionalizados (IE); III – renda e proventos de qualquer natureza (IR, IRPF, IRPJ); IV – produtos industrializados (IPI) ; V – operações de crédito, câmbio e seguro, ou relativas a títulos ou valores mobiliários (IOF); VI – propriedade territorial rural (ITR); VII – grandes fortunas, nos termos de lei complementar (IGF).

Também são impostos federais o imposto residual e o imposto extraordinário de guerra, sobre que falamos antes.

Compete aos Estados e ao Distrito Federal: a) seus impostos (CF/1988, art. 155); b) taxas em virtude de serviços públicos ou poder de polícia estaduais ou distritais; c) contribuição de melhoria, decorrente de obras públicas estaduais ou distritais; d) contribuições para a previdência de servidores estaduais ou distritais.

No caso do Distrito Federal, caberão ainda os impostos municipais exigíveis em seu território e a contribuição de iluminação pública (CF/1988, arts. 147 e 149-A).

São impostos estaduais: I – transmissão *causa mortis* e doação, de quaisquer bens ou direitos (ITCMD); II – operações relativas à circulação de mercadorias e sobre prestações de serviços de transporte interestadual e intermunicipal e de comunicação, ainda que as operações e as prestações se iniciem no exterior (ICMS); III – propriedade de veículos automotores (IPVA).

Compete, por fim, aos Municípios: a) seus impostos (CF/1988, art. 156); b) taxas em virtude de serviços públicos ou poder de polícia municipais; c) contribuição de melhoria, decorrente de obras públicas municipais; d) contribuições para a previdência de servidores municipais; e) contribuição para a iluminação pública (CF/1988, art. 149-A).

São impostos municipais: I – propriedade predial e territorial urbana (IPTU); II – transmissão *inter vivos*, a qualquer título, por ato oneroso, de bens imóveis, por natureza ou acessão física, e de direitos reais sobre imóveis, exceto os de garantia, bem como cessão de direitos a sua aquisição (ITBI); III – serviços de qualquer natureza, não compreendidos no art. 155, II, definidos em lei complementar (ISSQN).

6.10. LEGISLAÇÃO SOBRE O SISTEMA TRIBUTÁRIO BRASILEIRO

A expressão legislação, no Direito Tributário, tem significado específico. Como vimos, o Sistema Tributário Nacional é composto de todas as normas jurídicas que versem sobre tributos e assuntos a ele correlatos (como penalidades tributárias, por exemplo, CTN, art. 2º).

Quanto à legislação tributária, é definida como sendo o gênero de normas que tratam de matéria tributária, exceto as normas constitucionais. Podem-se entender como normas constitucionais a Constituição Federal, as Constituições Estaduais, as Leis Orgânicas dos Municípios e do Distrito Federal, e suas emendas. O CTN, art. 96, induz esta conclusão, quando define legislação tributária como expressão compreensiva de leis, tratados, convenções internacionais, decretos e normas complementares. Não configura, outrossim, rol taxativo, pois existem outras espécies de normas, não citadas no CTN, mas que também integram a legislação tributária.

Importante lembrar que a expressão se aplica às normas federais, estaduais, distritais e municipais.

A legislação tributária subdivide-se nos seguintes grupos de normas: a) as leis; b) os tratados e convenções internacionais; c) os decretos; d) as normas complementares (ALEXANDRE, 2010, p. 216-234). Trataremos, em detalhes, no capítulo dedicado às fontes do Direito Tributário.

6.11. DEFINIÇÃO DE TRIBUTO

A definição de tributo e suas espécies é matéria que deve ser tratada por lei complementar federal e configura espécie de norma geral. Portanto, a definição de tributo compete à União, conformando-se a ela a legislação de todos os entes da Federação.

Em nosso Direito, há diversas definições (ou conceitos) para tributo. O que nos interessa aqui é a norma geral tributária estabelecida pelo CTN, em seu artigo 3º, que diz:

> "Tributo é toda prestação pecuniária compulsória, em moeda ou cujo valor nela se possa exprimir, que não constitua sanção de ato ilícito, instituído em lei e cobrada mediante atividade administrativa plenamente vinculada."

Trata-se, portanto, de uma prestação pecuniária, em moeda ou cujo valor nela se possa exprimir. Isso significa que o tributo é uma obrigação que se satisfaz com a entrega de bens materiais, especificamente moeda corrente (reais, no nosso caso) ou bens admitidos pelo CTN como aptos a extinguir o crédito tributário, como ocorre com a dação de bens imóveis (CTN, art. 156).

Como decorrência, não são admissíveis como formas de extinção a entrega de bens (ou prestação *in natura*) e nem a prestação de serviços ou trabalho (*in labore*). Portanto, certas obrigações cívicas, como o serviço militar obrigatório, serviço de jurado ou de mesário em eleições não são tributos (PAULSEN, 2009).

O tributo é prestação compulsória, pois decorre do exercício da soberania do Estado sobre seus cidadãos (*ius imperii*) definido e delimitado pela competência e expresso na legislação tributária. O descumprimento da prestação, por sua vez, configura infração.

O tributo, por sua vez, não é sanção por ato ilícito, ou seja, o tributo não se destina a punir, mas sim a fazer contribuir aos gastos públicos os cidadãos. Por decorrência, a hipótese sobre a qual recai a incidência é uma situação lícita, como auferir renda, ter propriedade de imóveis ou automotores, transferir bens, circular mercadorias, prestar serviços etc. Mesmo que esta situação lícita (por exemplo, propriedade imóvel urbana) tenha sido causada por um ato ilícito antecedente (o ladrão que usa o dinheiro para adquirir a propriedade), o tributo incidirá, como veremos no capítulo que trata da obrigação tributária e do fato gerador.

A instituição de tributo é decorrente de lei, em virtude da submissão ao princípio da legalidade tributária, de que trataremos adiante, e também por ser o tributo uma espécie de receita derivada, exigida no exercício do *ius imperii* e, portanto, por normas de direito público.

E, por fim, o tributo é cobrado mediante atividade administrativa plenamente vinculada. Isso significa que a atividade que se destina à cobrança e arrecadação dos tributos é totalmente submissa e preestabelecida por lei. Assim, não é dado ao agente público qualquer opção ou discricionariedade, mas apenas dar cumprimento à lei, tanto no aspecto material como formal. Os atos administrativos presentes nesta atividade, portanto, são atos vinculados, em conformidade com a definição a estes atribuída pelo Direito Administrativo (MEIRELLES, 2007, p. 47).

6.12. ESPÉCIES DE TRIBUTOS

Apesar de possuírem características comuns e integrarem a mesma espécie de receita, os tributos seguem regimes jurídicos distintos entre si. Portanto, a expressão tributo é tomada como um gênero, composto de várias espécies.

O CTN estabelece, em seu artigo 4º, critérios para identificação das espécies, afirmando que a classificação deve se ater ao fato gerador da respectiva obrigação, sendo que outros elementos seriam irrelevantes, como a denominação, outras características formais adotadas pela lei (como a forma de cobrança, por exemplo) e a destinação legal do produto da arrecadação. Com base neste critério, o CTN identificou três espécies tributárias, distintas em virtude de seu fato gerador típico: impostos, taxas e contribuições de melhoria (CTN, art. 5º).

Embora este critério continue válido (razão pela qual é muito frequente em provas de concursos públicos), predomina atualmente a visão segundo a qual a determinação da natureza jurídica específica do tributo é definida a partir da associação entre hipótese de incidência (que inclui o fato gerador, a que se refere o CTN) e também a base de cálculo (CARVALHO, 2005, p. 28).

Não obstante, há diversas classificações sobre tributos, que se diferenciam em virtude do critério adotado. A classificação mais comum atualmente é a quinquipartida (ou pentapartida), segundo a qual os tributos se dividem em cinco espécies: impostos, taxas, contribuições de melhoria, empréstimos compulsórios e contribuições especiais. Esta é a classificação adotada pelo STF, com base no Sistema Tributário Nacional estabelecido na CF/1988. Mas, por construção doutrinária, encontramos outras classificações.

Segundo o critério da pessoalidade, os tributos podem ser classificados como reais ou pessoais.

Nos tributos reais, são predominantes os aspectos objetivos aos subjetivos na hipótese de incidência, como ocorre no IPTU, no qual a incidência se dá em virtude do imóvel urbano, e na proporção de seu valor venal, sendo, a princípio, desinfluentes as circunstâncias relativas à pessoa do proprietário (tais como sexo, idade, raça, origem geográfica, profissão etc.). São exemplos de tributos reais o IPTU, ITR, ITBI, IPI, ICMS, CIDE-combustíveis etc.

Ao contrário, os tributos pessoais ressaltam mais os aspectos subjetivos (como o montante da renda, do faturamento, dos lucros) aos objetivos. São exemplos o imposto de renda, a contribuição social sobre o lucro, contribuições previdenciárias etc.

Quanto ao critério da finalidade, os tributos são classificados como fiscais ou extrafiscais. Nos tributos fiscais, a instituição do tributo objetiva prioritariamente prover o ente com recursos necessários a sua estabilidade. São exemplos de tributos fiscais o imposto de renda, o ICMS, o IPTU etc. Os tributos extrafiscais são aqueles em que predomina o propósito de usá-los para influir sobre comportamentos, objetivando outros fins além da própria arrecadação, como o desenvolvimento da economia, a defesa da concorrência, a proteção da saúde e de outros interesses sociais etc. São exemplos de tributos extrafiscais o imposto de importação, o IOF, dentre outros (AMARO, 2004, p. 89).

Conforme o critério da vinculação à atividade estatal, os tributos podem ser vinculados ou não vinculados (MACHADO, 2004, p. 67). São tributos vinculados as taxas e as contribuições de melhoria, pois o fato gerador destes tributos consiste em uma atividade desempenhada pelo poder público (serviços públicos, poder de polícia ou obra pública, conforme o caso). Por outro lado, são tributos não vinculados os impostos, pois seu fato gerador será uma situação independente de qualquer atividade estatal específica (CTN, art. 16).

Segundo o critério da repercussão, os tributos podem ser diretos ou indiretos. A repercussão tributária consiste na circunstância de ser ou não possível ao contribuinte o repasse do ônus financeiro do tributo a outra pessoa.

Nos tributos indiretos (como o ICMS e o IPI), o contribuinte designado por lei recolhe o tributo, mas, ao revender o produto ou mercadoria, inclui o valor pago no respectivo preço e acaba por ressarcir-se do custo. Nesta hipótese, denomina-se o contribuinte designado por lei como contribuinte de direito (ou *de jure*), e o terceiro a quem se repassou o ônus financeiro de contribuinte de fato.

Nos tributos diretos, a repercussão não é possível ou, ao menos, não é relevante para as partes envolvidas. São exemplos de tributos diretos o imposto de renda, a COFINS etc.

6.13. IMPOSTOS

Imposto é o tributo cuja obrigação tem por fato gerador uma situação independente de qualquer atividade estatal específica, relativa ao contribuinte (CTN, art. 16).

Nossa Constituição define 15 tipos de impostos, sendo 9 federais, 3 estaduais ou distritais e 3 municipais, já identificados em capítulo anterior. Destes, 12 estão instituídos na atualidade, e os demais (todos da União) permanecem autorizados pela Constituição.

6.14. TAXAS

As taxas podem apresentar duas formas de fato gerador: serviços públicos e poder de polícia.

O fato gerador das taxas de serviços é a "[...] a utilização, efetiva ou potencial, de serviço público específico e divisível, prestado ao contribuinte ou posto a sua disposição [...]" (CF/1988, art. 145, II). Sobre esta espécie, falaremos mais em capítulo específico adiante.

Já nas taxas de poder de polícia o fato gerador consiste no exercício regular do poder de polícia. Poder de polícia, por sua vez, é assim definido:

> "Considera-se poder de polícia a atividade da administração pública que, limitando ou disciplinando direito, interesse ou liberdade, regula a prática de ato ou a abstenção de fato, em razão de interesse público, concernente à segurança, à higiene, à ordem, aos costumes, à disciplina da produção e do mercado, ao exercício de atividades econômicas dependentes de concessão ou autorização do poder público, à tranquilidade pública ou ao respeito à propriedade e aos direitos individuais ou coletivos." (CTN, art. 78).

O exercício regular do poder de polícia, por sua vez, pressupõe a presença dos seguintes requisitos: a) desempenho por órgão competente; b) de acordo com a lei aplicável ao caso; c) observância do processo legal; d) ausência de abuso ou desvio de poder, quando o exercício do poder de polícia for discricionário (CTN, art. 78, parágrafo único).

São exemplos de taxas de polícia: licenças e alvarás (MACHADO, 2004, p. 389); taxa de atividades notariais e registro (STF, ADI 3643/RJ); taxa de fiscalização dos mercados de títulos e valores mobiliários (Lei nº 7.940/1989; STF, Súmula nº 665).

Por fim, a Constituição e o CTN estabelecem que as taxas não poderão ter base de cálculo ou fato gerador idênticos aos que correspondam a imposto, nem ser calculadas em função do capital das empresas (CTN, art. 77, parágrafo único e CF/1988, art. 145, § 2º). Portanto, não podem ser exigidas em virtude da renda ou do patrimônio do contribuinte, mas sim de acordo com a divisibilidade, conforme veremos em capítulo específico.

6.15. CONTRIBUIÇÕES DE MELHORIA

A contribuição de melhoria pode ser cobrada por todos os entes da Federação, ou seja, pela União, pelos Estados, pelo Distrito Federal ou pelos Municípios, no âmbito de suas respectivas atribuições.

Seu fato gerador é a realização de obras públicas de que decorra valorização imobiliária. Vale dizer, a hipótese de incidência neste caso é uma atividade estatal indiretamente referida ao contribuinte, ou seja, a valorização imobiliária desfrutada pelo proprietário de imóvel que tenha sido consequência de uma obra financiada, comandada ou executada diretamente pelo poder público. A ausência de valorização do imóvel (ou até mesmo sua desvalorização) descaracterizam o fato gerador, impedindo o surgimento da obrigação. O mesmo ocorre quando a valorização, embora existente, não tenha sido causada pela obra.

As taxas e as contribuições de melhoria são classificadas, como vimos, como tributos vinculados. Outrossim, as taxas têm vinculação direta, enquanto as contribuições de melhoria possuem vinculação indireta (CARRAZA, 2007).

Os autores debatem sobre a aplicação e validade dos artigos 81 e 82 do CTN, que disciplinam a contribuição de melhoria. Alguns autores sustentam que estes artigos foram totalmente revogados pelo Decreto-Lei nº 195/1967 (PAULSEN, 2009, p. 1393). Outros entendem que não se aplicam os limites estabelecidos pelo artigo 81, ou seja, a exigência de contribuição estaria limitada somente à valorização havida em cada imóvel (CARRAZA, 2007). Mas prevalece o entendimento da recepção dos artigos 81 e 82 do CTN (FREITAS, 2005, p. 457)

O CTN, em seu artigo 81, estabelece duas espécies de limites à instituição de contribuições de melhoria, que devem ser observados em conjunto: limite total, ou seja, o total de contribuições de melhoria a serem exigidas não pode superar o custo total da obra ou a despesa realizada; limite individual, sendo o acréscimo de valor que da obra resultar para cada imóvel beneficiado.

6.16. EMPRÉSTIMOS COMPULSÓRIOS E CONTRIBUIÇÕES ESPECIAIS

Embora já existissem antes da Constituição de 1988, a natureza tributária destas exações sempre foi polêmica. Contudo, firmou-se no STF, na jurisprudência e na doutrina, o consenso acerca da natureza tributária dos empréstimos compulsórios e das contribuições especiais (*v.g.* STF, AI 74540). Discorreremos sobre os empréstimos compulsórios e suas limitações constitucionais em capítulo específico.

Quanto às contribuições especiais, são também designadas de contribuições parafiscais, ou sociais *lato sensu*. Trata-se, na verdade, de um grande grupo de exações que apresentam algumas características comuns. Portanto, as contribuições especiais subdividem-se em algumas subespécies, dependendo da classificação que se adote.

Em comum, as contribuições especiais são tributos instituídos para financiar despesas públicas em áreas não tradicionalmente estatais, ou em setores específicos designados pela Constituição. São exemplos destas áreas: saúde, educação, previdência e assistência social, atividades econômicas privadas, categorias econômicas e profissionais, iluminação pública.

Outras características podem ser mencionadas:

a) são instituídas, em regra, por intermédio de leis ordinárias ou medidas provisórias, exceto na hipótese das contribuições residuais para a seguridade social, as quais exigem a edição de lei complementar.
b) são, em regra, de competência da União, exceto em duas hipóteses: a) contribuição para a previdência dos servidores dos Estados, Distrito Federal e Municípios, as quais devem ser instituídas em lei do próprio ente ao qual o servidor contribuinte é vinculado; b) contribuição de iluminação pú-

blica, de competência dos Municípios e do Distrito Federal (CF/1988, art. 149, *caput* e § 1º, e 149-A).

c) submetem-se aos mesmos princípios e limitações constitucionais, mas apresentam detalhes específicos previstos na CF/1988, sobre os quais discorreremos ao longo desta obra.

As contribuições especiais podem ser divididas em quatro subespécies, conforme a área onde as despesas serão realizadas: a) contribuições sociais; b) contribuições interventivas, ou de intervenção no domínio econômico (designadas CIDEs); c) contribuições corporativas, ou de interesse de categorias profissionais ou econômicas, e d) contribuição de iluminação pública, destinada a custear o serviço municipal de iluminação pública em postes e outros dispositivos.

As contribuições sociais arrecadam recursos para despesas da União nas áreas sociais. Subdividem-se, por sua vez, em contribuições sociais gerais e contribuições sociais para a seguridade social. Estas últimas são contribuições arrecadadas para custear despesas nas áreas da seguridade social, ou seja, nas áreas da saúde, previdência e assistência social. Sobre estas trataremos em capítulo específico. Já as contribuições sociais gerais são contribuições arrecadadas para as demais áreas (que não forem de seguridade social), e são exemplos a contribuição do salário educação e as contribuições do sistema S (SEBRAE, SENAI, SESI, SENAT etc.).

Sobre as contribuições interventivas, são contribuições destinadas ao financiamento da intervenção do Estado na economia. Somente a União pode legislar sobre estas contribuições. São exemplos: adicional de tarifa portuária (ATP); adicional ao frete para renovação da marinha mercante (AFRMM); CIDE-Combustíveis.

As contribuições sociais e as interventivas (ou de intervenção no domínio econômico) submetem-se a normas constitucionais comuns: a) não incidirão sobre as receitas decorrentes de exportação; b) incidirão também sobre a importação de produtos estrangeiros ou serviços; c) poderão ter alíquotas: 1) *ad valorem*, tendo por base o faturamento, a receita bruta ou o valor da operação e, no caso de importação, o valor aduaneiro; 2) específica, tendo por base a unidade de medida adotada (CF/1988, art. 149, § 2º).

As contribuições corporativas, ou contribuições de interesse de categorias profissionais ou econômicas, são destinadas a propiciar a organização de uma categoria profissional ou econômica, fornecendo recursos para manutenção de sua entidade associativa ou fiscalizadora. São exemplos as contribuições para os conselhos profissionais (CRM, CRO, CRECI, CREA etc.) e a contribuição sindical (CLT, art. 549), inclusive a sindical rural (STF, AI 498686).

Por fim, temos as contribuições para a iluminação pública. O serviço de iluminação pública consiste em dotar logradouros públicos de iluminação no período noturno, com evidentes vantagens à população em geral. É de competência dos municípios e do Distrito Federal (que não possui municípios em seu território).

Tradicionalmente, os municípios obtinham recursos para estas despesas através de taxas municipais, em regra arrecadadas dos consumidores de energia elétrica através das faturas junto às concessionárias competentes. Todavia, o STF entendeu que o serviço de iluminação pública não se enquadra na hipótese de incidência das taxas, por não consistir em serviço público específico e divisível; considerou, em decorrência, inconstitucionais as taxas instituídas para este fim (STF, Súmula nº 670).

Através da emenda Constitucional nº 39, de 19 de dezembro de 2002, foi inserido à Constituição o artigo 149-A, que permitiu a municípios e ao Distrito Federal instituir contribuição, na forma das respectivas leis, para o custeio do serviço de iluminação pública. Determinou ainda que deveriam ser respeitados os princípios da legalidade, anterioridade (exercício e noventena) e irretroatividade. Por fim, facultou a cobrança desta contribuição na fatura de consumo de energia elétrica.

QUESTÕES DE CONCURSOS

(TRF 5ª Região – Juiz – 2006) No que tange aos princípios tributários e à competência para tributar, julgue o item que se segue.

22. Comumente, os princípios tributários revelam a não incidência de determinado tributo sobre certas pessoas ou situações, estabelecendo as chamadas limitações constitucionais ao poder de

tributar. Entre essas limitações contidas na Constituição está a não incidência do imposto de renda, nos termos e limites fixados em lei, sobre rendimentos provenientes de aposentadoria e pensão, pagos pela previdência social da União, dos estados, do Distrito Federal (DF) e dos municípios, a pessoa com idade superior a 65 anos, cuja renda total seja constituída, exclusivamente, de rendimentos do trabalho.

Resposta: Errado.

(TRF 5ª Região – Juiz – 2006) Consoante o CTN, a natureza jurídica específica do tributo é determinada pelo fato gerador da respectiva obrigação, sendo irrelevantes, para qualificá-la, tanto a denominação e demais características formais adotadas pela lei quanto à destinação legal do produto da sua arrecadação. Todavia, com o advento da Constituição de 1988, os empréstimos compulsórios e as contribuições sociais assumiram o status de espécies tributárias. Algumas dessas exações, todavia, têm fato gerador idêntico ao dos impostos, o que torna inaplicável a citada regra do CTN.

Resposta: Correto.

(TRF 2ª Região – Juiz – CESPE – 2009) Com relação às limitações constitucionais do poder de tributar, assinale a opção correta.

a) A proibição constitucional da utilização de tributo com efeito de confisco decorre de seu efeito cumulativo, ou seja, sempre que várias incidências estabelecidas pelo mesmo ente tributante afetarem o patrimônio ou rendimentos do contribuinte de forma não razoável. Nessa situação, sua verificação é individual, passível apenas de controle difuso da constitucionalidade.
b) A utilização de tributo com efeito de confisco tem como parâmetro a incidência do novo tributo em face de sua própria carga tributária, não o total da carga tributária a que esteja submetido o contribuinte.
c) As multas aplicadas em face da sonegação ou do não recolhimento dos impostos, quando superem o valor do bem, em princípio ofendem tanto o princípio da proporcionalidade quanto o da proibição de tributos com efeito de confisco.

d) Confisco é sanção e, para verificar se o tributo tem esse efeito, é necessário examinar se a lei que instituiu o tributo tem como fim impor penalidade ao contribuinte.
e) Os tributos indiretos são repassados ao consumidor final e não incidem sobre renda ou patrimônio, sendo-lhes inaplicável o princípio constitucional da vedação de confisco.

Resposta: C

(TRF 3ª Região – Juiz – 2002) À vista da competência constitucional tributária em relação à divisão geopolítica nacional, podemos afirmar que:

a) os impostos estaduais e municipais do Território Federal competem à União, independentemente da existência de municípios no seu território;
b) os impostos estaduais e municipais somente competem ao próprio Território Federal, mesmo frente à existência de seus municípios;
c) os impostos estaduais competem ao Território Federal e os impostos municipais aos seus respectivos municípios;
d) os impostos estaduais e municipais cumulativamente competem à União quando o Território não for dividido em municípios.

Resposta: D

Competência tributária e imunidades

7.1. COMPETÊNCIA TRIBUTÁRIA PLENA

Competência tributária é o poder que a Constituição Federal atribui a determinado ente político para que este institua um tributo, descrevendo-lhe a hipótese de incidência, o sujeito ativo, o sujeito passivo, a base de cálculo e a alíquota (CARVALHO, 2005, p.146). Somente possuem competência tributária as pessoas políticas, ou seja, a União, Estados, Distrito Federal e Municípios. Contudo, configura um poder limitado, conforme define o CTN:

> "[...] A atribuição constitucional de competência tributária compreende a competência legislativa plena, ressalvadas as limitações contidas na Constituição Federal, nas Constituições dos Estados e nas Leis Orgânicas do Distrito Federal e dos Municípios, e observado o disposto no CTN [...]" (CTN, art. 6º).

7.2. INDELEGABILIDADE DA COMPETÊNCIA

Por se tratar de um poder conferido pela Constituição às pessoas políticas, a competência é indelegável entre estas mesmas pessoas (CTN, art. 7º, *caput*). Entende-se aqui como delegabilidade a faculdade de uma pessoa política, através de ato normativo próprio, transferir ou tolerar que outra pessoa exerça a competência que lhe foi reservada pela Constituição.

Como veremos, contudo, não se confunde com a capacidade ativa, que é delegável entre pessoas políticas. Também a distribuição de receitas entre as pessoas políticas (por exemplo, transferências correntes e de capital) não se confunde, sendo possível e não atingindo a competência. Por este motivo, o CTN prevê que os tributos cuja receita seja distribuída, no todo ou em parte, a outras pessoas jurídicas de direito público pertencerá à competência legislativa daquela a que tenham sido atribuídos (CTN, art. 6º, parágrafo único).

Outras características derivam da indelegabilidade, como a inalterabilidade e a irrenunciabilidade. A inalterabilidade significa que a competência tributária é improrrogável, ou seja, não permite que o próprio ente que a exerça amplie seu âmbito e suas dimensões (CARRAZA, 2007, p. 587). E a irrenunciabilidade significa que o ente a quem foi atribuída a competência não pode dela renunciar por ato próprio (RUSCHMANN, 2006, p. 24).

7.3. NÃO EXERCÍCIO DA COMPETÊNCIA

A atribuição de competências pela Constituição, todavia, não representa uma ordem para que os entes, necessariamente, instituam os tributos. A competência é mais próxima de uma autorização delimitada para que o ente o faça, de acordo com sua decisão política e atendendo aos imperativos do interesse público e social. Por esta razão, aliás, que a instituição dos tributos depende de leis, e não é feita diretamente pela Constituição. Esta característica da competência é frequentemente denominada de princípio da facultatividade no exercício da competência, vale dizer, o ente detentor da competência tem a faculdade, e não a obrigação, de instituir tributos (RUSCHMANN, 2006, p. 24).

Não obstante, em aparente contradição, temos o artigo 11 da LRF (LC 101/2000), que prevê:

"Constituem requisitos essenciais da responsabilidade na gestão fiscal a instituição, previsão e efetiva arrecadação de todos os tributos da competência constitucional do ente da Federação."

Embora se aplique a todos os entes da Federação, seu principal destino está nos municípios, sobretudo nos mais pobres. Beneficiários de transferências (constitucionais, legais e/ou voluntárias), os municípios frequentemente deixam de instituir os tributos cuja competência lhes foi delegada (IPTU, ISSQN, ITBI, contribuição de iluminação etc.) para viver exclusivamente das transferências. E, não raro, as razões de assim proceder atendem a interesses privados, e não ao público em geral.

Ao contrário do que parece, contudo, esta norma é consoante ao princípio da facultatividade, pois esta deve ser entendida como a faculdade exercida com responsabilidade pelos entes da Federação. A faculdade deve atender a razões de interesse público ou de sobrevivência do Estado e da sociedade, e não a interesses privados ou estritamente localizados. Vale dizer, o ente tem a prerrogativa de decidir se vai ou não instituir um tributo, mas não pode abusar desta prerrogativa, sob pena de se caracterizar sua gestão fiscal irresponsável.

Caso polêmico e exemplar é o do imposto sobre grandes fortunas, de competência da União e até hoje não instituído pelo legislador. As razões apresentadas para não o instituir passam por sua provável ineficácia arrecadatória[1], em especial ao ingresso e permanência de capitais externos nela. Se estas razões são, ou não, válidas, é assunto que deve ser julgado à luz do princípio da facultatividade, nas dimensões que expusemos acima.

Outra característica (ou princípio) da competência, relacionada com seu não exercício, é o princípio da incaducabilidade. Este princípio (positivado no CTN, art. 8º) estabelece que a falta de exercício da competência por seu ente titular não a modifica, posto que deriva da Constituição e somente ela pode mudar seu titular. Portanto, o não exercício da competência não permite que outro ente dela se valha sem antes expressa autorização constitucional (CARRAZA, 2007, p. 587).

---

1 Por seus efeitos discriminatório sobre os contribuintes danosos à economia.

7.4. COMPETÊNCIA RESIDUAL E EXTRAORDINÁRIA

A competência residual pode surgir em três situações: a) para os impostos (a mais conhecida); b) nas contribuições para a seguridade social; c) nas taxas e contribuições de melhoria.

Nos impostos, compete somente à União instituir, mediante lei complementar, imposto novo (não previsto pela CF/1988), desde que atenda aos seguintes mandamentos: a) não poderá incidir sobre base de cálculo ou fato gerador já tributado, ou seja, o imposto deve inovar quanto à hipótese de incidência; b) deve seguir o princípio da não cumulatividade (CF/1988, art. 154, I).

Sobre a competência residual nas contribuições para a seguridade social, falaremos no capítulo dedicado a tratar desta espécie, adiantando apenas que é atribuível apenas à União também. Já sobre as taxas e contribuições de melhoria, a competência residual surge na hipótese de dúvida quanto ao ente que seja titular do serviço público, poder de polícia ou obra pública. Por exemplo, na hipótese de haver um serviço público típico de taxa, mas não se tenha certeza acerca de qual ente (União, Estados, Municípios ou Distrito Federal) deva prestá-lo. Neste caso, a competência residual é atribuída aos Estados (CF/1988, art, 25, § 1º; MACHADO, 2004, p. 393).

A competência extraordinária diz respeito ao imposto extraordinário de guerra. Este imposto também só pode ser instituído pela União, nas hipóteses de iminência de guerra ou de conflito já iniciado. Aqui, não é necessário o uso de lei complementar, sendo o imposto instituído por lei ordinária ou por medida provisória. No imposto de guerra, são admissíveis a bitributação ou o *bis in idem*, uma vez que a União pode tributar as mesmas bases de cálculo ou fatos geradores já tributados por outros entes (ou por ela própria). Trata-se, contudo, de imposto temporário, pois deve ser suprimido gradativamente, conforme cessarem as causas de sua criação (CF/1988, art. 154, II).

Entende-se como *bis in idem* a situação em que o mesmo ente da Federação exige dois ou mais tributos sobre o mesmo fato gerador, em razão de normas diversas. São exemplos admitidos pela nossa Constituição a situação do PIS e do COFINS sobre faturamento ou receita, ou do imposto de renda das pessoas jurídicas e da contribuição social sobre o lucro. Pode assim ser designada, também, a situação em que o mesmo tributo incide duas ou mais vezes sobre o mesmo fato, como se dá na incidência de IRPF sobre contribuições e benefícios previdenciários complementares, em virtude da sucessão das Leis nºs 7.713/1988 e 9.250/1995 (STJ, REsp nº 1.012.903/RJ).

A bitributação é a situação em que dois (ou mais) entes da Federação instituem tributos sobre a mesma causa jurídica e contribuintes. Pode-se dar entre entes de mesma estirpe (por exemplo, um município incide tributos sobre situações da competência de outro município) ou de estirpes diversas (por exemplo, estado e município incidem tributos sobre o mesmo fato gerador). Em ambos os casos, a bitributação significará um conflito de competências, razão pela qual é, em regra, vedada. Não obstante, há exemplos na Constituição admitindo, por exceção, a bitributação, como ocorre entre o IPI e o ICMS (CF/1988, art. 155, § 2º, XI) (PAULSEN, 2009, p. 361).

7.5. LIMITAÇÕES DA COMPETÊNCIA

A competência, como visto, é um poder limitado. Os limites da competência vão além dos expressos no artigo 6º do CTN, e são: os princípios do Direito Tributário (constitucionais, gerais e tributários), as normas da Constituição Federal, das Constituições dos Estados, Leis Orgânicas do Distrito Federal e dos Municípios, normas gerais do Código Tributário Nacional e demais leis complementares de normas gerais.

Na Constituição Federal, temos as limitações constitucionais ao poder de tributar, sobre a qual já falamos, e que integram o gênero das limitações.

Importante frisar, todavia, que existe uma ordem preferencial ou hierárquica entre as limitações, não possuindo elas o mesmo grau. Portanto, por exemplo, em caso de conflito entre uma limitação inserta na Constituição Federal e outra na Constituição do respectivo estado-membro, prevalecerá aquela a esta. Portanto, essencial à compreensão das limitações e de seu alcance é o uso das normas de interpretação, em especial aquelas relacionadas aos conflitos entre normas.

7.6. PRINCÍPIOS DA LEGALIDADE E DA TIPICIDADE

Os princípios da legalidade e da tipicidade não se confundem, embora apresentem relações bastante próximas.

O princípio da legalidade tributária, também chamado de estrita legalidade, consiste no mandamento da CF/1988 no sentido de ser vedado à União, Estados, Distrito Federal e Municípios exigir ou aumentar tributo sem lei que o estabeleça (CF/1988, art. 150, I). Já o princípio da tipicidade tributária exige que somente a lei tributária possa definir, de modo taxativo e completo, todos os principais aspectos da hipótese de incidência (material, pessoal, quantitativo, temporal etc.), sendo vedado ao intérprete estender a tributação (por analogia ou por outro método) sobre aspectos ou situações semelhantes não previstas em lei (AMARO, 2004, p. 113).

Começamos descrevendo o princípio da legalidade tributária. Trata-se de norma presente na maioria dos Estados democráticos, sobretudo naqueles de tradição europeia, e que surgiu pela primeira vez na Magna Carta *Libertatum* assinada pelo Rei João Sem-Terra da Inglaterra, em 1215.

Seu mandamento nuclear significa que toda atividade tributária estará submissa a normas oriundas do prévio e ordenado debate entre os Poderes, inserto sobretudo no processo constitucional legislativo. Portanto, instituir ou legislar sobre tributos não pode ser uma atividade privativa do Executivo.

Um primeiro dilema surge em torno do alcance da expressão "lei". A lei, a que se refere a CF/1988, seria a lei ordinária ou será que seu alcance seria mais amplo? Em que pese o amplo debate acerca deste tema, predomina em nosso ordenamento o sentido amplo para a expressão "lei", querendo ela significar a norma jurídica regularmente gerada através do processo constitucional legislativo e nos limites dos quadros de competência traçados pela Constituição. Portanto, estariam incluídas no conceito de lei as leis complementares (que instituem tributos em alguns casos), as leis ordinárias, as medidas provisórias, as resoluções do Senado Federal, os decretos legislativos e as leis delegadas.

Não se incluem, contudo, no conceito de lei, as normas do Poder Executivo, como os decretos e as normas complementares (portarias, instruções normativas, convênios etc), pois não são geradas de acordo com o processo legislativo, e sua principal função é regulamentar as normas com status legal. Portanto, estas normas não podem definir a hipótese de incidência, nem instituir tributos ou dispor sobre os seus principais aspectos.

Contudo, a própria Constituição prevê casos em que o uso do processo legislativo típico não seria necessário ou adequada a solução de aspectos tributários. A CF/1988, portanto, prevê "exceções" ao princípio da legalidade. Embora a expressão "exceções" seja consagrada pela doutrina, na verdade não configuram verdadeiras exceções, mas regimes normativos alternativos, sob o controle das leis.

O primeiro e mais lembrado ocorre em quatro tributos federais: os impostos de importação, exportação, produtos industrializados e operações financeiras (IOF). Para estes quatro impostos, embora a lei institua o tributo e defina todos os aspectos de suas hipóteses de incidência, no que tange às alíquotas, é facultado ao Poder Executivo alterá-las. Para tanto, caberá à lei definir as condições e os limites, e aos atos do Poder Executivo estabelecer as alíquotas em cada situação (CF/1988, art. 153, § 1º).

No IPI, por exemplo, as leis (que, na prática, são decretos-leis recepcionados como leis ordinárias, ou leis ordinárias, ou ainda medidas provisórias convertidas em leis ordinárias) definem os limites mínimos e máximos das alíquotas (por exemplo, zero até trinta por cento); já os decretos presidenciais definem as alíquotas que, por serem muito numerosas, são agrupadas numa tabela, conhecida como TIPI (tabela do IPI). Outro exemplo ocorre nos impostos de importação e exportação, no qual cabe à lei definir os limites de fixação, e a ato do Poder Executivo (atualmente, resoluções da CAMEX) definir as alíquotas caso a caso.

Outro regime alternativo ou exceção é o caso da contribuição de intervenção no domínio econômico (CIDE) sobre importação, comercialização de petróleo e derivados, gás natural (e derivados) e álcool combustível, ou simplesmente CIDE-Combustíveis. Na CIDE-Combustíveis cabe à lei ordinária (ou medida provisória) definir todos os seus aspectos, inclusive quanto às alíquotas. Todavia, a "exceção" surge na faculdade, conferida ao Poder Executivo, de reduzir ou restabelecer as alíquotas aos montantes previstos em lei (CF/1988, art. 177, § 4º, I, "b"). Trataremos desta contribuição e discorreremos mais sobre o regime jurídico aplicável às suas alíquotas.

O ICMS é tributo estadual e distrital e possui diversas hipóteses de incidência diferentes. Em regra, compete sempre à lei definir todos os aspectos de suas hipóteses de incidência. Todavia, há duas situações no ICMS em que não será a lei, e sim norma que represente a deliberação dos Estados e o Distrito Federal:

a) no "ICMS Monofásico sobre combustíveis";

b) nas isenções e demais benefícios do ICMS.

Entende-se por ICMS monofásico sobre combustíveis a situação descrita na CF/1988, art. 155, § 2º, XII, "h" e § 4º. São operações interestaduais com combustíveis e lubrificantes (definidos em lei complementar) sujeitos à incidência uma única vez, conforme as especificações da Constituição. Neste caso, as alíquotas do ICMS são definidas por deliberação conjunta entre os Estados e o Distrito Federal, de acordo com o disposto em lei complementar (CF/1988, art. 155, § 2º, XII, "g" e "h"; § 4º, IV).

No ICMS, ainda, a lei complementar pode regular a forma como, mediante deliberação dos Estados e do Distrito Federal, isenções, incentivos e benefícios fiscais serão concedidos e revogados. (CF/1988, art. 150, § 6º c/c 155, XII, "g"). As isenções (e outros benefícios) são instituídos, em regra, mediante lei específica (CF/1988, art. 150, § 6º), mas no ICMS há um regime diferente: a) a deliberação dos Estados autoriza previamente a situação isencional, desde que respeitado o processo instituído pela Lei Complementar nº 24/1975; b) uma vez instituída a norma, aos Estados/Distrito Federal cabe regulamentá-la, na forma de sua Constituição ou Lei Orgânica.

As normas que, em regra, representam esta deliberação são o Convênio ICMS e as Resoluções do CONFAZ (Conselho Nacional de Política Fazendária), e são normas do Poder Executivo, elaboradas em conformidade com a LC nº 24/1975.

Outra exceção ao princípio da legalidade tributária ocorre quanto à disciplina e instituição de obrigações acessórias. As obrigações acessórias são obrigações tributárias que impõem ao sujeito passivo o dever de fazer ou não fazer, em proveito da administração tributária, e que não impliquem pagar tributo ou penalidade (CTN, art. 113). São exemplos as obrigações de apresentar declarações (de imposto de renda, do ITR etc.), de emitir notas fiscais e outras. Enquanto as obrigações principais precisam ser previamente definidas e instituídas em leis, as obrigações acessórias (também chamadas de deveres formais) tanto podem ser instituídas em leis como em atos do Poder Executivo (como decretos ou normas complementares). (PAULSEN, 2009, p. 903; STJ, REsp nº 724779.RJ).

Por fim, temos o prazo de vencimento (ou de recolhimento) das obrigações tributárias. Neste caso, a lei pode definir o prazo de vencimento ou pode delegar esta definição ao ato do Poder Executivo. Todavia, se a lei já define o prazo, o ato não pode alterá-lo (STF, RE nº 195218.MG; STJ, REsp nº 84554.SP).

O princípio da tipicidade, por sua vez, tem origem no princípio da legalidade, mas estabelece um mandamento mais amplo e preciso. Impõe a ideia de que só se pode tributar aquilo que a lei previu antes e na forma exata como previu. Situações ou pessoas não expressamente previstas em lei não estão sujeitas à tributação.

O CTN, em seu artigo 97, orientado pelo princípio da tipicidade, estabelece que somente a lei pode estabelecer a instituição, a extinção, a majoração ou a redução de tributos; fato gerador de obrigação principal, sujeitos passivos, bases de cálculo e alíquotas; cominação, dispensa ou redução de penalidades para infrações tributárias e previsão de hipóteses de exclusão, extinção e suspensão do crédito tributário. Todos estes assuntos, portanto, não podem ser disciplinados por normas do Poder Executivo, senão na forma de regulamento das respectivas leis que sobre eles dispuserem.

Com relação à majoração ou redução, vimos que a CF/1988 estabelece "exceções" (por exemplo, II, IE, IPI, IOF, CIDE-Combustíveis). Por outro lado, a majoração ou redução não ocorrem apenas através da alteração de alíquotas, mas também na modificação da base de cálculo (ou da forma de calculá-la). Por exemplo: se uma lei altera a base de cálculo de um tributo de R$ 100,00 para R$ 200,00, ainda que a alíquota se mantenha a mesma (5%, por exemplo) o tributo aumentou em 100%. Contudo, a mera atualização monetária da base de cálculo não é considerada como majoração (CTN, art. 97, §§ 1º e 2º).

Por este motivo, por exemplo, o STJ entende que "É defeso, ao Município, atualizar o IPTU, mediante decreto, em percentual superior ao índice oficial de correção monetária". (STJ, Súmula nº 160).

Outro aspecto relevante sobre o artigo 97 do CTN diz respeito ao significado da expressão "lei", ou seja, quando o CTN diz que "somente lei poderá [...]", a que tipo de lei se refere? Em que pese o debate doutrinário acerca desta questão, parece prevalecer o entendimento segundo o qual a expressão lei significa a norma constitucionalmente válida para disciplinar a matéria. Em regra, será a lei ordinária, mas em tributos como empréstimos compulsórios ou impostos residuais será a lei complementar, uma vez que a CF/1988 impõe esta espécie normativa como apta a instituí-los. E, seguindo a posição dominante no STF, também a medida provisória, uma vez que é dado a esta espécie disciplinar matérias típicas de leis ordinárias.

Todavia, o artigo 97 do CTN aparenta contradição com o art. 146 da Constituição. A CF/1988, art. 146, III, "a" dispõe que cabe à lei complementar estabelecer normas gerais em relação aos impostos no que tange ao fato gerador, base de cálculo e contribuintes. E o CTN, art. 97, fala que lei definirá os fatos geradores, bases de cálculo e contribuintes.

Trata-se de contradição apenas aparente, contudo. Em verdade, cada artigo se refere a uma função diferente: a) a Constituição fala de normas gerais, cuja função é "adensar" as normas constitucionais, ou melhor, definir conceitos nacionais ou padrões. As normas gerais são normas condicionantes de normas, ou seja, são voltadas a controlar quem fará outras normas (leis ordinárias estaduais, municipais, federais, por exemplo); b) o CTN, por sua vez, descreve a atividade de instituição, ou seja, a elaboração das normas específicas pelos entes competentes (AMARO, 2004, p. 164).

Vejamos um exemplo. O CTN (que tem status de lei complementar) define o fato gerador do IPTU em seu artigo 32, estabelecendo para todo o país o modelo de padronização. Com base neste modelo (norma geral), cada município elabora sua própria lei ordinária, instituindo o IPTU em seu território. Como efeito, tem-se que, apesar de existirem milhares de leis ordinárias sobre IPTU no país, todas são semelhantes, porque elaboradas em conformidade com a norma geral.

7.7. PRINCÍPIO DA ANUALIDADE

O princípio da anualidade no Direito Tributário encontrava expressão na CF/1967-69, quando esta preceituava que "[...] nenhum [imposto] será cobrado em cada exercício sem prévia autorização orçamentária, ressalvados a tarifa aduaneira e o imposto lançado por motivo de guerra." (CF/1967, art. 153, § 29, *in fine*). Esta norma, todavia, não foi reproduzida na CF/1988, que em seu lugar passou a adotar o princípio da anterioridade tributária.

Segundo o princípio da anualidade, não bastava a instituição de tributos por lei, sendo necessário todos os anos autorização do Legislativo para sua cobrança. Na Constituição atual, todavia, exige-se apenas a previsão de receita na lei orçamentária, mas sua eventual omissão não atinge a eficácia da lei tributária (MACHADO, 2004, p.43).

Nossa atual Constituição consagra dois princípios (de aplicação cumulativa, em regra) os quais concedem prazos para que a eficácia se produza. Temos, então, a anterioridade de exercício e a noventena (CARRAZA, 2007, p. 175). Configuram princípios corolários da segurança jurídica (RABELLO FILHO, 2002) sendo uma das limitações ao poder de tributar e cláusula pétrea da CF/1988 (STF, ADI 939).

O princípio da anterioridade de exercício também é conhecido como *princípio da anterioridade*; *anterioridade geral; anterioridade comum ou anterioridade anual.* Prevê que é vedado (à União, Estados, Distrito Federal e Municípios) exigir ou majorar tributo no mesmo exercício financeiro em que haja sido publicada a lei que os instituiu ou aumentou (CF/1988, art. 150, III, "b").

O princípio da noventena também é conhecido como *princípio da anterioridade mitigada, nonagesimal, mínima ou especial* (PAULSEN, 2009, P. 221). Estabelece que é vedado (à União, Estados, Distrito Federal e Municípios) cobrar tributos antes de decorridos noventa dias da data em que haja sido publicada a lei que os instituiu ou aumentou, sem prejuízo da anterioridade de exercício (CF/1988, art. 150, III, "c").

As anterioridades (de exercício e noventena) são, em regra, aplicadas conjuntamente a todos os tributos, e para modificações legislativas que impliquem maior onerosidade em desfavor do sujeito passivo.

Portanto, se uma lei estabelece aumento de um tributo, tal aumento só poderá ser exigido no exercício seguinte ao da publicação desta lei, e no mínimo noventa dias após.

Contudo, a CF/1988 prevê situações excepcionais, de três espécies: a) tributos nos quais se observa apenas a anterioridade de exercício; b) tributos nos quais se observa apenas a noventena (e não a de exercício); c) tributos em que não se observa nenhuma das duas anterioridades.

As situações em que só se observa a anterioridade de exercício são: a) imposto de renda; b) fixação da base de cálculo do IPTU e IPVA. Nestes casos, portanto, basta que a lei seja publicada em um exercício e já será eficaz a partir de 1º de janeiro do exercício seguinte.

As situações nas quais só se observa a noventena são: a) imposto sobre produtos industrializados (IPI); b) restabelecimento das alíquotas da CIDE-Combustíveis; c) restabelecimento das alíquotas no ICMS monofásico sobre combustíveis; d) contribuições para a seguridade social (inclusive CPMF, enquanto existiu).

E, por fim, há situações em que não se observa nenhuma das anterioridades. Isso ocorre nas seguintes situações: a) empréstimos compulsórios por motivo de guerra externa, sua iminência ou calamidade pública; b) imposto de importação; c) imposto de exportação; d) imposto sobre operações de crédito, câmbio, seguros, títulos e valores mobiliários (IOF); e) imposto extraordinário de guerra.

Nos demais casos, aplicam-se ambas as anterioridades, como por exemplo: a) empréstimo compulsório por motivo de investimento urgente e de relevante interesse nacional; b) imposto territorial rural (inclusive base de cálculo); c) ICMS (exceto monofásicos sobre combustíveis) etc.

Caso peculiar surge quando a instituição ou majoração é operada por intermédio de medidas provisórias. Em tese, segundo o STF, a medida provisória pode instituir ou majorar tributos quando tal assunto estiver acessível às leis ordinárias, como ocorre com a maioria dos impostos, com as taxas, com as contribuições de melhoria e contribuições especiais.

Mas, como vimos, na maioria dos tributos a instituição ou majoração não produz eficácia imediata, exceto nos casos em que não se observa nenhuma das anterioridades. E as medidas provisórias, em regra, produzem efeitos desde sua edição, ou seja, simultaneamente à data de sua publicação. Há, portanto, uma aparente contradição quanto ao início da eficácia nesta situação.

Prevalece, todavia, o entendimento segundo o qual os tributos instituídos ou majorados por medida provisória observam as mesmas normas sobre anterioridades que os demais casos. Portanto, em regra, não possuirão eficácia imediata, devendo protrair a eficácia para o exercício seguinte e noventa dias após. Contudo, há duas normas peculiares às medidas provisórias.

A primeira estabelece que, nos tributos nos quais se observa a anterioridade de exercício, a medida provisória que implicar instituição ou majoração de impostos produzirá efeitos no exercício financeiro seguinte desde que tenha sido convertida em lei até o último dia daquele em que foi editada (CF/1988, art. 62, § 2º). Ou melhor, quando versar sobre impostos sujeitos ao princípio da anterioridade, só produzirá efeitos no exercício seguinte ao que for convertida em lei. Não se aplica esta norma aos impostos de importação, exportação, IPI, IOF e imposto de guerra, pois, como visto, estes impostos não se submetem à anterioridade de exercício.

Nos demais casos, será considerada como publicação a data da edição da medida provisória, e não a de sua conversão em lei. Isso se aplica, por exemplo, para apurar a anterioridade de exercício nas taxas, contribuições de melhoria e contribuições especiais, e para todos os casos relativos à noventena (STF, RE nº 234463-7-MG).

Desta forma, por exemplo, se uma medida provisória foi publicada em 10 de dezembro de 2002 e majorou o imposto sobre a renda e proventos de qualquer natureza de pessoas físicas, mas só foi convertida em lei em 15 de fevereiro de 2003 (não foi convertida até o fim de 2002), a eficácia deste aumento só pode ser exigida a partir de 1º de janeiro de 2004. Vejamos que o IR só se submete à anterioridade de exercício, e é um imposto.

Contudo, se a majoração se referisse a uma taxa, ambas as anterioridades (exercício e noventena) seriam contadas da data de publicação da medida provisória. No exemplo anterior, se a publicação ocorresse em 10.12.2002, a eficácia iniciaria em 10.03.2003, ou seja, no exercício seguinte (2003) e noventa dias após a publicação.

No caso de um imposto que se submeta a ambas as anterioridades (como no caso do ITR, por exemplo), a eficácia iniciaria, nas mesmas condições, em 1.1.2004, pois: a) no exercício seguinte à conversão em lei da medida provisória (2003-2004); b) mais de 90 dias após a publicação da MP (na verdade, 387 dias após).

7.8. PROIBIÇÃO DE TRIBUTOS INTERLOCAIS

O Princípio da proibição de tributos interlocais, também conhecido como princípio da liberdade de tráfego constitui uma das limitações constitucionais ao poder de tributar. Preceitua que é vedado (à União, Estados, Distrito Federal e Municípios) estabelecer limitações ao tráfego de pessoas ou bens, por meio de tributos interestaduais ou intermunicipais, ressalvada a cobrança de pedágio pela utilização de vias conservadas pelo poder público (CF/1988, art. 150, V).

Os objetivos desta norma são:

a) afirmar a liberdade de locomoção dentro do território nacional (CF/1988, art. 5º, XV);
b) promover a igualdade de tratamento entre os entes federativos;
c) impedir que a divisão administrativa, inerente à forma federativa, represente obstáculo ao livre comércio e circulação dentro do território nacional.

Seu alcance está nos tributos cuja hipótese de incidência possa, direta ou indiretamente, afetar a movimentação entre os entes federativos de bens ou pessoas. No ICMS, por exemplo, incidente sobre a circulação de mercadorias, existe esta possibilidade e, por este motivo, a própria Constituição prevê mecanismos no sentido de igualar o ônus do tributo entre as operações internas e as interestaduais.

O tema mais polêmico aqui é a questão do pedágio, mais precisamente quanto a sua natureza jurídica. A CF/1988 (a exemplo da CF/1946) ressalva que a cobrança de pedágios pela utilização de vias conservadas pelo poder público não ofende ao princípio.

Quanto à natureza jurídica do pedágio, o entendimento atual da jurisprudência o classifica como tributo da espécie taxa de serviço (STF, RE nº 181475-6/RS), independente de o serviço de conservação da via ser concessionado ou não (STJ, REsp nº nº 480692/MS). Portanto, o pedágio é tributo e, como tal, submete-se a todas as normas constitucionais atinentes e, especificamente quanto ao princípio da proibição de tributos interlocais, é considerado exceção, não em virtude de sua natureza jurídica, mas por expressa disposição constitucional.

Há muitas outras teorias, contudo, acerca da natureza jurídica do pedágio (PAULSEN, 2009, p. 234-240) considerando-o preço público, tarifa pública ou possuindo natureza híbrida, aplicável conforme a situação fática.

7.9. IMUNIDADE E ISENÇÃO

Há dois institutos que frequentemente são confundidos: a imunidade e a isenção. Há diversas teorias e classificações que procuram diferenciar estes institutos que, em comum, possuem como resultado a ausência de tributo a pagar pelo sujeito passivo. Refoge à natureza deste trabalho a descrição deste debate, por isso passamos a expor a versão mais adotada pelos autores.

As imunidades são limitações constitucionais que impedem as pessoas políticas de exercer sua competência tributária sobre determinadas pessoas ou situações. As imunidades são normas da Constituição. Expressões (na Constituição) como "isenção" ou "não incidirá" definem, na verdade, imunidades (COÊLHO, 2007, p. 94). São cláusulas pétreas e, nesta qualidade, não podem ser revogadas ou prejudicadas por emenda, mas podem ser ampliadas em favor dos contribuintes.

Por exemplo, a Constituição contém imunidades quanto a taxas (CF/1988, art. 5º, XXXIV), impostos (CF/1988, art. 150, VI e outros) e contribuições de seguridade social (CF/1988, art. 195, § 7º). Há várias classificações doutrinárias para as formas de imunidades.

Para a maioria dos autores, existem as imunidades objetivas e subjetivas. As imunidades subjetivas são estabelecidas em razão de certas pessoas (por exemplo: pessoas políticas, partidos políticos e suas fundações, entidades sindicais de trabalhadores, segurados do Regime Geral de Previdência Social – RGPS etc.). E as imunidades objetivas dão prioridade à situação (ou matéria) tributável, não importando o sujeito passivo a ser atingido (por exemplo: imunidade para livros, jornais, periódicos e o papel destinado a sua impressão) (PAULSEN, 2009, p. 241).

Outra classificação divide as imunidades entre as genéricas e as extravagantes. As imunidades genéricas seriam as normas presentes na CF/1988, art. 150, VI e suas letras, enquanto as extravagantes seriam todas as demais imunidades (por exemplo: CF/1988, art. 5º, XXXIV; 149, § 2º, I; 195, II *in fine*; 195, § 7º; 184). (DENARI, 1991, p. 195).

Alguns autores afirmam que as imunidades são hipóteses de não incidência constitucionalmente qualificadas.

As isenções ocorrem quando, no exercício de sua competência, o ente tributante, ao invés de instituir o tributo, faz o contrário, e estabelece norma abrindo mão de fazê-lo. A expressão "dispensa legal do pagamento de tributos" como conceito de isenção, embora polêmica, é usualmente utilizada.

Diferente das imunidades, as isenções não estão previstas na Constituição, mas derivam, em regra, de leis específicas do ente tributante competente (CF/1988, art. 150, § 6º). Por isso, as isenções são revogáveis, se respeitadas as condições prescritas na CF/1988 e no CTN, e não configuram cláusulas pétreas.

As isenções relativas a impostos, taxas ou contribuições só poderão ser concedidas mediante lei específica, federal, estadual ou municipal, que regule exclusivamente as matérias acima enumeradas ou o correspondente tributo ou contribuição (CF/1988, art. 150, § 6º e CTN, art. 176). O mesmo se exige em relação a subsídios, reduções de base de cálculo, concessão de crédito presumido, anistias ou remissões. Há que se observar, ainda, as exigências da LRF, art. 14, nas hipóteses de renúncia fiscal (inclusive nas isenções de caráter não geral).

No caso do ICMS, contudo, as isenções serão concedidas através de deliberação dos Estados/Distrito Federal, na forma de lei complementar. E se o tributo é instituído por lei complementar, tal espécie deverá disciplinar suas isenções também (PAULSEN, 2009).

Quanto à vigência, as isenções podem ter prazo de duração determinado ou indeterminado (CTN, art. 176). Se concedida em caráter pessoal, a isenção deve ter prazo determinado.

As leis que disponham sobre isenções e sua outorga devem ser interpretadas literalmente, ou seja, não comportam o uso da analogia. Como decorrência, a isenção concedida a impostos não é extensiva às taxas e às contribuições de melhoria, e nem aos tributos instituídos posteriormente à sua concessão, salvo disposição expressa em contrário na lei (CTN, arts. 111 e 177) (FREITAS, 2005, p. 721).

As isenções são revogáveis, como dissemos, mas sob condições. A lei revogadora inicia sua vigência no primeiro dia do exercício seguinte (CTN, art. 104, III) e deve observar ainda o princípio da anterioridade (exercício e noventena) (FREITAS, 2005, p. 516). Além disso, não são revogáveis as isenções onerosas ("concedidas em função de determinadas condições") e a prazo determinado ("prazo certo") (CTN, art. 178; STF, Súmula nº 544; STJ/REsp nº 48725/SP). Vejamos um exemplo: município institui lei concedendo isenção do IPTU, por cinco anos, às empresas que nele se instalarem e gerarem novos empregos; se a empresa X vem cumprindo as exigências (instalou-se no município e gerou os empregos), tem direito adquirido a usufruir a isenção pelo prazo convencionado (5 anos), mesmo que a lei de isenção seja revogada antes deste término.

Quanto à concessão, as isenções podem ser concedidas em caráter geral ou individual. A concessão geral permite ao sujeito passivo usufruir a isenção independente de despacho ou decisão proferida pela autoridade fazendária, bastando a vigência e eficácia da lei isentiva; já a concessão individual pressupõe a vigência e eficácia da lei isentiva e mais o despacho da autoridade administrativa. A decisão pela adoção de cada forma caberá à própria lei de isenção.

O despacho da autoridade administrativa é proferido mediante requerimento com o qual o interessado faça prova do preenchimento das condições e do cumprimento dos requisitos previstos em lei ou contrato para concessão. Se o tributo for lançado por período certo de tempo (como no IPTU, IPVA, ITR, por exemplo), o despacho será renovado antes da expiração de cada período, cessando automaticamente os seus efeitos a partir do primeiro dia do período para o qual o interessado deixar de promover a continuidade do reconhecimento da isenção.

O despacho referido não gera direito adquirido (exceto na hipótese da isenção onerosa e a prazo certo, de que falamos), aplicando-se, quando cabível, o disposto no CTN sobre a moratória (CTN, art. 179).

7.10. UNIFORMIDADE TRIBUTÁRIA

O princípio da uniformidade tributária é também conhecido como princípio da uniformidade geográfica, e já advém das Constituições anteriores à atual. Preceitua que é vedado à União instituir tributo que não seja uniforme em todo o território nacional ou que implique distinção ou preferência em relação a Estado, ao Distrito Federal ou a Município, em detrimento de outro, admitida a concessão de incentivos fiscais destinados a promover o equilíbrio do desenvolvimento socioeconômico entre as diferentes regiões do país (CF/1988, art. 151, I).

Nos estados federativos, a União tem a função de zelar por interesses coletivos e gerais. Dentre eles, a União deverá atuar para combater as desigualdades regionais e promover o desenvolvimento geoeconômico e social de forma equilibrada em todo o território nacional. Em geral, faz isso abstendo-se de conferir tratamento discriminatório entre os entes descentralizados da Federação.

Todavia, a situação geoeconômica e social poderá impor a necessidade de que a União articule sua ação em uma determinada região, visando a seu desenvolvimento e à redução das desigualdades regionais (CF/1988, art. 43). Esta atuação, vale dizer, submete-se ao princípio da isonomia tributária, ou seja, só se admite tratamento desigual a contribuintes em condições desiguais (neste caso, por razões de desigualdade regional) e na medida de suas desigualdades.

O exemplo clássico (mas não o único) é o da Zona Franca de Manaus (CF/1988, ADCT, art. 40), beneficiária de incentivos e benefícios a ela exclusivos e não extensíveis às demais regiões, com vistas a estimular seu desenvolvimento e equipará-lo ao restante do país.

7.11. TRIBUTAÇÃO DAS CONCESSIONÁRIAS, SOCIEDADES MISTAS E FUNDAÇÕES

7.11.1. Imunidade recíproca. Extensão da imunidade às autarquias

A imunidade recíproca consiste na norma constitucional que veda à União, Estados, Municípios e Distrito Federal exigir impostos sobre o patrimônio, renda ou serviços uns dos outros (CF/1988, art. 150, VI, "a"). Esta imunidade tem por objetivo prestigiar o princípio federativo e é uma das cláusulas pétreas da Constituição (STF, ADI 939/DF). Somente se aplica aos impostos, não havendo vedação às demais espécies tributárias (STF, RE nº 378144).

Prevalece no STF o entendimento de que a imunidade atinge todos os impostos cuja incidência possa comprometer o patrimônio, renda ou serviços das entidades imunes (STF, ACO 468-3; ADIMC 1758-4, ARAI 378454/SP). Portanto, não se restringe aos impostos sobre patrimônio e renda (que são, segundo o CTN, o ITR, o IPTU, o ITCMD, o ITBI, o IR) e sobre serviços (atualmente o ICMS e o ISSQN), mas atinge também o IOF, o IR sobre aplicações financeiras, os impostos sobre comércio exterior (importação e exportação).

Não obstante, remanescem vozes discordantes, entendendo que o alcance é restrito às hipóteses de incidência relacionadas com o patrimônio, renda ou serviços, não atingindo, portanto, impostos sobre comércio exterior, produção e circulação de riquezas (IOF, ICMS-Mercadorias; II, IE, IPI sobre desembaraço). Por vezes, esta posição foi adotada por algumas provas de concursos.

Quanto a sua abrangência subjetiva, a imunidade recíproca favorece também as autarquias, fundações públicas mas, em regra, não favorece as sociedades de economia mista, empresas públicas e outras pessoas de direito privado (como concessionários de serviços públicos).

Com relação às autarquias e fundações públicas, devem ser instituídas e mantidas pelo poder público, ou seja, são instituídas por lei, constituídas com patrimônio público e anualmente recebem dotações orçamentárias do ente instituidor que correspondem à maioria de suas receitas. São exemplos o INSS, a FUNAI, a Fundação Nacional de Saúde, as universidades federais (em regra, autarquias federais). A imunidade, neste caso, atinge o patrimônio, renda e serviços vinculados às suas finalidades essenciais ou às delas decorrentes (CF/1988, art. 150, VI, "a" c/c § 2º).

As sociedades de economia mista (SEM) e empresas públicas (EP) são, em regra, excluídas. Todavia, se forem prestadoras de serviços públicos em regime de monopólio, fazem jus à imunidade. São exemplos a Empresa Brasileira de Correios e Telégrafos – EBCT (STF, RE nº 407099); a INFRAERO (STF, RE nº 524615) e a CODESP (STF, RE nº 265749).

Não fazem jus, por sua vez, à imunidade recíproca:

a) patrimônio, renda e serviços, relacionados com exploração de atividades econômicas regidas pelas normas aplicáveis a empreendimentos privados, ainda que exercidos por SEM ou EPs, como, por exemplo, atividades industriais, comerciais, agrícolas ou pecuárias.

b) nas atividades em que haja contraprestação ou pagamento de preços ou tarifas pelos usuários, como ocorre com as concessionárias de serviços públicos. São exemplos as concessionárias de serviços públicos de telefonia, de energia elétrica, de gás etc.

c) o promitente comprador da obrigação de pagar imposto relativamente ao bem imóvel, ou seja, o particular que adquire ou promete adquirir imóvel público (em regra, em concorrência pública) fica responsável pelo ITBI exigível na operação.

Caso controverso é a situação dos impostos indiretos. Como vimos, os impostos indiretos são aqueles em que o ônus financeiro do tributo pode ser repassado a terceiro, não participante da relação jurídico tributária, como ocorre no ICMS e no IPI. A controvérsia reside quando o ente público imune é contribuinte de fato, ou seja, adquire ou recebe serviço cujo preço está acrescido do tributo pago pelo vendedor ou prestador, como ocorre quando, por exemplo, o município adquire veículos e paga, acrescido ao preço, o ICMS da operação. A posição dominante e atual no STF consiste em não assegurar a imunidade nestes casos, ou seja, a imunidade toma em consideração o contribuinte de direito, e não o de fato (STF Súmula nº 591; PAULSEN, 2009, p. 245).

QUESTÕES DE CONCURSOS

(TRF 3º Região – Juiz – 2006) Em virtude da imunidade recíproca a que se refere o artigo 150, VI, "a", da Constituição Federal, se um Estado compra de uma empresa privada um produto industrializado:

a) nessa venda não há incidência do IPI, uma vez que quem suporta o ônus do IPI é o Estado adquirente;
b) nessa venda não há incidência da COFINS;
c) nessa venda não há incidência do IPI, mas ocorre a da COFINS;

d) nessa venda há incidência do IPI e também da COFINS.

Resposta: D

(TRF 4º Região – Juiz – 2001) Assinalar a alternativa correta.

a) As isenções tributárias não podem ser restritas a determinada região do território da entidade tributante.
b) As isenções tributárias não podem ser concedidas caso a caso, mesmo que o interessado cumpra os requisitos da lei.
c) As isenções tributárias não podem ser concedidas por decreto do chefe do Poder Executivo que tenha a iniciativa da matéria tributária.
d) As isenções tributárias não podem ser concedidas por lei complementar.

Resposta: C

(TRF 4º Região – Juiz – 2001) Assinalar a alternativa correta.

a) O Código Tributário Nacional admite a retroatividade da lei em favor do contribuinte, desde que tenha havido suspensão da exigibilidade do tributo.
b) O Código Tributário Nacional admite a retroatividade da lei em favor do contribuinte, nos casos ainda não definitivamente julgados.
c) O Direito Tributário admite a retroatividade da lei em favor do contribuinte apenas nos casos não definitivamente julgados pela Administração Fazendária.
d) O Código Tributário Nacional não admite a retroatividade da lei em favor do contribuinte nos casos já definitivamente julgados pela Administração Fazendária.

Resposta: B

(TRF 4º Região – Juiz – 2001) Assinalar a alternativa correta.

a) As entidades beneficentes de assistência educacional não gozam de imunidade quanto à contribuição para a seguridade social porque, mesmo atendendo às exigências legais, não podem ser equiparadas às entidades beneficentes de assistência social.

b) Mesmo não se dedicando exclusivamente à filantropia, as entidades beneficentes de assistência social, que atendam às exigências estabelecidas em lei, gozam de imunidade quanto à contribuição para a seguridade social.

c) Só a lei complementar pode estabelecer as exigências que condicionam a imunidade das entidades beneficentes de assistência social quanto à contribuição para a seguridade social.

d) As instituições de educação e de assistência social, sem fins lucrativos, atendidos os requisitos da lei, gozam de imunidade quanto a todos os tributos incidentes sobre o seu patrimônio, renda ou serviços.

Resposta: B

(TRF 4º Região – Juiz – 2000) Assinalar a alternativa correta:

a) É lícito à Administração, no exercício do seu poder de império, interditar o estabelecimento do devedor contumaz como meio coercitivo legítimo para promover a eficaz cobrança dos tributos devidos.

b) O contribuinte de direito pode reclamar a restituição do tributo indireto pago indevidamente, desde que, por sua natureza, comporte a transferência do respectivo encargo financeiro.

c) As autarquias e as fundações instituídas e mantidas pelo poder público, no que se refere ao patrimônio, à renda e aos serviços, vinculados a suas finalidades essenciais, são imunes ao pagamento de impostos federais, estaduais e municipais

d) As sociedades de economia mista e as empresas públicas federais têm isenção de impostos estaduais, e as entidades da administração indireta dos Estados são imunes aos tributos municipais.

Resposta: C

(TRF 4º Região – Juiz – 2000) Assinalar a alternativa correta:

a) As isenções tributárias, atos tipicamente discricionários, mesmo quando excepcionalmente concedidas sob condição onerosa, podem ser livremente suprimidas pela Administração.
b) A imunidade ou a isenção tributária do comprador estende-se ao produtor, eximindo-o do pagamento do IPI sobre a mercadoria alienada.
c) A restrição imposta pela Autoridade Fazendária à importação de bens usados, dentre os quais pneus e veículos, não tem sustentação constitucional por ofender o princípio da isonomia e o princípio da legalidade tributária.
d) Os valores recebidos a título de incentivo à demissão voluntária não se sujeitam à incidência do imposto de renda.

Resposta: D

(TRF 4º Região – Juiz – 2010) Dadas as assertivas abaixo, assinale a alternativa correta.

I – Segundo a Lei de Responsabilidade Fiscal (Lei Complementar nº 101/2000), no "Art. 11 – Constituem requisitos essenciais da responsabilidade na gestão fiscal a instituição, previsão e efetiva arrecadação de todos os tributos da competência constitucional do ente da Federação. Parágrafo único – É vedada a realização de transferências voluntárias para o ente que não observe o disposto no *caput*, no que se refere aos impostos". Esse artigo:

II – É de constitucionalidade inquestionável.

III – É de constitucionalidade questionável diante da regra de competência tributária privativa dos entes federados, mas a doutrina tende fortemente a admitir sua constitucionalidade, pois não imporia obrigação de exercício de competência tributária, mas apenas consequências de seu não exercício.

IV – Implica obrigatória instituição do imposto sobre grandes fortunas (inciso VII do art. 153 da Constituição Federal) pela União Federal, conforme reconhecido pela jurisprudência.

V – Visa diretamente combater a guerra fiscal entre os Estados, sendo o principal dispositivo da Lei de Responsabilidade Fiscal visando a essa finalidade.

a) Está correta apenas a assertiva II.
b) Estão corretas apenas as assertivas II e III.
c) Estão corretas apenas as assertivas III e IV.
d) Todas as assertivas estão corretas.
e) Nenhuma assertiva está correta.

Resposta: A

(TRF 4º Região – Juiz – 2010) Dadas as assertivas abaixo, quanto à igualdade, em matéria tributária como em outras matérias, assinale a alternativa correta.

I – Segundo autorizada doutrina (Celso Antonio Bandeira de Mello, Humberto Ávila, etc.), o elemento-chave para a verificação da igualdade é o critério de distinção ("medida de comparação") analisado à luz da finalidade.
II – A doutrina atual preconiza bastar para que se verifique a igualdade que haja "tratamento igual para os iguais e desigual para os desiguais", conforme consagrada fórmula.
III – Admitem-se "ações afirmativas" sem ofensa à igualdade, mas é difícil delimitar os legítimos contornos dessas políticas.
IV – Não se admitem distinções da tributação conforme as atividades do contribuinte, particularmente as de natureza profissional.
V – As alíquotas dos impostos sobre o patrimônio podem ser progressivas.

a) Estão corretas apenas as assertivas I e III.
b) Estão corretas apenas as assertivas I, III e IV.
c) Estão corretas apenas as assertivas I, III, IV e V.
d) Estão corretas todas as assertivas.
e) Nenhuma assertiva está correta.

Resposta: C

(TRF 4º Região – Juiz – 2010) Dadas as assertivas abaixo, quanto à legalidade, assinale a alternativa correta.

I – É matéria assente no Supremo Tribunal Federal que a redução de base de cálculo de ICMS equipara-se à isenção parcial e, ressalvada a existência de legislação dispondo que o crédito será maior, o direito ao crédito de ICMS deverá ser proporcional à base de cálculo reduzida.

II – O mesmo (afirmação acima) não se pode afirmar quanto ao IPI, pois não há previsão expressa na Constituição de que a isenção (total ou parcial) não dá direito a crédito, salvo expressa disposição de lei nesse sentido.

III – Tem-se admitido na jurisprudência a fixação de prazo de recolhimento de tributos mediante atos infralegais, não obstante o descumprimento desse prazo ser o elemento configurador de infração à legislação tributária.

IV – Incluem-se entre as obrigações acessórias, podendo, portanto, ser fixados sem lei, os períodos de apuração dos impostos como o Imposto sobre a Renda e o Imposto sobre Produtos Industrializados, que serão devidos conforme o prazo assim fixado.

V – As tarifas não precisam ser fixadas em lei.

a) Estão corretas apenas as assertivas I, II e III.
b) Estão corretas apenas as assertivas I, III e IV.
c) Estão corretas apenas as assertivas I, II, III e IV.
d) Estão corretas todas as assertivas.
e) Nenhuma assertiva está correta.

Resposta: A

(TRF 4º Região – Juiz – 2000) Assinalar a alternativa correta:

a) A fixação de prazo para o recolhimento dos tributos é matéria sujeita ao princípio da reserva legal, não podendo ser objeto de ato normativo da Administração.
b) O contribuinte de fato não tem o direito de considerar em sua escrita fiscal créditos do IPI em relação à matéria-prima adquirida com alíquota zero.
c) A proibição de instituir impostos sobre livros, jornais, periódicos e o papel destinado à sua impressão não alcança as listas telefônicas que veiculam qualquer forma de publicidade.
d) Na vigente ordem constitucional, o FINSOCIAL é modalidade de tributo que não se classifica como imposto e, portan-

to, incide sobre livros, jornais, periódicos e o papel destinado a sua impressão.

Resposta: D

(TRF 4º Região – Juiz – 2000) Assinalar a alternativa correta:

a) A natureza jurídica do tributo é determinada pela destinação legal do produto da sua arrecadação, a fim de assegurar a equidade na partilha das competências tributárias.
b) A competência tributária é indelegável, salvo atribuição das funções de arrecadar ou fiscalizar tributos, ou de executar leis, serviços, atos ou decisões administrativas em matéria tributária, conferida por uma pessoa jurídica de direito público a outra.
c) A atribuição das funções de arrecadar ou fiscalizar tributos não compreende as garantias e privilégios processuais que competem à pessoa jurídica de direito público que a conferir.
d) A função de arrecadar tributos não pode ser atribuída a pessoas jurídicas de direito privado, salvo mediante delegação da competência tributária, nos casos previstos em lei.

Resposta: B

(TRF 4º Região – Juiz – 2001) Assinalar a alternativa correta.

a) A isenção é sempre revogável a qualquer tempo.
b) A isenção é absolutamente irrevogável.
c) A isenção é revogável, desde que, para o seu titular, não seja condicionada nem a termo.
d) A isenção, uma vez concedida de forma genérica, aplica-se aos tributos criados depois de sua concessão, comportando interpretação ampliativa e integração.

Resposta: C

(TRF 4º Região – Juiz – 2001) Assinalar a alternativa correta.

a) O princípio da anterioridade, aplicável aos tributos em geral, é mitigado em relação às contribuições de seguridade social.
b) O princípio da anterioridade aplica-se aos tributos, mas não aos de competência da União em território federal não dividido em municípios.

c) O princípio da anterioridade aplica-se aos tributos, mas não ao imposto sobre doação de quaisquer bens ou direitos.
d) O princípio da anterioridade aplica-se aos tributos, mas não ao Imposto sobre Serviços de Qualquer Natureza, não compreendidos no art. 155, II, da Constituição Federal, definidos em lei complementar.

Resposta: A

(TRF 3º Região – Juiz – 2006) Compete à União, aos Estados e ao Distrito Federal legislar concorrentemente sobre direito tributário, entre outros (CF, art. 24, I). Em vista desse dispositivo constitucional:

a) no campo legislativo concorrente, o exercício desta competência pela União não exclui completamente a competência dos Estados;
b) quando existe lei complementar federal nesse campo, os Estados não podem estabelecer normas gerais de maneira alguma, nem mesmo em caráter suplementar;
c) se inexistir lei complementar federal sobre normas gerais, a competência plena passa para os Estados que legislarem a respeito, sendo eliminada a competência da União enquanto existir lei estadual;
d) se inexistir lei complementar federal sobre normas gerais e o Estado legislar a respeito, lei complementar federal posterior só poderá suplementar a do Estado enquanto a lei complementar deste estiver em vigor.

Resposta: A

Impostos federais: IE, II, IPI, IOF

8.1. IMPOSTOS SOBRE O COMÉRCIO EXTERIOR

O CTN classifica como impostos sobre o comércio exterior um grupo composto de duas espécies: o imposto sobre a importação e o imposto sobre a exportação (CTN, Título III, Capítulo II). Os dois impostos foram recepcionados e mantidos pela CF/1988, em seu artigo 153, incisos I e II, como de competência da União.

8.2. IMPOSTO SOBRE A IMPORTAÇÃO DE PRODUTOS ESTRANGEIROS

O imposto sobre a importação de produtos estrangeiros tem como fato gerador a entrada destes produtos no território nacional. Entrada é o ingresso do produto no território nacional (também chamado aduaneiro pela legislação) para incorporação à economia interna (PAULSEN, 2009). Produto abrange tanto mercadorias como bens, e estrangeiro é o produto oriundo do exterior ao Brasil. A mercadoria nacional que, exportada, retorna ao país, é equiparada à estrangeira pela legislação (Decreto-Lei nº 37/1966, art. 1º), com o que não concorda a doutrina e a jurisprudência (PAULSEN, 2005, p. 728; STF, RE nº 104306-7/SP). O momento do fato gerador, em regra, é o registro da declaração de importação (Decreto-Lei nº 37/1966, art. 23).

O imposto de importação apresenta, em norma geral, três formas de base de cálculo: unidade de medida, preço normal ou preço da arrematação. A legislação atual, em regra, adota as duas primeiras.

A unidade de medida é adotada quando a lei tributária optar por alíquotas específicas (por exemplo: R$ 0,20 por metro cúbico; R$ 1,20 por tonelada etc.), comum na importação de grãos e produtos agrícolas e pecuários.

O preço normal é o preço que o produto (ou seu similar) alcançaria, ao tempo da importação, em uma venda em condições de livre concorrência, para entrega no porto ou lugar de entrada do produto no País. Não se considera, por isso (em regra) o preço real, mas sim o médio, e é utilizado o preço CIF (*cost, insurance and freight*), ou seja, é o preço mais os custos até o local de entrada (frete e seguros). Adotamse, neste caso, alíquotas *ad valorem* (em percentuais) sobre o preço do bem, por exemplo, 2% x preço normal (ou valor aduaneiro); 5% sobre o preço normal etc.

O preço da arrematação é previsto pelo CTN para os casos de arrematação de produtos apreendidos ou abandonados que são levados a leilão. Todavia, a lei que instituiu o tributo estabelece caso de isenção: o imposto não incide sobre mercadoria estrangeira que tenha sido objeto de pena de perdimento, exceto na hipótese em que não seja localizada, tenha sido consumida ou revendida (Decreto-Lei nº 37/1966, Lei nº 10.833/2003).

Por fim, em relação à base de cálculo, importante observar que sua instituição e modificação só pode se operar por lei (ordinária ou medida provisória), dentro dos parâmetros estabelecidos em norma geral (CTN). Não foi recepcionada pela CF/1988 a previsão do CTN, no artigo 21, que autorizava o ato do Poder Executivo a definir ou alterar a base de cálculo do imposto (MACHADO, 2004, p. 274)

Com relação às alíquotas, como vimos, é facultado ao Poder Executivo, atendidas as condições e os limites estabelecidos em lei, alterar as alíquotas do imposto de importação. Os limites estão, por exemplo, na Lei nº 3.244/1957, art. 3º e Decreto-Lei nº 2.162/1984, sendo definidas as alíquotas atualmente pela CAMEX através de resoluções administrativas.

Podem ser contribuintes do imposto:

a) os importadores, assim considerados qualquer pessoa que promova a entrada de produto estrangeiro no território nacional;
b) os equiparados por lei a importadores (por exemplo, despachantes, transportadores e demais responsáveis tributários);
c) os arrematantes, na hipótese de leilão que, como vimos, é hipótese atualmente isenta.

Trata-se de imposto extrafiscal, pois este imposto é utilizado frequentemente para regular o comércio exterior, para intervenção nos ciclos econômicos e para proteger os produtores nacionais (PAULSEN, 2009, p. 15).

Não se submete, como vimos, nem à anterioridade de exercício e nem à noventena, exatamente em função de sua função extrafiscal, a qual exige ajustes rápidos de forma a acompanhar as necessidades do interesse nacional e dos ciclos econômicos.

As principais normas que tratam do imposto de importação são: CF/1988, art. 153; CTN, art. 19 a 22; Decreto-Lei nº 37/1966 (principal lei instituidora); Regulamento Aduaneiro (Decreto nº 6.759/2009); tratados e convenções internacionais e normas da CAMEX.

8.3. IMPOSTO DE EXPORTAÇÃO

O imposto sobre a exportação de produtos nacionais ou nacionalizados tem como fato gerador (aspecto material da hipótese de incidência) a saída destes do território nacional. Entende-se como produto as mercadorias ou os bens. Nacional é o produto originalmente gerado na economia nacional, enquanto nacionalizado designa tanto os produtos que provêm do exterior e aqui são beneficiados, subdivididos, transformados ou acondicionados como aqueles que são desembaraçados e incorporados à nossa economia, e retornam ao exterior (CTN, art. 23; MARTINS, 1998, p. 183).

O momento do fato gerador é a data da expedição da guia de exportação (ou documento equivalente).

A base de cálculo, segundo a norma geral, pode assumir três formas:

a) unidade de medida;

b) preço normal;

c) preço mínimo.

A unidade de medida, como no imposto de importação, é adotada quando a lei tributária optar por alíquotas específicas (por exemplo: R$ 0,20 por metro cúbico; R$ 1,20 x tonelada etc.), comum na exportação de granéis.

O preço normal é o preço que o produto (ou seu similar) alcançaria, ao tempo da exportação, em uma venda em condições de livre concorrência, para entrega no porto ou lugar de saída do produto no país. O preço normal permite ainda a dedução dos tributos diretamente incidentes sobre a operação de exportação e o custo de financiamento (se a operação praticar prazos de financiamento superiores à média do mercado internacional).

Não se considera, por isso (em regra), o preço real, mas sim o médio, e é utilizado o preço FOB (*free on board*), ou seja, é o preço sem os custos posteriores à saída (frete e seguros). Adotam-se, neste caso, alíquotas *ad valorem* (em percentuais), por exemplo, 2% x preço normal; (ou valor aduaneiro) 5% sobre o preço normal etc. O preço mínimo consiste em tributar o valor do preço normal que exceder a um valor básico definido em lei. A Lei nº 5.072/1966 (já revogada) adotava este sistema.

Por fim, em relação à base de cálculo, sua instituição e modificação só pode se operar por lei (ordinária ou medida provisória), dentro dos parâmetros estabelecidos em norma geral (CTN). Não foi recepcionada pela CF/1988 a previsão do CTN, no artigo 26, que autorizava o ato do Poder Executivo a definir ou alterar a base de cálculo do imposto.

Com relação às alíquotas, como vimos, é facultado ao Poder Executivo, atendidas as condições e os limites estabelecidos em lei, alterar as alíquotas do imposto de exportação. Os limites estão, por exemplo, no Decreto-Lei nº 1.578/1977, art. 3º, sendo definidas as alíquotas atualmente pela CAMEX através de resoluções administrativas. O STF decidiu que a competência não é privativa do presidente da República, sendo competente a CAMEX (órgão do Executivo) para esta função (STF, RE nº 570680).

Podem ser contribuintes do imposto:

a) os exportadores, assim considerados qualquer pessoa que promova a saída de produto nacional ou nacionalizado do território nacional;
b) os equiparados por lei a exportadores (por exemplo, despachantes, transportadores e demais responsáveis tributários).

Trata-se também de imposto extrafiscal, pois este imposto é utilizado frequentemente para regular o comércio exterior, para intervenção nos ciclos econômicos e para proteger os produtores nacionais. Como, na maioria das vezes, o interesse nacional recomenda a desoneração das exportações, só incidirá sobre os produtos relacionados pelo Poder Executivo, razão pela qual alguns autores o chamam de "imposto excepcional" (Decreto-Lei nº 1.578/1977, art. 1º, § 3º alterado pela Lei nº 9.716/1998).

Não se submete, como vimos, nem à anterioridade de exercício e nem à noventena, exatamente em função de sua função extrafiscal, a qual exige ajustes rápidos de forma a acompanhar as necessidades do interesse nacional e dos ciclos econômicos.

As principais normas que tratam do imposto de exportação são: CF/1988, art. 153; CTN, art. 23 a 28; Decreto-Lei nº 1.578/1977 (principal lei instituidora); Regulamento Aduaneiro (Decreto nº 6.759/2009); tratados e convenções internacionais e normas da CAMEX.

8.4. IMPOSTO SOBRE PRODUTOS INDUSTRIALIZADOS

O imposto sobre produtos industrializados (IPI), também de competência da União, é um dos impostos sobre produção e circulação (segundo o CTN) e incide sobre três hipóteses, segundo sua norma geral: saída de estabelecimentos; desembaraço aduaneiro e arrematação.

Entende-se por industrialização qualquer operação que modifique a natureza, o funcionamento, o acabamento, a apresentação ou a finalidade do produto, ou o aperfeiçoe para consumo. São irrelevantes, para caracterizar a operação como industrialização, o processo utilizado para obtenção do produto e a localização e condições das instalações ou equipamentos empregados. Produto industrializado é o resultante de operações de industrialização.

São espécies de operações de industrialização: transformação, beneficiamento, montagem, acondicionamento (ou reacondicionamento) e renovação (ou recondicionamento). São sujeitos à incidência do IPI todos os produtos tributados, inclusive os isentos e sujeitos a alíquota zero, exceto os não tributados (NT) (Lei nº 4.502/1964, art. 3º).

O perfil constitucional do IPI faz dele um imposto: seletivo, não cumulativo e, quanto à anterioridade, submete-se a regime excepcional. Quanto às imunidades, além das genéricas, apresenta imunidades específicas (extravagantes).

O princípio da seletividade determina que o IPI será seletivo em função da essencialidade do produto (CF/1988, art. 153, § 3º, I e CTN, art. 48). Há duas formas de seletividade no IPI: a geral e a de bens de capital.

A seletividade geral é a que acabamos de enunciar, ou seja, o legislador preverá o ônus do tributo de forma inversamente proporcional à essencialidade do produto à maioria da população. Por exemplo: as alíquotas do IPI serão maiores para automóveis de luxo, eletrônicos sofisticados, especiarias importadas (produtos menos essenciais à população), enquanto a tributação será menos onerosa sobre alimentos comuns, vestuário, remédios, produtos de higiene. Esta forma de seletividade procura cumprir, no IPI, o princípio da capacidade contributiva (CONTI, 1996, p. 166).

A seletividade para bens de capital estabelece que o IPI terá reduzido seu impacto sobre a aquisição de bens de capital pelo contribuinte do imposto, na forma da lei. (CF/1988, art. 153, § 3º, IV com redação dada pela EC nº 42/2003). Esta previsão tem o objetivo de favorecer a atualização do parque industrial nacional, facilitando a aquisição e ampliação de máquinas, instalações e equipamentos; atende, por este motivo, a razões extrafiscais.

Como consequência da seletividade, o IPI possui um grande número de alíquotas e de regimes fiscais que, para possibilitar a aplicação pelo fisco e pelos contribuintes, vêm agrupados em uma tabela, conhecida como Tabela do IPI (TIPI). Sua versão mais atual (à data de fechamento desta edição) foi instituída pelo Decreto nº 6.006/2006.

O princípio da não cumulatividade determina que o IPI será não cumulativo, compensando-se o que for devido em cada operação com o montante cobrado nas anteriores e, se restar saldo, em determinado período, em favor do contribuinte, será transferido para o período ou períodos seguintes (CTN, art. 49, parágrafo único).

A não cumulatividade tem por principais objetivos:

a) impedir que a múltipla incidência do imposto, ao longo das operações de industrialização, produza o encarecimento do preço ao consumidor final, produzindo o que se conhece como efeito cascata;
b) estimular a diversificação da economia e aperfeiçoamento da indústria nacional, ao favorecer melhor distribuição da carga tributária entre os diversos setores. Trata-se de norma de aplicação obrigatória (STF, Ag.RE nº 501773/SP) mas não constitui cláusula pétrea da CF/1988 (STF, ADI 939/DF). O direito a creditar-se, por sua vez, independe de haver sido efetivamente recolhido o IPI na operação anterior (PAULSEN, 2009, p. 316).

Em regra, não há direito à correção monetária dos créditos de não cumulatividade, exceto quando houver resistência ilegítima do fisco (STJ, Súmula nº 411).

Quanto ao princípio da anterioridade, como vimos, o IPI observa apenas a noventena, não se sujeitando à anterioridade de exercício.

O IPI é tributo predominantemente fiscal, pois a prioridade, na maioria dos casos, é arrecadar receitas para a União. Todavia, há frequente uso de isenções e benefícios fiscais para estimular a economia, setores ou regiões, que se justificam por razões extrafiscais.

Quanto às imunidades, o IPI se submete a parte das imunidades genéricas e possui também imunidades extravagantes, específicas para sua hipótese.

Em relação às imunidades, são imunes ao IPI as operações relativas a: a) livros, jornais, periódicos e papel destinado à sua impressão; b) ouro, quando definido em lei como ativo financeiro ou instrumento cambial; c) energia elétrica, derivados de petróleo, combustíveis e minerais do país. (CF/1988, art. 150, VI; 153, §§ 3º e 5º; 155, § 3º; RIPI - Decreto nº 7.212, de 15.6.2010, art. 18).

Aplicam-se também ao IPI as demais imunidades genéricas previstas na CF/1988, art. 150, VI, "a" a "c", ou seja, as imunidades recíprocas dos templos, dos partidos políticos, entidades sindicais de trabalhadores, instituições de educação e assistência social sem fins lucrativos. Como vimos, o significado da expressão "patrimônio, renda ou serviços" estende-se a todos os impostos que possam comprometer estes elementos (STF, ADI 939; AI 378454 AgR/SP). Aliás, o próprio Ministério da Fazenda, através do Conselho Superior de Recursos Fiscais (CSRF 3ª Turma, Ac. 03-02.853), reconhece a aplicação das imunidades ao IPI e ao imposto de importação. Todavia, conforme vimos, não se reconhece a imunidade se a pessoa imune for contribuinte de fato, ou seja, para as compras efetuadas pelas pessoas políticas, templos, partidos políticos e outros (STF, Súmula nº 591).

Além disso, contudo, a CF/1988 estabelece uma imunidade específica ao IPI, ao preceituar que o imposto não incidirá sobre produtos industrializados destinados ao exterior (CF/1988, art. 153, § 3º, III). Trata-se, também, de norma inspirada por razões extrafiscais, ou seja, estimular as exportações com fins econômicos.

Como dissemos a princípio, o IPI pode incidir em três situações, ou seja, possui três fatos geradores possíveis, segundo a norma geral (CTN):

a) saída dos estabelecimentos;
b) desembaraço aduaneiro;
c) arrematação.

O fato gerador pode ser a saída dos estabelecimentos do contribuinte sujeito ao IPI. Neste caso, a base de cálculo será o valor da operação de que decorrer a saída da mercadoria e, se faltante ou inacessível, a autoridade arbitrará com base no preço corrente da mercadoria, ou similar, no mercado atacadista da praça do remetente.

Os contribuintes, nesta hipótese, podem ser o industrial, o equiparado a industrial (por lei) e o comerciante de produtos sujeitos ao imposto que os forneça a contribuintes industriais.

Outra hipótese de incidência é o desembaraço aduaneiro, que consiste na liberação pela autoridade aduaneira, quando o produto industrializado provém do estrangeiro. Por isso, o IPI "desembaraço" é frequentemente lembrado como imposto "aduaneiro". A base de cálculo será o preço normal (o mesmo do imposto de importação) acrescido dos montantes exigidos para a entrada do produto no país, a título de imposto de importação, taxas e encargos cambiais. O contribuinte será o importador ou quem a lei a ele equiparar.

Por fim, temos a arrematação de produtos apreendidos (ou abandonados) e levados a leilão pela União. A base de cálculo será o preço da arrematação, e o contribuinte será o arrematante.

Entende-se por estabelecimento industrial o que executa qualquer das operações sujeitas a incidência, de que resulte produto tributado, ainda que de alíquota zero ou isento (Lei nº 4.502/1964, art. 3º; RIPI, art. 8º). Há três tipos de estabelecimentos: a) estabelecimento industrial; b) estabelecimento equiparado a industrial (comerciante atacadista, importador e outros, nos termos da legislação); c) estabelecimento equiparado à industrial por opção (nos termos da legislação).

Considera-se contribuinte autônomo qualquer estabelecimento de importador, industrial ou comerciante, em relação a cada fato gerador que decorra de ato que praticar (CTN, art. 51, parágrafo único; RIPI/2010, art. 24, parágrafo único).

Quanto às alíquotas, como já vimos, é facultado ao Poder Executivo, atendidas as condições e os limites estabelecidos em lei, alterar as alíquotas do IPI (CF/1988, art. 153, § 1º). Por óbvio, devem ser observados todos os princípios constitucionais, como a seletividade e a não cumulatividade. Em regra, é o decreto presidencial quem define as alíquotas, em especial o decreto que estabelece a tabela do IPI (TIPI).

Esta prerrogativa é responsável pela figura da alíquota zero, muito comum no IPI e também presente no II, IE, IOF, na CIDE-Combustíveis e no PIS/COFINS. Uma vez que o Poder Executivo pode alterar as alíquotas dentro dos limites impostos por lei, e supondo que o limite mínimo estabelecido seja o zero, o Poder Executivo poderá, em vez de propor ao legislativo uma norma de isenção, valer-se da prerrogativa conferida pela CF/1988, art. 153, § 1º para produzir figura com efeitos semelhantes. Por isso, a alíquota zero acaba funcionando como uma espécie de benefício fiscal, mas que dispensa a prévia definição em lei específica. (MACHADO, 2004, p. 310).

A receita do imposto sobre produtos industrializados está sujeita a duas formas de repartição constitucional de receitas: a) aos fundos de participação; b) aos estados.

A União repassará 48% (quarenta e oito por cento) do produto da arrecadação do IPI da seguinte forma:

a) 21,5% ao Fundo de Participação dos Estados e do Distrito Federal;
b) 22,5% ao Fundo de Participação dos Municípios;
c) 3% para aplicação em programas de financiamento ao setor produtivo das regiões Norte, Nordeste e Centro-Oeste, através de suas instituições financeiras de caráter regional, de acordo com os planos regionais de desenvolvimento, ficando assegurada ao semiárido do Nordeste a metade dos recursos destinados à região, na forma que a lei estabelecer;
d) um por cento ao Fundo de Participação dos Municípios, que será entregue no primeiro decêndio do mês de dezembro de cada ano.

Além da repartição em favor dos Fundos de Participação, acima exposta, mais 10% (dez por cento) sobre o produto da arrecadação serão destinados aos Estados e Distrito Federal.

Os 10% do IPI arrecadado pela União devem ser distribuídos da seguinte forma: a) a parcela de cada Estado deve ser definida proporcionalmente ao valor das respectivas exportações de produtos industrializados; b) parcela máxima por Estado é de 20%. Excedentes devem ser repartidos entre os demais Estados/Distrito Federal; c) os Estados devem repassar a seus Municípios 25% do que receberem, seguindo as mesmas regras de repartição válidas para o ICMS.

As principais normas que tratam do IPI são: CF/1988, art. 153, IV e § 3º; CTN, arts. 46 a 51; Lei nº 4.502/1964 (principal lei instituidora); Regulamento do IPI (RIPI/2010, Decreto nº 7.212/2010); Tabela do IPI – TIPI (Decreto nº 6.006/2006).

8.5. IMPOSTO SOBRE OPERAÇÕES DE CRÉDITO, CÂMBIO E SEGURO, OU RELATIVAS A TÍTULOS OU VALORES MOBILIÁRIOS (IOF)

O imposto sobre operações financeiras (IOF) na verdade é um imposto que apresenta cinco hipóteses de incidência: operações de crédito, operações de câmbio, operações com seguros, operações com títulos e valores mobiliários e operações com ouro.

Entende-se como operações de crédito as operações de empréstimo sob qualquer modalidade, inclusive abertura de crédito e desconto de títulos; alienação, a empresa que exercer as atividades de *factoring*, de direitos creditórios resultantes de vendas a prazo e mútuo de recursos financeiros entre pessoas jurídicas ou entre pessoa jurídica e pessoa física. O fato gerador é a efetivação da operação pela entrega total ou parcial do montante ou do valor que constitua o objeto da obrigação, ou sua colocação à disposição do interessado. (CTN, art. 63, I; RIOF Decreto nº 6.306, de 14.12.2007, art. 3º). A base de cálculo é o montante da obrigação, compreendendo o principal e os juros.

O STF entendeu que o saque em conta de poupança, por não conter promessa de prestação futura e, ainda, porque não se reveste de propriedade circulatória, tampouco configurando título destinado a assegurar a disponibilidade de valores mobiliários, não pode ser tido por compreendido no conceito de operação de crédito ou de operação relativa a títulos ou valores mobiliários, não se prestando, por isso, para ser definido como hipótese de incidência do IOF (STF, RE nº 232467; STF, Súmula nº 664).

Entendem-se como operações de câmbio os negócios que envolvem compra e venda de moedas (exemplo: dólares, reais, ienes, yuans, euros etc.) ou, como se costuma dizer, a "troca" entre moedas (nacional ou estrangeiras). O fato gerador é a efetivação da operação pela entrega de moeda nacional ou estrangeira, ou de documento que a represente, ou sua colocação à disposição do interessado em montante equivalente à moeda estrangeira ou nacional entregue ou posta à disposição por este. A base de cálculo é o respectivo montante em moeda nacional recebido, entregue ou posto à disposição.

Operações de seguros são contratos pelos quais o segurador se obriga, mediante o pagamento do prêmio, a garantir interesse legítimo do segurado, relativo a pessoa ou a coisa, contra riscos predeterminados (CCB/2002, art. 757). A expressão "operações de seguro" compreende seguros de vida e congêneres, seguro de acidentes pessoais e do trabalho, seguros de bens, valores, coisas e outros não especificados.

Segundo o CTN, o fato gerador do IOF-Seguros é a efetivação da operação pela emissão da apólice ou do documento equivalente, ou recebimento do prêmio, na forma da lei aplicável. Contudo, a legislação atual define o recebimento do prêmio como fato gerador (Lei nº 5.143/1966). A base de cálculo é o montante do prêmio.

As operações relativas a títulos e valores mobiliários têm como fato gerador a aquisição, cessão, resgate, repactuação ou pagamento para liquidação de títulos e valores mobiliários. O momento do fato gerador se dá no ato da realização destas operações. Valores mobiliários são operações expressamente definidas na Lei nº 6.385/1976, art. 2º (por exemplo: ações, debêntures, bônus de subscrição, cupons, direitos, certificados de depósitos de valores mobiliários etc.). Títulos são documentos que representam outras operações financeiras, como títulos da dívida mobiliária pública e títulos de crédito das instituições financeiras.

A base de cálculo varia conforme o tipo de operação:

a) na emissão, o valor nominal mais o ágio, se houver;
b) na transmissão, o preço ou o valor nominal, ou o valor da cotação em Bolsa, como determinar a lei;
c) no pagamento ou resgate, o preço (CTN, art. 64, IV; Lei nº 8.894/1994, art. 2º).

A incidência definida nas operações de crédito exclui a das operações com títulos e valores mobiliários (e reciprocamente) quanto à emissão, ao pagamento ou resgate do título representativo de uma mesma operação de crédito (CTN, art. 63, parágrafo único).

A quinta forma de incidência do IOF ocorre sobre as operações com ouro como ativo financeiro ou instrumento cambial. Entende-se por ouro, ativo financeiro, ou instrumento cambial, desde sua extração, inclusive o ouro que, em qualquer estado de pureza, bruto ou refinado, for destinado ao mercado financeiro ou à execução da política cambial do País, em operação realizada com a interveniência de instituição integrante do Sistema Financeiro Nacional, na forma e condições autorizadas pelo Banco Central do Brasil.

A CF/1988 estabelece, a respeito, que estas operações com ouro sujeitam-se exclusivamente à incidência do IOF devido na operação de origem; a alíquota mínima será de um por cento, assegurada a transferência do montante da arrecadação, nos seguintes termos: I – 30% para o Estado, o Distrito Federal ou o Território, conforme a origem; II – 70% para o Município de origem (CF/1988, art. 153, § 5º). Esta norma é denominada por alguns como imunidade do ouro: por estabelecer que somente o IOF incide sobre estas operações, imuniza-as quanto aos demais tributos.

Entende-se como operação de origem: a) na data da aquisição do ouro; b) no desembaraço aduaneiro, quando se tratar de ouro físico oriundo do exterior. A base de cálculo é o preço de aquisição do ouro, calculado segundo a legislação do IOF.

Os contribuintes, nas cinco formas de incidência, são definidos e especificados em lei.

Por fim, como já vimos, é facultado ao Poder Executivo, atendidas as condições e os limites estabelecidos em lei, alterar as alíquotas do imposto sobre operações de crédito, câmbio, seguros e relativas a títulos e valores mobiliários (CF/1988, art. 153, §1º). Contudo, a disposição do CTN que estende esta faculdade às bases de cálculo não foi recepcionada pela CF/1988, de forma que este aspecto permanece submisso aos princípios da legalidade e da tipicidade.

As principais normas que tratam do imposto de importação são: CF/1988, art. 153, V e § 5º; CTN, art. 63 a 67; Lei nº 5.143/1966, Decreto-Lei nº 1.783/1980; Lei nº 8.894/1994; Regulamento do IOF (RIOF/2007, Decreto nº 6.306/2007).

QUESTÕES DE CONCURSOS

(TRF 3ª Região – Juiz – 2002) A regra da seletividade em função da essencialidade dos produtos onerados pelo IPI (imposto sobre produtos industrializados) será contrastada pela legislação que lhe institui alíquotas quando:

a) as alíquotas forem menores aos produtos destinados à sobrevivência das pessoas;
b) as alíquotas forem maiores aos produtos supérfluos;
c) as alíquotas forem mais elevadas em relação aos produtos de primeira necessidade;
d) as alíquotas forem menos elevadas em relação aos produtos que integram a denominada "cesta básica" do trabalhador.

Resposta: C

(TRF 5ª Região – Juiz – 2007 – CESPE) A base de cálculo do imposto sobre importações, quando a alíquota seja *ad valorem*, é o valor aduaneiro, ou seja, o valor pelo qual foi realizado o eventual negócio jurídico referente à importação.

Resposta: Errado

(TRF 5ª Região – Juiz – 2006 – CESPE) No que tange aos princípios tributários e à competência para tributar, julgue os itens que se seguem.

25. Apesar de haver jurisprudência vacilante, se um contribuinte industrial adquire insumos tributados pela legislação do IPI com alíquota zero, ele não pode creditar-se do IPI presumido sobre tais insumos, pois a Constituição Federal exige lei específica para a criação de crédito presumido.

Resposta: Certa

(TRF 5ª Região – Juiz – 2009 – CESPE) Entre as características de determinados impostos, estão a seletividade obrigatória, a não cumulatividade e a não incidência quando o bem ou o serviço destina-se ao exterior. Assinale a opção em que é apresentado imposto sobre o qual se aplicam as três características mencionadas.

a) imposto sobre produtos industrializados;
b) imposto sobre a renda e proventos das pessoas jurídicas;
c) imposto sobre serviços de qualquer natureza;
d) imposto sobre operações de crédito, câmbio e seguro, ou sobre operações relativas a títulos ou valores mobiliários;

e) e imposto sobre operações relativas à circulação de mercadorias e sobre prestações de serviços.

Resposta: A

(TRF 5ª Região – Juiz – 2005 – CESPE) 23. O princípio da anterioridade tributária é cláusula pétrea constitucional, no que se refere à majoração de tributos, não podendo ser excepcionada por emenda constitucional, sendo certo que tal não se aplica ao imposto sobre operações financeiras (IOF).

Resposta: Certa

(TRF 2ª Região – Juiz – 2009 – CESPE) Em cada uma das opções abaixo, apresenta-se uma situação hipotética acerca do imposto de importação (II), seguida de assertiva a ser julgada. Assinale a opção que apresenta a assertiva correta.

a) Determinada empresa especializada na venda em atacado de produtos de pequeno valor resolveu modernizar seus departamentos de almoxarifado e contabilidade e, para tanto, importou diversos computadores. Nessa situação, não incidirá II, em virtude de se tratar de produtos destinados ao ativo fixo, não considerados mercadoria.
b) No desembaraço aduaneiro de mercadorias importadas por determinada empresa, o auditor fiscal desconfiou dos valores lançados nos documentos que lhe foram apresentados e constatou que estes eram inidôneos. Nessa situação, o fiscal poderá arbitrar validamente outros valores para incidência do II e condicionar a liberação das mercadorias ao oferecimento de garantia de pagamento.
c) Uma empresa adquiriu mercadorias na China, preencheu declaração de importação e registrou-a nos órgãos estatais. Nessa situação, não lhe poderá ser exigido o II no desembaraço aduaneiro, porque foi regularmente registrada a operação.
d) Ana Maria, retornando do exterior, excedeu a cota de isenção estabelecida para a importação de produtos de uso pessoal, declarando valores muito inferiores, o que foi constatado pelo

fisco quando do ingresso na fronteira. Nessa situação, o fisco deverá aplicar a sanção de perdimento das mercadorias.

e) Determinada empresa dirigiu-se a posto fiscal de fronteira para liberar mercadorias importadas e lá tomou ciência do aumento da alíquota do II. Nessa situação, a empresa deverá efetuar o pagamento do tributo com base na alíquota vigente na data da expedição da guia de importação.

Resposta: B

(TRF 3ª Região – Juiz – 2002) O regime aduaneiro especial do “drawback” caracteriza-se pela:

a) suspensão dos tributos incidentes face ao trânsito aduaneiro da mercadoria importada;
b) suspensão dos tributos incidentes face à admissão temporária da mercadoria importada;
c) suspensão dos tributos incidentes face ao beneficiamento da mercadoria importada e a ser exportada;
d) suspensão de tributos incidentes face à guarda da mercadoria no entreposto aduaneiro e desde que destinada à exportação.

Resposta: C

(TRF 3ª Região – Juiz – 2002) O princípio constitucional da legalidade (Art. 5º, II, da CF), quando aplicado ao direito tributário, levando em conta a fiscalização e o controle sobre o comércio exterior; essenciais à defesa dos interesses fazendários nacionais, implica confirmar que:

a) somente por lei pode-se proibir a importação de bens no território nacional;
b) tanto por lei como por ato do Ministro da Fazenda pode-se proibir a importação de bens no território nacional;
c) somente por medida provisória, regulamentada por decreto presidencial, pode-se proibir a importação de bens no território nacional;
d) é necessária lei complementar à proibição da importação de bens no território nacional.

Resposta: B

Capítulo 9

Imposto de Renda

9.1. IMPOSTO DE RENDA: HIPÓTESE DE INCIDÊNCIA

O imposto sobre a renda e proventos de qualquer natureza incide sobre a riqueza nova ou o acréscimo patrimonial auferido por uma pessoa (natural ou jurídica) ao longo de um período. Embora a hipótese constitucional de incidência e as normas gerais sejam comuns, o espectro de incidência do imposto abarca uma infinidade de situações, razão pela qual a legislação estabelece diversos regimes jurídicos, todos baseados sobre a mesma hipótese.

O fato gerador do imposto de renda, segundo a norma geral, é a aquisição de disponibilidade econômica ou jurídica de renda ou proventos de qualquer natureza. Entende-se por disponibilidade econômica a possibilidade, ao titular, de dispor livremente da renda ou provento, sem a presença de qualquer impedimento. É a renda já em "caixa" e disponível. Por exemplo, o crédito de quantia em conta corrente do titular. A disponibilidade jurídica é a aquisição do título jurídico que permite obter a realização em dinheiro (MACHADO, 2004, p. 296). É exemplo de disponibilidade jurídica o recebimento da quantia por procurador do titular (uma imobiliária, por exemplo), em seu nome (locador do imóvel), mas antes de prestar-lhe contas e repassar o numerário (PAULSEN, 2009, p. 733).

Por sua vez, renda é o acréscimo patrimonial cuja disponibilidade (econômica ou jurídica) foi adquirida, seja produto do capital, do trabalho ou da combinação de ambos (CTN, art. 43, I). São exemplos de renda: rendimentos do trabalho assalariado (salários, soldos, soldadas, remunerações, vencimentos etc); rendimentos do trabalho não assalariado (comissões, percentagens, honorários, emolumentos, contratos de empreitada etc); rendimentos de aluguel e royalties; ganhos de capital.

Ganhos de capital são renda decorrente da alienação de bens ou direitos, que consistem na diferença positiva entre o valor de transmissão e o custo de aquisição desses bens.

Já os proventos de qualquer natureza são os demais acréscimos patrimoniais que não se enquadrem no conceito de renda (ou seja, não sejam produto do capital, do trabalho ou da combinação de ambos). São exemplos de proventos: benefícios previdenciários (pensões e aposentadorias), pensões alimentícias, acréscimos resultantes de atos ilícitos ou cuja origem seja desconhecida (DERZI, 1992, p. 23).

Quanto à base de cálculo (ou a base imponível) do imposto, é o montante da renda ou proventos tributáveis, apurados conforme três regimes: real, arbitrado ou presumido. Falaremos mais sobre estes regimes em tópico seguinte (CTN, art. 44).

Prossegue a norma geral definindo os contribuintes do imposto. Define o CTN que será o titular da renda ou do provento, ainda que este seja apenas possuidor do bem que produziu a renda ou os proventos (CTN, art. 45). Estes titulares são pessoas naturais (físicas) ou jurídicas e, além deles, outras entidades equiparadas (como fundos de investimento, massas falidas, fundos financeiros, sociedades não personificadas etc).

Portanto, por exemplo, a renda recebida na forma de salários tem como contribuinte o empregado que é titular destes salários; a renda na forma de aluguel de sublocação é de titularidade do sublocador, e não do locador (real proprietário do imóvel). Importante lembrar que a expressão possuidor aqui tem sentido amplo, significando tanto aqueles que têm posse como os detentores (locatários, comodatários etc.).

Segundo o CTN, o responsável é uma terceira pessoa, distinta do contribuinte, que fica obrigada ao recolhimento do tributo por possuir interesse comum sobre a situação que configure o fato gerador ou por expressa determinação de lei. Tal regime se aplica ao imposto de renda, mas o CTN especifica que esta condição (responsável) pode ser atribuída por lei à fonte pagadora da renda ou proventos (CTN, art. 45, parágrafo único).

Assim, por exemplo, são sujeitos passivos, como responsáveis, as empresas quando pagam salários; o INSS quando paga proventos previdenciários; o locatário (pessoa jurídica) quando paga o aluguel comercial; o órgão ou entidade pública, quando paga subsídios ou vencimentos de seus servidores públicos etc.

9.2. PRINCÍPIOS CONSTITUCIONAIS DO IMPOSTO DE RENDA

O imposto de renda se submete (em regra) aos mesmos princípios constitucionais aplicáveis aos tributos em geral, apresentando, todavia, princípios específicos (também conhecidos como critérios). São eles: princípio da generalidade, da universalidade e da progressividade (CF/1988, art. 153, § 2º).

Os princípios da generalidade e universalidade confundem-se e são de difícil diferenciação. Somados, contudo, significam que o imposto deve incidir sobre todos os sujeitos passivos (sem favoritismos ou privilégios) e sobre todas as formas de renda ou proventos (ALEXANDRINO, 2008, p. 51). Isso não significa, todavia, que estejam impedidas as isenções ou figuras análogas, mas estabelece que as isenções devem objetivar o prestígio ao princípio da isonomia tributária, ou seja, a eventual discriminação entre contribuintes e rendas deve ser justificável constitucionalmente.

Alguns afirmam que generalidade segue a *ratio* antes exposta, mas se refere estritamente aos contribuintes, enquanto a universalidade faz referência às bases imponíveis (DIFINI, 2003, p. 77). Para outros, seria o contrário (CARRAZA, 2007, p. 117).

O CTN traz disposição neste sentido quando prescreve que a incidência do imposto independe da denominação da receita ou do rendimento, da localização, condição jurídica ou nacionalidade da fonte, da origem e da forma de percepção (CTN, art. 43, § 1º). As expressões receita e rendimento, aqui, devem ser interpretadas como renda, ou seja, a parcela dos ingressos que representa acréscimo patrimonial (PAULSEN, 2009, p. 737).

O princípio da progressividade neste imposto estabelece que o ônus deve ser proporcionalmente maior conforme maior for o montante da renda apurada, ou seja, o imposto deve ser exigido em maior proporção daqueles que possuem maior renda. Cabe à lei ordinária, segundo o CTN, estabelecer mecanismos que concretizem este princípio sendo que, atualmente, são as tabelas progressivas (mensais e anuais), estabelecidas pelas leis, que dão concretude ao mandamento.

Por exemplo, temos a tabela progressiva anual válida para o exercício de 2011 (ano calendário de 2010), que prevê os seguintes valores:

a) renda até R$ 17.989,80 não pagará imposto;
b) renda entre R$ 17.989,81 até R$ 26.961,00 pagará 7,5% de imposto, com dedução de R$ 1.349,24;
c) de R$ 26.961,01 até R$ 35.948,40, pagará 15% com dedução de R$ 3.371,31;
d) de R$ 35.948,41 até R$ 44.918,28, 22,5% de imposto com dedução de R$ 6.067,44;
e) acima de R$ 44.918,28, pagará 27,5% de imposto com dedução de R$ 8.313,35.

Como consequência, se um contribuinte teve renda de R$ 20 mil no ano, pagará R$ 150,76 de imposto, enquanto um contribuinte com renda de R$ 200 mil/ano pagará R$ 46.686,65. A progressividade, por isso, é princípio intimamente relacionado com o princípio da capacidade contributiva, pois garante que cada pessoa contribua na proporção de suas possibilidades (CARRAZA, 2007, p. 89).

Outro princípio específico do imposto de renda, e não expressamente citado pela CF/1988, é o princípio da extraterritorialidade. Segundo este princípio, as rendas auferidas no exterior ou no país são igualmente tributáveis, bastando que presentes uma das seguintes condições ao menos:

a) que o titular tenha residência permanente no Brasil; ou
b) que a renda tenha sido produzida e auferida de fonte no Brasil. É possível encontrar referências em nossa legislação no

CTN, art. 43, §§ 1º e 2º, e também nas leis ordinárias e no regulamento do imposto (RIR - Decreto nº 3.000/1999). (PAULSEN, 2009, p. 762).

Com relação ao princípio da irretroatividade tributária e anterioridade tributária (CF/1988, art. 150, III, "a" a "c"), são observados pelo imposto, com peculiaridades. A primeira reside no fato de que o imposto é dispensado de observar a anterioridade nonagesimal (CF/1988, art. 150, § 1º), seguindo apenas a anterioridade de exercício. Por isso, no IR, é possível que, por exemplo, uma lei publicada em 31 de dezembro de um exercício, que trouxer tratamento mais oneroso, seja eficaz menos de 90 dias após (primeiro de janeiro seguinte, por exemplo).

O ponto mais polêmico (e importante), contudo, deriva da interpretação dada pelo STF quanto à aplicação dos princípios da anterioridade e da irretroatividade no imposto de renda. O STF definiu, em súmula, que "Ao imposto de renda calculado sobre os rendimentos do ano-base, aplica-se a lei vigente no exercício financeiro em que deve ser apresentada a declaração". (STF, Súmula nº 584).

Segundo esta posição, por exemplo, uma lei publicada e vigente em novembro de 2002 seria aplicada ao ano base de 2002 todo, pois, no imposto de renda, o fato gerador ocorre no último dia do período de apuração (exercício anual, ou seja, 31 de dezembro), e o ajuste anual ocorre no exercício seguinte, até o final de abril. Por isso, na declaração de abril de 2003 (que considera o ano calendário 2002), seria a lei nova (de novembro de 2002 em diante) que seria considerada para todos os fatos do ano, mesmo para aqueles tributados na fonte pela lei anterior.

Ganha relevância, neste ponto, diferenciar as chamadas retroatividade própria e imprópria. A doutrina (em especial a alemã) costuma definir *retroatividade própria* a situação em que a lei nova, de fato, tem aplicação retroativa, ou seja, é aplicável a fatos ocorridos e consolidados antes do início de sua vigência. A retroatividade própria é adotada por nossa Constituição, no artigo 150, III, "a". Já a *retroatividade imprópria* (ou inautêntica) seria a aplicação da nova lei a situações iniciadas mas ainda não concluídas no momento do início de sua vigência e que, por isso, são por ela alcançados. A retroatividade imprópria é adotada pela Súmula nº 584 do STF (RABELLO FILHO, 2002, p. 86).

Embora a Súmula 584 seja antiga, continua sendo seguida pelo STF (STF, RE nº 194612.SC). O tema, contudo, está longe de ser pacífico. Há, pelo menos, mais duas versões sobre a aplicação dos princípios da anterioridade e irretroatividade no imposto de renda.

Segundo uma destas teorias discordantes, a lei nova só pode atingir um determinado ano-base se vigente e eficaz antes de seu início, ou seja, antes do primeiro dia do ano base considerado (TRF-4, AMS 199904010963864; AMARO, 2004, p. 119; MACHADO, 2004, p. 89). Assim, segundo esta visão (e no exemplo anterior), se a lei foi publicada e entrou em vigor em 2002, só seria aplicável na declaração de 2004, relativa ao ano base de 2003.

Outra posição, menos aceita, defende que o fato gerador do imposto de renda não ocorre no último (e nem no primeiro) dia do exercício, mas sim no momento em que se dá a disponibilidade jurídica ou econômica da renda ou proventos. Para esta visão, o imposto retido na fonte tem como fato gerador a data da retenção, sendo o ajuste anual e o período de apuração meros acessórios. Por isso, a lei nova se aplica às retenções ocorridas a partir dela, e a lei velha às retenções ocorridas durante sua vigência.

9.3. INCIDÊNCIA E NÃO INCIDÊNCIA

Um dos assuntos mais discutidos na atualidade se encontra nos limites da incidência deste imposto, ou seja, acerca das situações de incidência e de não incidência do imposto de renda.

Como vimos, o imposto de renda incide sobre o acréscimo patrimonial oriundo do produto da renda ou dos proventos de qualquer natureza. Por isso, todo ingresso que não se enquadrar neste conceito configura hipótese de não incidência para o imposto. Um dos casos clássicos e mais comuns é o das indenizações. As indenizações são auferidas com o objetivo de repor patrimônio perdido por acidentes, por atos ilícitos ou outras contingências e, sob este prisma, não configuram acréscimo patrimonial, razão pela qual não estão incluídas na hipótese de incidência do imposto.

Contudo, não é apenas a indenização tradicional (a que repõe numericamente o valor do patrimônio) que é considerada aqui, as reparações ou indenizações com natureza compensatória também podem configurar situação de não incidência, como ocorre com os rendimentos auferidos em Planos de Demissão Voluntária (PDV), Plano de Incentivo à Aposentadoria (PIA), férias indenizadas (CLT, art. 137) e abono pecuniário de férias (CLT, art. 143).

Também as compensações ou reparações por danos morais não sofrem a incidência. Neste caso (e em similares) o patrimônio financeiro cresce numericamente, ou seja, a pessoa que recebe uma indenização por danos morais vê crescer seu patrimônio em valor, mas não é obrigada a pagar imposto de renda em virtude da causa do pagamento, que é repor um dano moral (em si, sem expressão monetária *a priori*).

A jurisprudência possui uma vasta casuística a respeito do assunto, que procuraremos resumir a seguir (seguindo a lógica do presente trabalho). Consolidaram-se situações em que o imposto não incide, e outras em que os tribunais reconheceram a incidência do imposto de renda.

Segundo a jurisprudência dominante, são hipóteses de não incidência do IR:

a) IRF sobre acionista (Lei nº 7.713/1988, art. 35 – STF, RE nº 173.490-6);
b) Plano de Demissão Voluntária – PDV (STJ, Súmula nº 215; REsp nº 139814/SP);
c) Férias indenizadas – servidores públicos (STJ, Súmula nº 125; STJ, REsp nº 34988/SP);
d) Licença prêmio indenizada (STJ, Súmula nº 136; EREsp nº 39872/SP);
e) IR sobre complementação de aposentadoria – contribuições sob a Lei nº 7.713/1988 (STJ, REsp nº 1.111.177/MG; STJ, REsp nº 760.246/PR);
f) Auxílio pré-escola ou creche (STJ, 1019017/PI);
g) Planos de Incentivo à Aposentadoria – PIA;
h) Férias indenizadas e licença-prêmio (CLT);
i) Férias proporcionais (STJ, Súmula nº 386; REsp nº 771218/PR);

i) Abono pecuniário de férias (CLT, art. 143 – STJ, REsp nº 785474/SC);
j) Sessões extraordinárias de parlamentares (STJ, REsp nº 502739/PE);
k) Auxílio-condução de oficial de justiça (STJ, nº REsp nº 645.308/RS);
l) Férias em dobro na rescisão de contrato de trabalho (STJ, REsp nº 709.058/SP);
m) Indenização por danos morais (STJ, REsp nº 1152764/RS);
n) Benefícios a anistiados políticos (STF, RMS nº 27.386).

Contudo, a jurisprudência pacífica reconhece a incidência do IR, conforme preceitua sua legislação, nos seguintes casos:

a) Indenização por horas trabalhadas (PETROBRAS-IHT) (STJ, EREsp nº 695499/RJ);
b) Adicional noturno (STJ, REsp nº 674.392/SC);
c) Complementação temporária de proventos (STJ, REsp nº 705.265/RS);
d) Décimo terceiro salário (STJ, REsp nº 645.536/RS);
e) Gratificação de produtividade (STJ, REsp nº 735.866/PE);
f) Gratificação por liberalidade em rescisão de contrato de trabalho (STJ, REsp nº 742.848/SP);
g) Horas extras (STJ, Súmula nº 463; REsp nº 626.482/RS).

Com relação aos rendimentos compostos de vários exercícios acumulados, a jurisprudência do STJ pacificou-se a respeito de que o regime correto de recolhimento é o de competência, ou seja, o IR precisa ser calculado mês a mês, nos respectivos exercícios, e não com base no rendimento acumulado recebido (STJ, REsp nº 505081/RS). Esta situação ocorre, por exemplo, nas ações trabalhistas e nas ações que discutem rendimentos sucessivos (como benefícios previdenciários). Todavia (até o fechamento desta edição), a matéria se encontra sob análise do STF, em recurso extraordinário com repercussão geral reconhecida.

9.4. REGIMES JURÍDICOS

O espectro de incidência do imposto de renda é muito amplo, razão pela qual sua legislação é extensa e repleta de detalhes. O principal texto normativo que sistematiza esta legislação é o Regulamento do Imposto de Renda, atualmente em vigor por força do Decreto Presidencial nº 3.000, de 26 de março de 1999. Este decreto (cuja leitura completa recomendamos) é composto de 1004 artigos, distribuídos ao longo de quatro livros.

Os três primeiros livros dispõem sobre os regimes jurídicos do imposto:

a) tributação das pessoas físicas;
b) tributação das pessoas jurídicas;
c) tributação na fonte e sobre operações financeiras.

Os dois primeiros resumiremos nos tópicos seguintes, descrevendo seus principais institutos e conceitos.

A tributação na fonte (também chamada de Imposto de Renda Retido na Fonte – IRRF) descreve as normas que atribuem responsabilidade tributária às fontes pagadoras de rendas ou proventos de efetuarem o seu recolhimento, estando autorizadas a deduzir o tributo dos rendimentos devidos aos contribuintes. Há duas principais formas de retenção em fonte:

a) provisória (sujeita ao ajuste anual);
b) definitiva (não sujeita a ajuste).

A tributação na fonte provisória (muito comum na tributação das pessoas físicas) implica que a fonte, ao efetuar o pagamento dos rendimentos (por exemplo, dos salários), retém o imposto devido e o recolhe, a título de antecipação; no ano seguinte (do exercício), o contribuinte deverá efetuar declaração de ajuste anual, onde apurará o imposto devido no ano correspondente e deduzirá o imposto recolhido na fonte. Portanto, diz-se que o imposto, recolhido mês a mês no ano calendário, está sujeito a posterior ajuste.

A tributação definitiva consiste na retenção e recolhimento do imposto pela fonte pagadora, mas diferente da hipótese anterior, não está sujeita a posterior ajuste, ou seja, o imposto recolhido na fonte é definitivo e não é computado (mas meramente informado) na declaração de ajuste anual. É o caso do IR sobre o décimo terceiro salário e sobre os prêmios de loterias (por exemplo, Mega-Sena).

A tributação sobre operações financeiras se justifica, pois as operações financeiras geram renda, na forma de produto do capital aplicado. Por isso, só é tributável o acréscimo patrimonial auferido pelo aplicador, e não o montante do capital aplicado. Em regra, o imposto é recolhido pela fonte pagadora (por exemplo, instituições financeiras, tomadores de empréstimos etc.) e sujeito ao regime de tributação definitiva (ou seja, não sujeito a ajuste anual).

A tributação de operações financeiras (rendimentos de capital) é exceção ao princípio da progressividade, pois adota sistema regressivo relativo ao prazo de aplicação e resgate. Para aplicações de longo prazo ou de renda fixa, o imposto é cobrado segundo as seguintes alíquotas: 22,5% para aplicações com prazo de até 180 dias; 20% para aplicações com prazo de 181 até 360 dias; 17,5% para aplicações com prazo de 361 até 720 dias; 15% para aplicações com prazo acima de 720 dias. Ou seja, quanto maior o prazo de resgate, menor a incidência do imposto. Nos fundos de curto prazo também há regressividade (22,5% até 180 dias e 20% acima de 180 dias).

Nas aplicações em Fundos de Ações, a tributação é de 15% sobre o acréscimo, e nas de renda variável de 0,005% ao dia.

9.5. IMPOSTO DE RENDA DAS PESSOAS JURÍDICAS

Consideram-se pessoas jurídicas, para efeito da incidência do IRPJ: a) as pessoas jurídicas de direito privado (CC/2002, arts. 40-44) domiciliadas no país, sejam quais forem seus fins, nacionalidade ou participantes no capital; b) as filiais, sucursais, agências ou representações no país das pessoas jurídicas com sede no exterior e c) os comitentes domiciliados no exterior, quanto aos resultados das operações realizadas por seus mandatários ou comissários no país.

O comitente provém do contrato de comissão, que tem por objeto a aquisição ou a venda de bens pelo comissário, em seu próprio nome, à conta do comitente (CCB, Lei nº 10.406/2001, art. 693).

Quanto às pessoas jurídicas, a incidência do IRPJ não ocorre nas hipóteses de imunidades, isenções e não incidência, e é irrelevante, para configurar a incidência, que a pessoa jurídica tenha registro regular ou não. Também estão sujeitas as empresas individuais, que atualmente correspondem ao conceito de empresário (CC/2002, art. 966), sendo irrelevante a regularidade do registro.

São consideradas empresas individuais: a) as firmas individuais; b) as pessoas físicas que, em nome individual, explorem, habitual e profissionalmente, qualquer atividade econômica de natureza civil ou comercial, com o fim especulativo de lucro, mediante venda a terceiros de bens ou serviços e c) as pessoas físicas que promoverem a incorporação de prédios em condomínio ou loteamento de terrenos, de acordo com o RIR/1999.

Não são empresas individuais (submetendo-se ao regime de recolhimento das pessoas físicas) as pessoas naturais que, individualmente, exerçam as profissões ou explorem as atividades de:

a) médico, engenheiro, advogado, dentista, veterinário, professor, economista, contador, jornalista, pintor, escritor, escultor e outras que lhes possam ser assemelhadas;
b) profissões, ocupações e prestação de serviços não comerciais;
c) agentes, representantes e outras pessoas sem vínculo empregatício que, tomando parte em atos de comércio, não os pratiquem, todavia, por conta própria;
d) serventuários da justiça, como tabeliães, notários, oficiais públicos e outros;
e) corretores, leiloeiros e despachantes, seus prepostos e adjuntos;
f) exploração individual de contratos de empreitada unicamente de labor, qualquer que seja a natureza, quer se trate de trabalhos arquitetônicos, topográficos, terraplenagem, construções de alvenaria e outras congêneres, quer de serviços de utilidade pública, tanto de estudos como de construções;
g) exploração de obras artísticas, didáticas, científicas, urbanísticas, projetos técnicos de construção, instalações ou equipamentos, salvo quando não explorados diretamente pelo autor ou criador do bem ou da obra.

Também se submetem ao regime das pessoas jurídicas:

a) entidades submetidas aos regimes de liquidação extrajudicial e de falência, durante o período em que perdurarem os procedimentos para a realização de seu ativo e o pagamento do passivo;
b) as sociedades civis de prestação de serviços profissionais relativos ao exercício de profissão legalmente regulamentada.
c) empresas públicas e sociedades de economia mista.
d) sociedades cooperativas de consumo, que tenham por objeto a compra e fornecimento de bens aos consumidores;
e) fundo de investimento imobiliário;
f) sociedade em conta de participação (CC/2002, art. 991);
g) incorporações e loteamentos, nos termos da legislação;
h) subdivisão de imóvel rural em mais de 10 lotes, de acordo com a legislação.

A base de cálculo é chamada genericamente de lucro e está sujeita a três grandes regimes de apuração:

a) lucro real;
b) lucro arbitrado;
c) lucro presumido.

Integram a base de cálculo todos os ganhos e rendimentos de capital, qualquer que seja a denominação que lhes seja dada, independentemente da natureza, da espécie ou da existência de título ou contrato escrito, bastando que decorram de ato ou negócio que, pela sua finalidade, tenha os mesmos efeitos do previsto na norma específica de incidência do imposto.

Por exemplo, o resultado das aplicações financeiras realizadas pelas cooperativas integra a base de cálculo do IRPJ, segundo o STJ (Súmula nº 262/2002).

O lucro real é o lucro líquido do período de apuração ajustado pelas adições, exclusões ou compensações prescritas ou autorizadas na legislação. A determinação do lucro real será precedida da apuração do lucro líquido de cada período de apuração com observância das disposições das leis comerciais. Esta forma de apuração é a mais minuciosa e exata, pois identifica com maior detalhamento as receitas e despesas do contribuinte, procurando a maior aproximação possível do lucro realmente obtido. É o regime principal de apuração. Seu cálculo principal ocorre no dia 31 de dezembro de cada exercício, mas os contribuintes são obrigados a antecipar o imposto mensalmente, calculando-o com base na receita bruta, por estimativa ou balancete. Na apuração anual, se o imposto antecipado não for suficiente, o saldo deve ser recolhido pelo contribuinte até o final de março do ano subsequente.

O lucro presumido é um sistema simplificado e opcional de apuração, aplicável para pessoas jurídicas com receita bruta de menor porte (até R$ 48 milhões, à data de fechamento desta edição) e que atendam a outras exigências previstas em lei. Através dele, é calculada a receita bruta da pessoa jurídica e sobre ela aplicado coeficientes previstos em lei (em regra, 8%, salvo casos excepcionais). O resultado é o lucro presumido. Assim, por exemplo, numa companhia optante que tenha auferido receita bruta (total de ingressos) de R$ 10 milhões, presume-se que R$ 800 mil (R$ 10 milhões x 8%) foi o seu lucro, e o restante (R$ 9,2 milhões) foram os gastos. A renda, neste caso, será os R$ 800 mil, sobre a qual se aplicará a alíquota cabível. (MACHADO, 2004, p. 283). Esta apuração é feita mensalmente.

A apuração segundo o lucro arbitrado é cabível nos casos de lançamento de ofício (pela autoridade administrativa), podendo também ser efetuada pelo contribuinte (RIR/1999, art. 531). Há duas situações: a) quando a receita bruta é conhecida; b) quando a receita bruta não é conhecida. Quando a receita é conhecida, segue-se o mesmo mecanismo do lucro presumido, mas os coeficientes presumidos de lucro sofrem acréscimo em 20% (ou seja, em regra 9,6%). Quando não é conhecida, a aplicação do coeficiente ocorre sobre outros signos presuntivos definidos em lei (por exemplo, valor mensal do aluguel pago pelo contribuinte; soma dos valores devidos no mês a empregados etc.). (RIR/1999, art. 535; GODOY, 2003, p. 125).

A alíquota, em regra, é de 15% (quinze por cento) sobre a base de cálculo, com adicionais previstos na legislação.

9.6. IMPOSTO DE RENDA DAS PESSOAS FÍSICAS

São contribuintes do imposto de renda as pessoas físicas residentes no país (ou não residentes) que recebam rendimentos tributáveis. A pessoa física designa as pessoas naturais do Direito Civil e é expressão tradicional e usual na legislação tributária.

São contribuintes não residentes as pessoas naturais que recebam rendimentos de fontes situadas no Brasil, sujeitas à tributação definitiva nos seguintes termos:

a) ganhos de capital auferidos na alienação de bens e direitos;
b) ganhos líquidos auferidos nas operações realizadas em bolsas de valores, de mercadorias, de futuros e assemelhadas;
c) ganhos líquidos auferidos na alienação de ouro, ativo financeiro;
d) ganhos líquidos auferidos em operações realizadas nos mercados de liquidação futura, fora de bolsa.

Em regra, as pessoas físicas (ou naturais) submetem-se a período de apuração anual, em que serão considerados dois períodos sucessivos e conexos: o ano-calendário e o exercício. O ano-calendário (também chamado ano-base) é o ano civil (primeiro de janeiro a 31 de dezembro), durante o qual ocorrem os fatos relevantes para a apuração do imposto (como rendimentos auferidos, hipóteses de deduções, rendimentos isentos e não tributáveis, imposto antecipado ou retido na fonte etc.). Já o exercício é o ano subsequente ao ano-calendário (e a ele referente), quando a declaração de ajuste anual deverá ser entregue até o final do mês de abril.

Os recebimentos positivos auferidos pela pessoa física ao longo do ano-calendário recebem o nome de rendimentos, que podem ser de duas espécies: tributáveis ou isentos e não tributáveis. Os rendimentos não se confundem com a renda, pois consideram apenas a parcela positiva recebida (por exemplo, o montante do salário auferido no mês, sem as deduções). Enquanto os rendimentos isentos e não tributáveis são apenas informados pelas fontes e pelo declarante, os rendimentos tributáveis são somados e deles subtraídas as hipóteses legais de dedução, resultando na base de cálculo, que será a renda ou proventos tributáveis do período.

Em regra, a apuração é composta de períodos mensais (ao longo do ano-calendário) e o ajuste anual (exercício). Na apuração mensal, as fontes pagadoras retêm o imposto devido e o recolhem à União, liberando ao contribuinte o saldo positivo do rendimento. Se o contribuinte receber rendimentos não sujeitos a retenção na fonte (como rendimentos recebidos de pessoas físicas não obrigadas), deve recolher o imposto através de um instrumento chamado carnê-leão, mensalmente e nos prazos previstos na legislação. Estes recolhimentos mensais são considerados como antecipações do imposto a ser ajustado e pago na entrega da declaração anual.

Alguns rendimentos são tributados exclusivamente na fonte (como o décimo terceiro salário e os prêmios de loterias). Neles, a fonte retém o imposto em separado dos demais rendimentos do mês. Os valores recebidos e retidos são meramente informados na declaração de ajuste anual correspondente, não influindo no cálculo geral.

No ano seguinte (exercício), o contribuinte é obrigado a apresentar declaração de ajuste anual, na qual computará o total de rendimentos tributáveis, dele subtrairá as deduções legais anuais admitidas (dependentes, despesas com educação, saúde etc.), encontrando o montante da renda ou provento anual. Este montante é enquadrado na tabela progressiva anual, sobre ele é aplicada a alíquota correspondente à faixa cabível e, do resultado, é subtraído o valor de dedução informado pela mesma tabela.

Encontrado o valor de imposto a recolher (devido), dele é subtraído o imposto já pago ao longo do ano-calendário (carnê-leão ou retido na fonte). Constatado excesso de recolhimento ao longo do ano-calendário, o excesso é restituído ao contribuinte; ao contrário, se o imposto recolhido foi insuficiente, o contribuinte deve recolher o saldo juntamente com a declaração, na forma e prazos estabelecidos pela legislação.

Os rendimentos isentos e não tributáveis, os rendimentos com retenção exclusiva na fonte (e imposto sobre eles retido) e a variação patrimonial do contribuinte são informados na declaração, servindo como subsídios para a fiscalização.

9.7. LEGISLAÇÃO APLICÁVEL AO IMPOSTO DE RENDA

As principais normas que tratam do imposto de renda são: CF/1988, art. 153, III e § 2º; CTN, arts. 43 a 45; Decreto-Lei nº 5.844/1943, Lei nº 7.713/1988 e Lei nº 9.250/1995 (pessoa física);

Lei nº 9.430/1996, Lei nº 9.779/1999, Lei nº 6.264/1975, Decreto-Lei nº 2.303/1986 e outros (pessoa jurídica); Decreto nº 3.000/1999 (Regulamento do Imposto de Renda – RIR/1999).

QUESTÕES DE CONCURSOS

(TRF 4ª Região – Juiz – 2000 – ESMAFESC) Assinale a alternativa correta:

a) O pagamento de férias e de gratificação natalina não está sujeito à incidência do imposto de renda.
b) O pagamento de férias não gozadas por necessidade do serviço não está sujeito à incidência do imposto de renda.
c) A prestação de serviço de composição gráfica, quando envolva fornecimento de mercadorias, não está sujeita à incidência do ISS.
d) É lícito, ao Município, atualizar o IPTU, mediante decreto, adotando índice de correção monetária próprio, superior ao oficial.

Resposta: B

(TRF 4ª Região – Juiz – 2001) Assinale a alternativa correta.

a) A pessoa com idade superior a sessenta e cinco anos, cuja renda total seja constituída, exclusivamente, de rendimentos do trabalho, goza de imunidade quanto aos tributos federais.
b) É vedada a cobrança de imposto de renda sobre rendimentos provenientes de aposentadoria e pensão, pagos pela previdência social da União, dos Estados, do Distrito Federal e dos Municípios, a pessoa com idade superior a sessenta e cinco anos, cuja renda total seja constituída, exclusivamente, de rendimentos do trabalho.
c) A imunidade conferida à pessoa com idade superior a sessenta e cinco anos, quanto aos impostos federais, estaduais e municipais, não é autoaplicável, estando a depender de lei que fixará os termos e limites do benefício.
d) Os rendimentos de aposentadoria e pensão, pagos pela previdência social da União, dos Estados, do Distrito Federal e dos Municípios, a pessoa com idade superior a ses-

senta e cinco anos, estão sujeitos à incidência do imposto de renda, nos termos da lei.

Resposta: D

(TRF 4ª Região – Juiz – 2001) Assinale a alternativa correta.

a) A falta de retenção do Imposto de Renda pela fonte pagadora de salários isenta o contribuinte-empregado do seu respectivo pagamento.
b) A fonte pagadora de salários não é substituta tributária do contribuinte do respectivo Imposto de Renda, mas mera responsável subsidiária pela retenção e antecipação do recolhimento.
c) A retenção do Imposto de Renda pela fonte pagadora dos salários isenta o contribuinte-empregado do seu pagamento e da inclusão no ajuste com a Administração Tributária.
d) Assumindo o empregador o encargo de pagar o Imposto de Renda do empregado, esse fica isento da mesma obrigação tributária.

Resposta: B

(TRF 3ª Região – Juiz – 2006) Na alienação de propriedade de ações efetuada por residente no país:

a) não incide o imposto de renda se a alienação consistir em doação a título de adiantamento da legítima, na qual se atribua às ações valor de mercado superior ao constante da declaração de bens do doador;
b) não incide o imposto de renda se a alienação consistir na conferência de ações para integralização de capital de sociedade, na qual se atribua às ações valor superior ao constante da declaração de bens do alienante;
c) não incide o imposto de renda se a sociedade transferir ações de outras sociedades constantes do seu ativo, se a transferência for feita a título de devolução de capital, pelo valor contábil na sociedade que reduz o capital;
d) não incide imposto de renda na alienação de ações que o alienante possuía havia mais de 20 anos.

Resposta: C

(TRF 3ª Região – Juiz – 2006) A pessoa jurídica, no cômputo do lucro real, pode considerar como custo ou encargo operacional, em cada período de apuração, a importância correspondente à diminuição do valor dos bens do ativo mobilizado resultante do desgaste pelo uso, ação da natureza e obsolescência normal:

a) A taxa anual de depreciação desses bens é livremente fixada pela pessoa jurídica;
b) A taxa anual de depreciação desses bens é fixada exclusivamente pela Secretaria da Receita Federal, mas a pessoa jurídica tem o direito de ajustá-la às condições de depreciação de cada bem, desde que faça prova dessa adequação quando adotar taxa diferente;
c) A pessoa jurídica contribuinte não pode adotar taxa anual inferior à fixada pela Secretaria da Receita Federal;
d) A pessoa jurídica não pode adotar, em relação aos bens móveis depreciados, coeficientes de depreciação acelerada em razão de sua utilização por dois ou três turnos de oito horas de trabalho em vez de um só turno.

Resposta: B

(TRF 3ª Região – Juiz – 2006) Uma pessoa jurídica decide expandir suas atividades industriais; para isso, adquire equipamento novo e realiza despesas que concorrerão para a formação do resultado por mais de um período de apuração. O contribuinte:

a) poderá registrar essas despesas em conta do ativo diferido e amortizá-las nos períodos de apuração seguintes, fazendo a amortização total no prazo que entender;
b) poderá registrar essas despesas em conta do ativo diferido e amortizá-las num prazo não inferior a 5 (cinco) anos;
c) não poderá amortizar essas despesas que deverá levar à conta de resultados no sexto período de apuração subsequente à sua realização;
d) poderá amortizar essas despesas em prazo não inferior ao maior prazo de depreciação dos bens do ativo imobilizado com o qual se relacionam.

Resposta: B

Taxas, contribuições de seguridade, CSSL, COFINS, CPMF, CIDEs e empréstimos compulsórios

10.1. FATO GERADOR, TAXAS E PREÇOS PÚBLICOS

As taxas são tributos exigíveis pela União, pelos Estados, pelo Distrito Federal ou pelos Municípios, no âmbito de suas respectivas atribuições. Seus fatos geradores podem consistir em duas situações: a) o exercício regular do poder de polícia; ou b) a utilização, efetiva ou potencial, de serviço público específico e divisível, prestado ao contribuinte ou posto a sua disposição (CTN, art. 77 e CF/1988, art. 145, II).

Concentraremos, nesta fase, nossas atenções sobre a segunda hipótese de incidência, qual seja, os serviços públicos.

Entende-se por serviço público a atividade da Administração (por meios próprios ou delegados) destinada a satisfazer necessidades coletivas, sob regime de Direito Público (total ou parcialmente). (DI PIETRO, 2000, p. 83). Nosso foco reside na forma como o Estado financia estas atividades e, neste particular, podemos identificar, pelo menos, três situações:

a) serviços públicos financiados pelas receitas públicas em geral;
b) serviços públicos financiados pelas taxas;
c) serviços Públicos financiados por preços ou tarifas públicas.

Há serviços públicos financiados pelas receitas públicas em geral (por exemplo, impostos, receitas não tributárias etc.). São serviços gerais ou genéricos, ou seja, não são específicos e nem divisíveis, pois prestados à coletividade em geral (sem especificar seus usuários) e não admitem mensuração individualizada. São exemplos desta hipótese: manutenção de "serviços urbanos" (TRF-4, AC 200072000057430/SC); limpeza e conservação pública (STF 576.321/SP); conservação de calçamento (TRF-4, AC 9804059525); conservação de estradas (STF, RE nº 259889/SP) e segurança pública (STF, ADI 2424).

Também se enquadram nesta categoria os serviços nas quais a exigência de taxas ou preços for vedada pela Constituição. São exemplos: matrícula em universidades públicas (STF, SV nº 12); direito de petição; obtenção de certidões; propositura de ação popular; *habeas corpus* e *habeas data*; registro civil e certidão de óbito para os pobres (CF/1988, art. 5º) e celebração de casamento (CF/1988, art. 226, § 1º).

Os serviços públicos relativos às taxas devem reunir cumulativamente as seguintes características:

a) devem ser específicos, ou seja, quando possam ser destacados em unidades autônomas de intervenção, de utilidade ou de necessidade públicas;
b) devem ser divisíveis, ou seja, quando suscetíveis de utilização, separadamente, por parte de cada um dos seus usuários, e
c) devem ser prestados (fruídos pelo contribuinte a qualquer título) ou postos a disposição, quando, sendo de utilização compulsória, sejam postos à sua disposição mediante atividade administrativa em efetivo funcionamento (CTN, art. 79).

São exemplos de serviços relativos às taxas: coleta de esgotos (STF, RE nº 54194; STJ, REsp nº 665738.SC); coleta de lixo domiciliar (STF SV nº 19; STJ, REsp nº 113757/RJ); INMETRO – Metrologia (TRF-4, AC 200272020022764/SC); estadia e pesagem (TRF-4, AMS 9704605862/RS); fornecimento de selos do IPI (STJ, REsp nº 637756/RS) e utilização de áreas em aeroportos – INFRAERO (STJ, MS 8060).

Por fim, temos os serviços relacionados às tarifas ou preços públicos. São exemplos: fornecimento de água (STF, RE nº 201.630.DF); fornecimento de energia elétrica (STJ, REsp nº 78716.SP) e serviços postais e telegráficos (STF, ADI 447/DF).

Entende-se preço público como receita originária que se configura na contraprestação paga ao Estado por um serviço, utilidade ou bem adquirido ou recebido pelo particular, e oriundo de um negócio jurídico celebrado conforme a vontade dos contratantes (PAULSEN, 2009, p. 39). Sobre a diferença entre preço público e tarifa temos as seguintes opiniões: a) são expressões sinônimas; b) tarifas são pagamentos devidos a serviços em regime de concessão ou permissão e preços são os demais pagamentos (ROSA JUNIOR, 2009, p. 183).

Por sua vez, distinguem-se as taxas e os preços públicos (aqui inclusas as tarifas). As taxas:

a) são receitas derivadas;
b) são espécie de tributo;
c) submetem-se às limitações constitucionais ao poder de tributar;
d) são instituídas em lei;
e) são exigíveis na hipótese de serviço apenas disponível, mas não usufruído efetivamente;
f) são prestações compulsórias, ou seja, a falta de pagamento configura infração (STF, Súmula nº 545);
g) não poderão ter base de cálculo ou fato gerador idênticos aos que correspondam a imposto, nem ser calculadas em função do capital das empresas (CF/1988, art. 145, § 2º e CTN, art. 77).

Já os preços públicos/tarifas:

a) são receitas originárias;
b) não são espécie de tributo, sendo receita não tributária;
c) não se submetem às limitações constitucionais ao poder de tributar;
d) não necessitam de instituição por lei;
e) não são exigíveis na hipótese de serviço apenas disponível;
f) não são compulsórias, pois derivam de relação jurídica dependente do acordo de vontade das partes;
g) não se aplica, em princípio, a vedação da CF/1988, art. 145, § 2º e CTN, art. 77.

A classificação tradicional utiliza o critério da compulsoriedade do serviço público. Os serviços públicos de uso compulsório (ou seja, que a fruição interessa mais ao coletivo que ao particular) seriam típicos das taxas, enquanto os serviços públicos de uso facultativo (em que a fruição interessa mais ao particular do que à coletividade) teriam referência aos preços públicos. É o critério dominante na Súmula nº 545 do STF, que assim dispõe: "Preços de serviços públicos e taxas não se confundem, porque estas, diferentemente daqueles, são compulsórias e têm sua cobrança condicionada à prévia autorização orçamentária ou em relação à lei que as instituiu."

Segundo o Ministro Carlos Velloso, do STF, as taxas e os preços públicos incidiriam conforme a natureza do serviço público.

Haveria três formas de serviços públicos:

a) serviços públicos propriamente estatais, prestados pelo Estado com exclusividade e no exercício de sua soberania, mas facultam ao contribuinte usufruí-los ou não. Geram taxas e são devidas somente no uso efetivo do serviço. São exemplos: serviços judiciários, serviços de emissão de passaportes;
b) serviços públicos essenciais ao interesse público, que são serviços prestados no interesse predominante da coletividade e cuja fruição é obrigatória pelo contribuinte. Geram taxas e são devidas em caso de uso efetivo ou potencial. Exemplos: serviços de água e esgotos, coleta de lixo, sepultamento;
c) serviços públicos não essenciais, que são facilidades e benefícios oferecidos aos cidadãos, mas cuja ausência de fruição não prejudica o interesse coletivo. Geram preços públicos ou tarifas que são devidas apenas em caso de uso efetivo. Exemplos: serviços postal, telefônico, telegráfico, energia elétrica, gás etc. (STF, ADI 447/DF).

10.2. TAXAS CONTRATUAIS E FACULTATIVAS

Anteriormente ao advento da Súmula nº 545 do STF (que se deu em 1969), discutiu-se na doutrina a teoria das taxas contratuais e facultativas. Esta discussão partia do debate em torno da natureza da taxa, havendo duas principais correntes: a da coercitividade e da contratualidade (BARROS FILHO, 1941, p. 31). Taxas coercitivas ocorrem em serviços em que há predominância do interesse público e nos quais o Estado decreta o consumo obrigatório; taxas contratuais (ou facultativas) ocorrem em duas situações: serviços com predominância do interesse público, sem consumo obrigatório, ou serviços com interesse privado predominante.

As taxas facultativas, por sua vez, seriam subdivididas em dois subgrupos: retributivas grupo "A", com natureza de contrato de adesão, e retributivas grupo "B", sem natureza típica. (BARROS FILHO, 1941, p. 80). A doutrina nacional passou a denominar as do grupo "A" como contratuais (em homenagem ao contrato de adesão, e as do grupo B como facultativas (neste sentido, *stricto sensu*). (BALEEIRO, 1996, p. 330).

Todavia, já à época da Súmula nº 545 do STF, o direito brasileiro se afastou desta concepção, compreendendo que a relação jurídica nas taxas é *ex lege*, e não contratual (nem mesmo de adesão). Isso porque os serviços típicos de taxas resultam de "atos de autoridade", ou seja, consistem no desempenho de atividade estatal, a princípio indelegável à execução de particulares (como ocorre nos serviços judiciários).

10.3. CONTRIBUIÇÕES PARA A SEGURIDADE SOCIAL

As contribuições especiais (ou parafiscais) são uma das cinco espécies tributárias, segundo a teoria quinquipartida, como vimos. E as contribuições especiais dividem-se em quatro subespécies: sociais, interventivas, corporativas e de iluminação pública. As contribuições sociais, por sua vez, subdivide-se em sociais gerais (por exemplo, salário-educação, contribuições para o sistema "S", tais como SEBRAE, SENAT, SENAI etc.) e contribuições sociais para a seguridade social. Dedicaremos nossa atenção aqui a este último subgrupo.

Estas contribuições destinam-se a financiar a seguridade social, que, por sua vez, é o "conjunto integrado de ações de iniciativa dos poderes públicos e da sociedade, destinadas a assegurar os direitos relativos à saúde, à previdência e à assistência social". (CF/1988, art. 194).

Compete em regra à União instituir contribuições sociais para a seguridade social, como instrumento de sua atuação nesta área. Contudo, nas contribuições para a previdência dos servidores públicos (CF/1988, art. 40), a competência será do ente da Federação ao qual o contribuinte servidor estiver vinculado (CF/1988, art. 149, *caput* e § 1º).

Em geral, as contribuições para a seguridade social observam os mesmos princípios e limitações tributárias, tais como a legalidade estrita, tipicidade e irretroatividade. Quanto à anterioridade, todavia, observam apenas a anterioridade nonagesimal (ou noventena), não se submetendo à anterioridade de exercício (CF/1988, art. 195, § 6º).

Em especial, quanto ao princípio da legalidade, as contribuições para a seguridade social, em regra, são instituídas por leis ordinárias (ou medidas provisórias), exceto na hipótese do exercício, pela União, de sua competência tributária residual, quando será necessário o uso da lei complementar (CF/1988, art. 195, § 4º; STF, RE nº 138284/CE, ADI 2010/DF). Não se aplica às contribuições para a seguridade social a disposição segundo a qual as normas gerais sobre fato gerador, base de cálculo e contribuintes devam ser definidas por lei complementar (STF, ADI 2010.MC/DF).

Outro princípio a que se submetem as contribuições para a seguridade social é o princípio da solidariedade, segundo o qual a seguridade social será financiada por toda a sociedade, independente de haver ou não relação direta com os segurados ou de haver contrapartida em benefícios (PAULSEN, 2009, p. 448).

Quanto às imunidades aplicáveis às contribuições para a seguridade social, temos que não incidirão sobre as receitas decorrentes de exportação (CF/1988, art. 149, § 2º) nem sobre as entidades beneficentes de assistência social que atendam às exigências estabelecidas em lei (CF/1988, art. 195, § 7º). Quanto à expressão "lei", o STF entende que, se a matéria dispuser sobre regulamento à imunidade (como limitação ao poder de tributar), deve ser lei complementar, e se dispuser sobre "as normas sobre a constituição e o funcionamento da entidade educacional ou assistencial imune", admite-se a forma de lei ordinária (STF, RE nº 428815-.AgRg/AM).

Sobre este assunto, as exigências em lei estavam concentradas na Lei nº 8.212/1991, art. 55, que foi revogada pela Lei nº 12.101/2009. Dentre estas exigências, constava a necessidade de obtenção e renovação do Certificado de Entidade Beneficente de Assistência Social (CEBAS), sobre o qual entendeu o STJ que sua obtenção não eximia a entidade do cumprimento dos requisitos legais supervenientes (Súmula nº 352).

Quanto à prescrição e decadência, submetem-se às normas atinentes aos tributos em geral (CTN, arts. 173-174 e STF, SV nº 8; STF, RE nº 560626).

Outro princípio muito importante é o da equivalência custeio x benefícios. Segundo este princípio, nenhum benefício ou serviço da seguridade social poderá ser criado, majorado ou estendido sem a correspondente fonte de custeio total (CF/1988, art. 195, § 5º). Trata-se de norma de Direito Financeiro que encontra diversas manifestações no ordenamento e que procura proteger o equilíbrio financeiro do orçamento de seguridade social, considerando que este orçamento possui receitas e despesas próprias e apartadas da atividade financeira do Estado em geral.

Paralelo a este preceito, e ciente de que a necessidade de ampliação dos gastos com seguridade é uma possibilidade sempre presente, o constituinte previu o instituto da competência residual da união para as contribuições de seguridade social.

Esta competência, em resumo, estabelece que a União poderá instituir outras fontes destinadas a garantir a manutenção ou expansão da seguridade social, desde que:

a) faça-o por lei complementar;
b) observe-se o princípio da não cumulatividade;
c) os fatos geradores e bases de cálculo sejam distintos em relação às contribuições já existentes na CF/1988, art. 195, I a IV (CF/1988, art. 195, § 4º; PAULSEN, 2009, p. 559).

Portanto, não resta vedado o *bis in idem* (ou bitributação) com os impostos (STF, RE nº 228.321/RS), em que pese que o § 4º do artigo 195 faça remissão ao artigo 154, I da CF/1988.

Em relação ao princípio da anterioridade, as contribuições para a seguridade social observam apenas a anterioridade nonagesimal (ou mitigada), não sendo obrigadas a observar a anterioridade de exercício, inclusive no caso das contribuições dos servidores. (CF/1988, art. 195, § 6º; CARRAZA, 2007, p. 183).

E, por último, o princípio da não cumulatividade, que já examinamos junto ao imposto sobre produtos industrializados. Este princípio restringe sua aplicação nas contribuições de seguridade social às seguintes hipóteses:

a) contribuições das empresas e importadores, nas hipóteses definidas em lei (CF/1988, art. 195, § 12);
b) contribuições por substituição, que são aquelas que substituem a incidência sobre a folha de salários e, em seu lugar, preveem incidências sobre faturamento ou receita (CF/1988, art. 195, § 13);
c) contribuições residuais da União (CF/1988, art. 195, § 4º).

Por outro lado, não se aplica aos casos definidos em lei em que a contribuição incide uma única vez (monofásica) (STF, RE nº 258774-5/PR).

10.4. CONTRIBUIÇÕES PARA A SEGURIDADE: ESPÉCIES

Há cinco espécies de contribuições para a seguridade social na atualidade:

a) das empresas;
b) dos segurados;
c) concursos de prognósticos;
d) importadores;
e) servidores públicos.

A contribuição das empresas, na verdade, atinge todos os empregadores, empresas ou entidades equiparadas conforme a lei (como pessoas jurídicas de direito privado, massas falidas, sociedades não personificadas etc). Esta contribuição, na verdade, divide-se em três hipóteses de incidência: a) folha de salários; b) faturamento e c) lucro.

As contribuições para a seguridade social das empresas poderão ter alíquotas ou bases de cálculo diferenciadas, em razão da atividade econômica, da utilização intensiva de mão de obra, do porte da empresa ou da condição estrutural do mercado de trabalho (CF/1988, art. 195, § 9º).

A contribuição sobre folha de salários incide sobre o montante de salários e demais rendimentos do trabalho pagos ou creditados, a qualquer título, em favor de pessoas naturais que prestem serviços ao contribuinte, ainda que sem vínculo empregatício (CF/1988, art. 195,

I, "a"). Esta contribuição foi instituída pela Lei nº 8.212/1991, art. 22, e é uma das fontes de financiamento do Regime Geral de Previdência Social (RGPS). Quando os salários ou remunerações forem pagos em virtude de sentença da Justiça do Trabalho, compete a ela a sua execução de ofício (CF/1988, art. 114, VIII).

A contribuição das empresas pode também incidir sobre a receita ou o faturamento e sobre o lucro (CF/1988, art. 195, I, "b" e "c"). Atualmente temos a COFINS, o PIS/PASEP e a CSSL, sobre as quais trataremos a seguir.

A contribuição dos trabalhadores e dos demais segurados da previdência social atinge as pessoas naturais que se enquadrarem, por lei, na qualidade de segurados do Regime Geral de Previdência Social de que trata a CF/1988, art. 201 (CF/1988, art. 195, II).

Esta contribuição incide, em regra, sobre toda pessoa natural que exercer alguma atividade remunerada, exceto os servidores públicos vinculados aos regimes jurídicos estatutários. Em geral, sobre todos os empregados, autônomos, trabalhadores avulsos e também o produtor, o parceiro, o meeiro e o arrendatário rurais, e o pescador artesanal em qualquer ramo ou atividade (rural ou urbana). Também aqui se inclui a pessoa natural dos sócios (inclusive diretores, gerentes e representantes) de pessoas jurídicas, cuja contribuição não se confunde com a da empresa, posto que a pessoa do sócio e da sociedade são distintas.

Quanto ao produtor, o parceiro, o meeiro e o arrendatário rurais e o pescador artesanal (e seus respectivos cônjuges, se houver), contribuirão sobre o resultado da comercialização da produção. Para tanto, devem exercer suas atividades como pessoas naturais e em regime de economia familiar, sem empregados permanentes. Esta contribuição objetiva assegurar a estes trabalhadores o acesso ao sistema de benefícios do RGPS, conforme previsto em lei, assim como os demais segurados (CF/1988, art. 195, § 8º).

A contribuição dos segurados está sujeita a norma de imunidade (pois é limitação inserta na Constituição) segundo a qual não poderá haver incidência de contribuições sobre aposentadorias e pensões concedidas pelo RGPS. (CF/1988, art. 195, II, *in fine*). Já a remuneração do aposentado ou pensionista que retorna ao trabalho sofre incidência e não é alcançada por esta imunidade.

Em face do princípio da equivalência custeio x benefícios, a jurisprudência tem entendido que esta contribuição pode incidir sobre parcelas que o contribuinte receberá na inatividade. Com base neste entendimento, por exemplo, entende-se legítima a incidência da contribuição previdenciária sobre o 13º salário (STF, Súmula nº 688), porque o aposentado e pensionista tem direito a receber benefício similar. Já quanto ao aviso prévio indenizado, tem-se entendido que não pode haver incidência da contribuição (pois não é paga aos segurados inativos e pensionistas) (STJ, REsp nº 973436/SC).

As contribuições sobre concursos de prognósticos incidem sobre todos e quaisquer concursos de sorteios de números, loterias, apostas, inclusive as realizadas em reuniões hípicas, nos âmbitos federal, estadual, do Distrito Federal e municipal (Lei nº 8.212/1991, art. 26, §§ 1º e 2º). São exemplos: Timemania (Decreto nº 6.187/2007); Loteria Federal (Decreto-Lei nº 204/1967); Loteria Esportiva Federal (Decreto-Lei nº 594/1969); Loto (Lei nº 6.717/1979) e Mega-sena (Lei nº 6.717/1979).

As contribuições poderão também incidir sobre o importador de bens ou serviços do exterior, ou de quem a lei a ele equiparar (CF/1988, art. 195, IV e §§ 12 e 13).

Aliás, as contribuições sociais (não somente as de seguridade) podem incidir sobre a importação de produtos estrangeiros ou serviços (CF/1988, art. 149, § 2º, EC nº 42/2003), mas não podem incidir sobre receitas decorrentes de exportação.

O PIS/COFINS sobre importação, instituído pela Lei nº 10.865/2004, corresponde a esta hipótese. A pessoa natural destinatária das operações de importação foi equiparada a pessoa jurídica, por esta lei, como previra a CF/1988, art. 149, § 3º.

10.5. CONTRIBUIÇÃO PARA A PREVIDÊNCIA DOS SERVIDORES PÚBLICOS

Por fim, temos as contribuições para a previdência dos servidores públicos, vale dizer, os servidores sujeitos a regimes estatutários da União, Estados, Municípios e Distrito Federal. Estes servidores não estão vinculados e submissos às normas do RGPS (CF/1988, art. 201), possuindo regime próprio, disciplinado no artigo 40 da CF/1988, que alguns chamam de regimes peculiares (MEIRELES, 2007, p. 449).

A efeito, não há um regime único, como no RGPS, mas sim um regime próprio para cada ente da Federação, instituído e disciplinado por lei local e que terá as seguintes características:

a) há um regime para cada pessoa política (União, Estados, Distrito Federal e Municípios), cada qual englobando as respectivas autarquias e fundações públicas;
b) terão caráter contributivo e solidário;
c) contarão com contribuições dos servidores e dos entes, inclusive servidores inativos e pensionistas;
d) seguem o princípio do equilíbrio financeiro e atuarial.

Referimo-nos aqui às contribuições dos servidores ativos, inativos e pensionistas. Estas contribuições são tributos da espécie contribuições especiais, subespécies sociais para a seguridade social, mas *sui generis*, pois o destino de sua arrecadação não acorre ao RGPS, mas sim ao regime de previdência dos servidores. Importante registrar, ademais, que com o advento da Emenda nº 41/2003, deixaram de acorrer ao custeio de regimes de assistência social, os quais devem, a partir de então, submeter-se a custeio próprio.

Seguem o princípio da legalidade, pois sua instituição requer lei ordinária (ou, onde possível, a medida provisória) a cargo do ente da Federação que mantiver o respectivo regime peculiar. Por isso, ao contrário das demais contribuições, são possíveis aqui leis federais, estaduais, municipais ou distritais. Na União, contemporâneo a esta edição, a contribuição é instituída pela Lei nº 10.887/2004.

As normas que regem os regimes peculiares, inclusive suas contribuições, serão definidas pelo legislador dos entes competentes, mas a alíquota, adotada por todos os entes da Federação, não será inferior à da contribuição dos servidores titulares de cargos efetivos da União (CF/1988, art. 149, § 1º).

Os inativos, que são os servidores já aposentados, e os pensionistas também estão sujeitos à contribuição, com a mesma alíquota dos ativos, mas com direito a deduzir da base de cálculo o valor que corresponder ao limite máximo de benefícios do RGPS. Este limite foi fixado na Emenda nº 41/2003 em R$ 2.400,00, e é periodicamente atualizado.

10.6. CONTRIBUIÇÃO SOCIAL SOBRE O LUCRO

A contribuição social sobre o lucro (CSSL) foi instituída com base na Lei nº 7.689/1988 e com fundamento na CF/1988, art. 195, I, "c".

As principais normas aplicáveis à CSSL são a CF/1988, art. 195, I, "c"; as Leis nº 7.689/1988, nº 8.003/1990; nº 8.034/1990; nº 8.541/1992; nº 8.981/1995; nº 9.065/1995; nº 9.249/1995; nº 9.316/1996; nº 9.430/1996; nº 9.532/1997; nº 9.718/1998; nº 9.779/1999; nº 10.426/2002; nº 10.637/2002; nº 10.684/2003; nº 10.833/2003; MP nº 2.158-35/2001; nº 2.159-70/2001; IN SRF nº 390/2004 (que consolida parcialmente a legislação); decretos e normas complementares diversas.

Além disso, a legislação do imposto de renda é aplicável subsidiariamente à CSSL. Ou seja, na ausência de disposição expressa na legislação da CSSL, aplicam-se as mesmas normas de apuração e de pagamento estabelecidas para o imposto sobre a renda das pessoas jurídicas (IRPJ) e, no que couberem, as referentes à administração, ao lançamento, à consulta, à cobrança, às penalidades, às garantias e ao processo administrativo, mantidas a base de cálculo e as alíquotas previstas para a contribuição.

São contribuintes da CSSL todas as pessoas jurídicas domiciliadas no país e as que lhes são equiparadas pela legislação do IRPJ. São equiparados a pessoas jurídicas, por exemplo:

a) Entidades em liquidação extrajudicial ou falência;
b) Sociedades cooperativas;
c) Sociedades cooperativas de consumo;
d) Sociedades em conta de participação;
e) Fundos de Investimento Imobiliário;
f) Consórcios de empresas.

A hipótese de incidência é o lucro, que configura o acréscimo patrimonial auferido pelos contribuintes (PAULSEN, 2009, p. 526).

São imunes as entidades beneficentes de assistência social que atendam os requisitos de lei (CF/1988, art. 195, § 7º). Não são imunes, todavia, as receitas decorrentes de exportação (STF, RE nº 564413/SC).

Quanto às isenções, são instituídas nas diversas leis ordinárias que tratam da contribuição e costumam ser agrupadas em gerais e específicas.

A isenção geral aplica-se às instituições de caráter filantrópico, recreativo, cultural e científico e as associações civis que prestem os serviços para os quais houverem sido instituídas e os coloquem à disposição do grupo de pessoas a que se destinam, sem fins lucrativos.

As isenções específicas são:

1) A entidade binacional Itaipu;
2) Entidades fechadas de previdência complementar, relativamente aos fatos geradores ocorridos a partir de 1º de janeiro de 2002;
3) Sociedades cooperativas, salvo as de consumo, a partir de 1º de janeiro de 2005.

A base de cálculo da CSSL, determinada segundo a legislação vigente na data de ocorrência do respectivo fato gerador, é o resultado ajustado, presumido ou o arbitrado, correspondente ao período de apuração. Os períodos de apuração podem ser: anual (até 31/12); trimestral (31/03, 30/06, 30/09 e 31/12); data do evento (fusão, cisão, incorporação, extinção). As alíquotas são definidas em lei ordinária e já mudaram frequentemente (atualmente 9% em regra, e 15% para instituições financeiras).

Uma (dentre muitas) questões discutidas na doutrina e na jurisprudência diz respeito à comunicabilidade de exercícios. Quando um contribuinte apresenta lucro, deve recolher a contribuição, como sabemos. Mas se apresentar prejuízo? Havendo prejuízo, não há fato gerador e, portanto, não há contribuição a pagar. Mas a questão central aqui é se o prejuízo de um período pode ser deduzido nos períodos seguintes.

A Lei nº 7.689/1988, que instituiu a contribuição, não previu qualquer possibilidade de compensação de prejuízos. A Lei nº 8.383/1991, ao contrário, admitiu a dedução e, posteriormente, foi instituído limite máximo de 30% (trinta por cento) sobre o lucro líquido ajustado.

Após intenso debate sobre o assunto, predominou o entendimento de que:

1) não há direito constitucional à comunicabilidade de exercícios;
2) a comunicabilidade prevista em lei é benefício fiscal e, portanto, redutível ou revogável; e
3) a limitação da dedução de prejuízos em 30% é constitucional (STF, RE nº 247633/RS; RE nº 229412-9.AgRg).

A instância administrativa federal, por sua vez, tem o entendimento consolidado no sentido de que a inobservância do limite legal de 30% (trinta por cento) para compensação de prejuízos fiscais ou bases negativas da CSSL, quando comprovado por sujeito passivo que o tributo que deixou de ser pago em razão dessas compensações o foi em período posterior, caracteriza postergação do pagamento do IRPJ ou da CSSL, o que implica excluir da exigência a parcela paga posteriormente (Súmula Vinculante CARF nº 36 e Portaria MF nº 383/2010).

10.7. O REGIME DA COFINS

A Contribuição para Financiamento da Seguridade Social (COFINS) constitui uma das contribuições das empresas, empregadores e equiparados, incidente sobre o faturamento ou receita e também sobre os importadores (CF/1988, art. 195, I, "b" e IV).

Há pelo menos quatro regimes tributários na COFINS:

a) o regime cumulativo (ou clássico);
b) o regime não cumulativo;
c) o regime das importações;
d) os regimes especiais.

O regime cumulativo, também conhecido como clássico, foi o primeiro regime da COFINS, instituído com a Lei Complementar nº 70/1991. Foi a principal forma de incidência até 2003, quando surgiu a COFINS não cumulativa. Seus contribuintes são as pessoas jurídicas de direito privado e seus equiparados pela legislação do imposto de renda para pessoa jurídica (IRPJ). O fato gerador é auferir faturamento ou receita (que a legislação chama de receita bruta), e a base de cálculo é o montante dessa receita bruta. A alíquota é de 3%. Chama-se regime cumulativo porque esta forma de incidência não permite que os contribuintes deduzam o tributo recolhido nas fases anteriores, fazendo com que a COFINS nova incida sobre a COFINS já paga.

O regime não cumulativo surgiu com a Lei nº 10.833/2003 e se tornou o regime principal, ou seja, submetem-se a ele as pessoas jurídicas em geral, exceto aquelas sujeitas aos demais regimes. Todavia, não extinguiu os demais, convivendo com eles na atualidade. Os contribuintes são as pessoas jurídicas de direito privado e seus equiparados (IRPJ), exceto aquelas sujeitas a outros regimes, por determinação expressa da lei (por exemplo, Lei nº 10.833/2003, art.10). O fato gerador é auferir faturamento e a base de cálculo é o montante da receita bruta. A alíquota é de 7,6%.

A peculiaridade neste sistema é a possibilidade de dedução de créditos não cumulativos. Após apurar sua receita bruta em dado período de apuração, extrai-se dela 7,6% (alíquota) e, deste resultado, são subtraídos créditos. Os créditos são calculados, em regra, sobre custos e gastos dos contribuintes com (por exemplo) energia elétrica, bens adquiridos para revenda, bens e serviços usados na produção, aluguéis (prédios, máquinas, equipamentos etc.), sobre cujo valor é extraída a mesma alíquota (7,6%). O tributo a pagar será, portanto, o resultado da receita bruta menos os créditos a deduzir. O crédito não aproveitado em determinado mês poderá sê-lo nos meses subsequentes.

Entende-se por faturamento mensal o total das receitas auferidas pela pessoa jurídica, independentemente de sua denominação ou classificação contábil. O total das receitas compreende a receita bruta da venda de bens e serviços nas operações em conta própria ou alheia, e todas as demais receitas auferidas pela pessoa jurídica. (Lei nº 10.833/2003).

O conceito de receita bruta, inicialmente, restringia-se ao produto das vendas de mercadorias, de mercadorias e serviços e de serviço de qualquer natureza (LC nº 70/1991). Depois foi ampliado, para abranger a totalidade das receitas auferidas pela pessoa jurídica, sendo irrelevantes o tipo de atividade por ela exercida e a classificação contábil adotada para as receitas (Lei nº 9.718/1998, art. 3º, § 1º, revogado pela Lei nº 11.941, de 2009). Por último, sobreveio o conceito estabelecido pela Lei nº 10.833/2003, acima exposto.

O entendimento dominante no STF inclina-se a entender que a receita bruta abrange toda a receita auferida com a venda de produtos, mercadorias e serviços e das demais atividades que integrarem o objeto social da empresa, mas não inclui receitas auferidas de atividades estranhas a este objeto social (STF, RE nº 390840, RE nº 371258, RE nº 527602 e RE nº 585235).

Os regimes especiais são também denominados regimes concentrados. Surgiram a partir de 2003, com uma série de leis e medidas provisórias que, a partir dos sistemas preexistentes (cumulativo e não cumulativo) estabeleceram tratamentos especiais para certas operações, produtos ou ramos de negócios como, por exemplo, instituições financeiras, veículos, combustíveis, remédios, pneus, embalagens, nafta petroquímica etc. São dezenas de regimes, cuja descrição minuciosa refoge à natureza do presente trabalho.

O fundamento constitucional para esta espécie se encontra no artigo 195, que admite alíquotas ou bases de cálculo diferenciadas, em razão da atividade econômica, da utilização intensiva de mão de obra, do porte da empresa ou da condição estrutural do mercado de trabalho (CF/1988, art. 195, § 9º com redação dada pela EC nº 47/2005).

Quanto às bases de cálculo, há cinco espécies, conforme o regime e a definição legal: faturamento, receita bruta, valor da operação (importações de serviços), valor aduaneiro (importações de produtos) e unidades de medida legalmente previstas (metro cúbico, tonelada, por exemplo)

Quanto às alíquotas, ocorrem cinco tipos: majoradas, reduzidas, zero, concentradas (*ad valorem*) e específicas. As alíquotas majoradas e as reduzidas são alíquotas *ad valorem*, em percentuais respectivamente superiores ou inferiores às alíquotas de 3% (em sistema cumulativo) e 7,6% (em sistema não cumulativo), como por exemplo as alíquotas do álcool carburante (6,74%), instituições financeiras (4%) e nafta petroquímica (4,6%).

As alíquotas zero, como o próprio nome enuncia, são alíquotas fixadas em zero ponto percentual, mas diferem das alíquotas zero tradicionais, pois sua fixação depende de lei ou medida provisória. Exemplos: produtos hortículas e frutas, papel para impressão de periódicos e jornais, aeronaves e peças.

Nas alíquotas concentradas, a contribuição é exigida uma única vez ao longo de uma cadeia produtiva. Um exemplo ocorre com o querosene de aviação, sujeito a incidência somente junto ao produtor ou importador. A contribuição, neste caso, é exigida apenas de quem se enquadrar nesta condição, sendo zero para os demais participantes da cadeia produtiva ou circulatória. Estas modalidades encontram fundamento na CF/1988, art. 149, § 4º.

E, por fim, há o regime das importações, instituído pela Lei nº 10.865/2004. Esta modalidade (conhecida como PIS/COFINS Importação) tem fundamento constitucional nos artigos 149, § 2º e 195, IV. Possui dois fatos geradores: quando a importação for de bens estrangeiros, será a entrada deles no território nacional; quando for serviços, o pagamento, o crédito, a entrega, o emprego ou a remessa de valores a residentes ou domiciliados no exterior como contraprestação por serviço prestado.

Esta forma de incidência segue a sistemática do regime não cumulativo e tem como contribuintes o importador (pessoa física ou jurídica), quanto à importação de bens, ou o contratante de serviço no exterior ou o beneficiário deste serviço. A base de cálculo será, quando for importação de bens, o valor aduaneiro, e quando for importação de serviços, o valor da operação. A alíquota é de 7,6% sobre as bases de cálculo, e também há a possibilidade de dedução de créditos não cumulativos.

Nos tribunais, há diversas questões versando sobre a COFINS. Selecionamos aqui cinco questões já pacificadas nas cortes superiores.

A primeira diz respeito à incidência da COFINS sobre as operações relativas à energia elétrica, serviços de telecomunicações, derivados de petróleo, combustíveis e minerais do país. A respeito destas operações, a Constituição permite a incidência dos impostos de importação, exportação e ICMS, mas consolidou-se o entendimento acerca da legitimidade de incidência, além destes impostos, da COFINS, PIS e FINSOCIAL (STF, Súmula nº 659, CF/1988, art. 155, § 3º).

A segunda versa sobre a majoração da alíquota da COFINS cumulativa, operada pela Lei nº 9.718/1998, art. 8º. Este artigo majorou a alíquota de 2% para 3% e sua constitucionalidade foi confirmada pelo STF, em decisão com repercussão geral (STF, RE nº 527602). A Suprema Corte reconheceu que a definição de alíquotas da COFINS é matéria da competência das leis ordinárias, sendo desnecessário o uso de leis complementares neste assunto.

A terceira questão diz respeito à isenção às sociedades civis de profissão regulamentada. Estes contribuintes ficaram isentos pela LC nº 70/1991, art. 6º, II, mas esta isenção foi revogada posteriormente pela Lei nº 9.430/1996, art. 56. Inicialmente, o STJ firmou entendimento acerca da inconstitucionalidade da revogação e entendeu vigente a isenção (STJ, Súmula nº 276). Contudo, o STF modificou este entendimento, para considerar legítima a revogação da isenção e válida a Lei nº 9.430/1996 (STF, RE nº 377457/PR), e a Súmula nº 276 do STJ foi cancelada (STJ, AR nº 3.761-PR).

A quarta diz respeito às operações de locação de bens móveis. O STJ consolidou entendimento acerca da legitimidade da incidência da COFINS sobre estas operações (STJ, Súmula nº 423).

Por fim, o STJ firmou posição no sentido de que são dedutíveis da base de cálculo do PIS/COFINS as vendas canceladas, não se equiparando a elas, contudo, as vendas inadimplidas (não pagas) (STJ, REsp nº 1029434/CE).

10.8. CONTRIBUIÇÃO PROVISÓRIA SOBRE MOVIMENTAÇÃO FINANCEIRA (CPMF)

Através da Lei Complementar nº 77/1993, e com fundamento na Emenda Constitucional nº 3/1993, foi instituído o imposto provisório sobre movimentação financeira (IPMF), exigível até 31.12.1994. Contudo, este tributo foi considerado parcialmente inconstitucional pelo STF (ADI nº 939/DF) e, esgotado o prazo da competência temporária, não houve sua prorrogação, provocando a extinção do tributo.

Instituiu-se, tempos depois (1996), a contribuição provisória sobre movimentação financeira (CPMF), que foi instituída pela Lei nº 9.311/1996, com amparo na Emenda nº 12/1996 (CF/1988, ADCT, arts. 74 e 75). Esta contribuição, criada para existir por dois anos, teve sua competência sucessivamente prorrogada por várias emendas constitucionais, até sua extinção em 31.12.2007 (Emendas nº 21/1999; nº 31/2000; nº 37/2002 e nº 42/2003, CF/1988, ADCT, arts. 75, 79, 84, 85 e 90).

Seu fato gerador foi a movimentação ou transmissão de valores e de créditos e direitos de natureza financeira, entendidos como qualquer operação liquidada ou lançamento realizado pelas instituições financeiras que representem circulação escritural ou física de moeda, e de que resulte ou não transferência de titularidade dos mesmos valores, créditos e direitos. (Lei nº 9.311/1996, art. 1º, parágrafo único).

Em sua última fase, a CPMF foi prorrogada até 31 de dezembro de 2007 e, com ela, a Lei nº 9.311/1996, com alíquota de 0,38% (trinta e oito centésimos por cento) sobre o montante da movimentação financeira. Sob a Emenda nº 12/1996, a alíquota era de 0,25% e a CPMF vigoraria por 2 anos, sendo o produto da arrecadação destinado ao Fundo Nacional de Saúde (FNS). Com a Emenda nº 21/1999, a CPMF foi prorrogada por mais 36 meses e a alíquota foi ampliada para 0,38% nos primeiros 12 meses, caindo para 0,30% nos meses seguintes; o destino da arrecadação era o Fundo Nacional de Saúde (0,25%) e a Previdência Social (o restante).

A Emenda nº 31/2000 alterou novamente o regime, prorrogando a competência até 2010 e mantendo a alíquota em 0,38%. O produto da arrecadação seria distribuído ao Fundo Nacional de Saúde (0,25%), à Previdência Social (0,05%) e ao Fundo de Combate e Erradicação da Pobreza (0,08%).

A Emenda nº 37/2002 propôs a redução gradual da CPMF até sua extinção em 31.12.2004. A alíquota seria mantida em 0,38% em 2002 e 2003 e reduzida para 0,08% em 2004. O produto da arrecadação seria repartido para o Fundo Nacional de Saúde (0,20%) Previdência Social (0,10%) e Fundo de Combate e Erradicação da Pobreza (0,08%).

Por fim, a Emenda nº 42/2003 alterou o cronograma original e prorrogou a CPMF até 31.12.2007. A alíquota foi mantida em 0,38%, sendo destinada ao Fundo Nacional de Saúde (0,20%), Previdência Social (0,10%) e Fundo de Combate e Erradicação da Pobreza (0,08%).

A CPMF pode ser categorizada entre as contribuições para a seguridade social, em virtude da destinação do produto de sua arrecadação. Trata-se, por óbvio, de contribuição de seguridade *sui generis*, contudo, pois seguia algumas características próprias.

Quanto ao princípio da anterioridade, a CPMF observava apenas a nonagesimal, não sendo obrigada a seguir a anterioridade de exercício (CF/1988, ADCT, art. 74, § 4º). Mesmo a anterioridade nonagesimal, por sua vez, não era aplicável nas diversas prorrogações trazidas por emendas à Constituição que significassem a simples continuidade da contribuição, sem maior ônus ao contribuinte (STF, ADI nº 2666/DF).

A Constituição imuniza, quanto à CPMF, as seguintes situações (CF/ 1988, ADCT, art. 85):

1. Contas correntes de depósito especialmente abertas e exclusivamente utilizadas para operações de:
   a) Câmaras e prestadoras de serviços de compensação e de liquidação (Lei nº 10.214/2001, art. 2º);
   b) companhias securitizadoras (Lei nº 9.514/1997);
   c) sociedades anônimas que tenham por objeto exclusivo a aquisição de créditos oriundos de operações praticadas no mercado financeiro;
2. Contas correntes de depósitos relativos a:
   a) operações de compra e venda de ações, realizadas em recintos ou sistemas de negociação de bolsas de valores e no mercado de balcão organizado;
   b) contratos referenciados em ações ou índices de ações, em suas diversas modalidades, negociados em bolsas de valores, de mercadorias e de futuros;
3. Contas de investidores estrangeiros relativas a entradas no país e a remessas para o exterior de recursos financeiros empregados, exclusivamente, em operações e contratos referidos no item anterior.

As experiências com o IPMF e, depois, com a CPMF, foram decisivas para a flexibilização do sigilo de dados bancários no Brasil e seu uso pela administração tributária, atualmente disciplinada pela LC nº 105/2001.

10.9. A CIDE E O SEU REGIME

As contribuições de intervenção no domínio econômico (também conhecidas como CIDEs ou contribuições interventivas) são tributos da espécie contribuições especiais, instituídos com o propósito de financiar a intervenção da União na economia. Isso significa que os recursos são usados pela União para financiar, fomentar e organizar setores econômicos privados reputados importantes para o interesse nacional, social ou público. Estas contribuições pertencem à competência exclusiva da União e são instituídas por leis ordinárias ou medidas provisórias.

Estas contribuições não incidem sobre receitas decorrentes de exportações, mas podem incidir sobre importações de produtos estrangeiros e serviços. Poderão ter alíquotas *ad valorem* ou específicas. Se as alíquotas forem *ad valorem*, as bases de cálculo deverão ser, alternativamente, a receita bruta, o faturamento, o valor da operação ou o valor aduaneiro (nos dois últimos casos, nas importações). Se as alíquotas forem específicas, a base de cálculo deve ser unidade de medida definida na lei de instituição.

Estas contribuições se submetem, em regra, à anterioridade de exercício e também à noventena. Configura exceção o restabelecimento da alíquota da CIDE-Combustíveis, situação esta obrigada apenas perante a anterioridade nonagesimal (ou noventena).

Há diversas formas de contribuições interventivas instituídas atualmente, e algumas já extintas. Os casos mais lembrados são o do adicional de tarifa portuária (ATP), o adicional ao frete para renovação da marinha mercante (AFRMM), a CIDE-Combustíveis, a CIDE-Remessa e a CIDE-Pesquisa.

O adicional de tarifa portuária foi instituído pela Lei nº 7.700/1988 e extinto pela Lei 9.309/1996. Seus recursos foram destinados ao reaparelhamento, reforma e expansão das instalações portuárias. O STF o reconheceu como contribuição interventiva (STF, RE nº 209365/SP) e o STJ definiu que deveria incidir apenas nas operações realizadas com mercadorias importadas ou exportadas, objeto do comércio de navegação de longo curso (STJ, Súmula nº 50).

O adicional ao frete para renovação da marinha mercante (AFRMM) foi originalmente instituído na década de 1940 e, após ser extinto na década de 1990, voltou a ser instituído através da Lei nº 10.893/2004. A arrecadação destina-se a investimentos em navios e estaleiros brasileiros, buscando a nacionalização deste setor. O STF o reconheceu como contribuição interventiva (STF, RE nº 165939/RS).

A CIDE-Pesquisa e a CIDE-Remessa foram instituídas pela Lei nº 10.168/2000, com o objetivo de estimular a integração universidade-empresas e para apoio à inovação, através de pesquisas acadêmicas e científicas. São ambas contribuições interventivas.

Há também o CONDECINE, que é a contribuição para o desenvolvimento da indústria cinematográfica nacional (MP nº 2228-1/2001).

Por fim, temos a mais importante e lembrada das CIDEs, que é a CIDE-Combustíveis. Esta contribuição ganha relevo pois é a única que possui disciplina própria na Constituição. A CIDE-Combustíveis, como é conhecida, surgiu como uma das medidas relacionadas ao processo de flexibilização do mercado dos combustíveis no Brasil, que ocorreu ao longo da década de 1990.

Seu fundamento constitucional está na CF/1988, art. 177, § 4º e foi instituída pela Lei nº 10.336/2001. Com base nestas duas normas, é possível descrever os aspectos principais de sua hipótese de incidência.

Quanto ao fato gerador, são operações de importação e de comercialização no mercado interno de:

I – gasolinas e suas correntes;

II – diesel e suas correntes;

III – querosene de aviação e outros querosenes;

IV – óleos combustíveis (*fuel-oil*);

V – gás liquefeito de petróleo, inclusive o derivado de gás natural e de nafta; e

VI – álcool etílico combustível.

Os contribuintes podem ser o produtor, o formulador e o importador, pessoa física ou jurídica, dos combustíveis líquidos que sofrem sua incidência.

Quanto à base de cálculo, embora a Constituição autorize outras hipóteses (como vimos acima), a lei instituidora previu apenas unidades de medida, sobretudo o metro cúbico e a tonelada. Isso se dá porque as alíquotas desta CIDE são específicas (por exemplo, R$ 860,00 x m^3 de gasolina).

Os recursos arrecadados serão destinados: a) ao pagamento de subsídios a preços ou transporte de álcool combustível, gás natural e seus derivados e derivados de petróleo; b) ao financiamento de projetos ambientais relacionados com a indústria do petróleo e do gás; e c) ao financiamento de programas de infraestrutura de transportes.

O produto da arrecadação deve ser repartido com Estados, e estes com os Municípios. A União repassa 29% aos Estados do montante total da arrecadação, para que sejam aplicados em projetos de infraestrutura de transportes. Os Estados repassarão, do que receberem, 25% para aplicação nos mesmos fins.

As alíquotas desta contribuição são específicas, por opção da lei de instituição, e são diferenciadas por produto ou uso. Além disso, podem ser reduzidas ou restabelecidas por ato do Poder Executivo (como ocorreu, por exemplo, com o Decreto nº 5.060/2004) e, quando restabelecidas, observam apenas a anterioridade nonagesimal (e não a anterioridade de exercício) (CF/1988, art. 177, § 4º, I, "a" e "b"). Pode-se dizer, então, que esta situação configura exceção aos princípios da legalidade e da anterioridade de exercício (PAULSEN, 2009, p. 431).

10.10. EMPRÉSTIMO COMPULSÓRIO. AS LIMITAÇÕES CONSTITUCIONAIS DO EMPRÉSTIMO COMPULSÓRIO NA CONSTITUIÇÃO FEDERAL DE 1988

O empréstimo compulsório, em Direito Financeiro, está inserido no tema crédito público como uma das duas principais formas de o Estado obter recursos provisórios e restituíveis junto aos particulares. Diferente do crédito público tradicional, que se configura em empréstimos segundo as regras privadas, os empréstimos compulsórios possuem natureza tributária, pelo menos desde a Emenda nº 18/1965 (PAULSEN, 2009, p. 99). O enquadramento dos empréstimos compulsórios dentre as espécies tributárias, todavia, foi um tema bastante polêmico.

O STF a princípio negou sua natureza de tributo através da Súmula nº 418. Atualmente, contudo, é pacífico que o empréstimo compulsório tem natureza jurídica tributária (STF, RE nº 146733-9/SP).

A Constituição de 1988 manteve, com alterações, o regime jurídico dos empréstimos compulsórios. Segundo a Carta Magna, a União, mediante lei complementar, poderá instituir empréstimos compulsórios nas seguintes hipóteses:

a) para atender a despesas extraordinárias, decorrentes de calamidade pública, de guerra externa ou de sua iminência; e
b) no caso de investimento público de caráter urgente e de relevante interesse nacional (CF/1988, art. 148, I e II).

O CTN, em seu artigo 15, prevê outra hipótese, que consiste na absorção temporária do poder aquisitivo da moeda. Esta medida serve como instrumento de combate à inflação elevada e distúrbios econômicos e financeiros. Todavia, é consenso que esta hipótese não foi recepcionada pela CF/1988, razão pela qual deixou de existir no atual regime jurídico constitucional dos empréstimos compulsórios (PAULSEN, 2009).

Estas hipóteses não são os fatos geradores, e sim as situações de fato que autorizam o legislador a instituir os empréstimos compulsórios. Os fatos geradores serão as situações econômico-jurídicas eleitas pela lei complementar que o instituir (por exemplo, patrimônio, renda, serviços, contratos etc.). Segundo alguns autores, os fatos geradores devem ser os mesmos dos impostos, ou seja, uma situação independente de qualquer atividade estatal específica relativa ao contribuinte (PAULSEN, 2009). Mas a CF/1988, em verdade, nada dispôs ou limitou a respeito. Quanto à possibilidade de bitributação ou *bis in idem* com os tributos já existentes, muitos autores sustentam que os empréstimos compulsórios não podem incidir sobre hipóteses da competência dos Estados, Distrito Federal e Municípios, exceto no empréstimo compulsório por motivo de guerra externa (COÊLHO, 2007, p. 94).

O empréstimo compulsório é sujeito às limitações constitucionais ao poder de tributar em geral, mas possui algumas normas específicas.

Em primeiro lugar, os empréstimos compulsórios (quanto ao destino da arrecadação) podem ser classificados como tributos vinculados (ou afetados), uma vez que a aplicação dos recursos provenientes de empréstimo compulsório será vinculada à despesa que fundamentou sua instituição (CF/1988, art. 148, parágrafo único). Isso significa que a aplicação dos recursos arrecadados com os empréstimos compulsórios em despesas alheias às causas de sua criação (guerra externa, calamidade pública ou investimento nacional) conduz a sua inconstitucionalidade.

Quanto ao princípio da anterioridade, os empréstimos compulsórios motivados pela guerra externa ou calamidade pública não se obrigam a observância de nenhuma das formas (nem exercício e nem noventena). A razão é a urgência em obter os recursos para fazer frente a situações de grave perturbação e grande ameaça à estabilidade pública. Por isso, uma vez vigente a respectiva lei complementar, já é possível exigir o tributo imediatamente.

Já os empréstimos compulsórios por motivo de investimento público urgente e de relevante interesse nacional observam ambas as anterioridades (exercício e noventena). (PAULSEN, 2009; MACHADO, 1998, p. 33). Diferente das hipóteses de guerra e calamidade, no investimento nacional tem-se uma melhoria, um acréscimo ao patrimônio ou à infraestrutura (por exemplo, uma ferrovia, uma grande usina hidrelétrica etc.), mas cuja falta não ameaça imediatamente a vida e a propriedade dos cidadãos. Por isso, nos dois primeiros casos não faz sentido conceder-se prazos para o início da eficácia, pois a solução das dificuldades sociais e econômicas dos cidadãos é mais urgente do que não surpreendê-los com novos tributos.

Trata-se também de tributo restituível, pois a lei complementar que o instituir deve estabelecer, *a priori*, o prazo e as condições de sua devolução (CTN, art. 15). Nos tributos em geral, só é restituível o indébito, ou seja, a quantia paga que exceder o tributo devido; nos empréstimos compulsórios, ao contrário, toda a quantia recolhida deve ser restituída ao contribuinte, gerando-lhe direito adquirido (PAULSEN, 2009). A restituição deve ocorrer, em regra, em dinheiro e com plena correção monetária (STF, RE nº 121336/CE; STJ, AI 657839/RS), exceto quanto ao empréstimo compulsório da ELETROBRAS, quando se admitiu a restituição na forma prevista na lei instituidora (Lei nº 4.156/1962, CF/1988, ADCT, art. 34, § 12; STF, RE nº 193798 AR/PR).

QUESTÕES DE CONCURSOS

(TRF 4ª Região – Juiz – 2005) Dadas as assertivas abaixo, assinalar a alternativa correta.

I – Além das contribuições sociais, existem determinadas taxas que habitam o universo da parafiscalidade.

II – A instituição das contribuições sociais é de competência concorrente, suprindo os Estados aquilo que não for objeto da legislação federal.

III – Segundo o Supremo Tribunal Federal, o Adicional ao Frete para Renovação da Marinha Mercante (AFRRM) constitui Contribuição de Intervenção no Domínio Econômico (CIDE).

IV – A lei complementar é exigível para instituição de novas contribuições de custeio da seguridade social, incidentes sobre bases econômicas diversas daquelas constitucionalmente já previstas.

a) Estão corretas apenas as assertivas I e II.
b) Estão corretas apenas as assertivas III e IV.
c) Estão corretas apenas as assertivas I, II e IV.
d) Todas as assertivas estão corretas.

Resposta: B

(TRF 2ª Região – Juiz –2009 – CESPE) Acerca de taxa, de preço público, de contribuições e de empréstimo compulsório, assinale a opção correta.

a) O valor cobrado por serviço público não essencial sob o regime de concessão é necessariamente submetido ao regime próprio das taxas.
b) A COFINS não incide sobre a receita da sociedade comercial decorrente da locação de veículos, por se tratar de cessão de uso e gozo de coisa a título oneroso, que não pode ser equiparada com mercadoria.
c) A União pode instituir empréstimo compulsório com devolução do valor recebido em títulos da dívida pública.

d) A COFINS não incide sobre as variações cambiais que decorram de vendas ao exterior.
e) A taxa independe da associação do fato gerador com o serviço para o qual foi instituída.

Resposta: D

(TRF 4ª Região – Juiz – 2010) Dadas as assertivas abaixo, assinale a alternativa correta. Em matéria de taxas, o Supremo Tribunal Federal pacificou entendimento de que o disposto no § 2º do art. 145 da Constituição Federal ("As taxas não poderão ter base de cálculo própria de impostos"):

I – Interpreta-se como aceito em tradicional doutrina, de que a base de cálculo identifica a natureza do tributo (Alfredo Augusto Becker, Amílcar de Araújo Falcão etc.).
II – Interpreta-se como proposto em doutrina mais recente, que nega importância aos critérios tradicionais de identificação (dentre os quais a base de cálculo) e classificação dos tributos em três espécies (Marco Aurélio Greco e outros).
III – Interpreta-se dando por constitucional a adoção, no cálculo da taxa, de um ou mais elementos da base de cálculo própria de determinado imposto, desde que não haja integral identidade entre uma base e outra.
IV – Interpreta-se dando por inconstitucional a adoção de bases de cálculo para taxas que tomem um ou mais elementos da base de cálculo própria de determinado imposto.
V – Interpreta-se mediante recurso ao princípio da razoabilidade, admitindo-se coincidências de base de cálculo de taxas e de impostos em alguns casos e em outros não.

a) Está correta apenas a assertiva III.
b) Estão corretas apenas as assertivas I e IV.
c) Estão corretas apenas as assertivas II e IV.
d) Estão corretas todas as assertivas.
e) Nenhuma assertiva está correta.

Resposta: A

(TRF 4ª Região – Juiz – 2010) Dadas as assertivas abaixo, assinale a alternativa correta.

I – Na discussão judicial da exclusão ou não de vendas inadimplidas da base de cálculo das contribuições COFINS e PIS, ficou firme na jurisprudência do Superior Tribunal de Justiça que:

II – Não se pode equiparar as vendas canceladas com as vendas inadimplidas.

III – Somente as vendas inadimplidas em que os vendedores tenham esgotado integralmente todos os meios regulares de cobrança sem sucesso dão direito a estorno das operações e consequente exclusão de base de cálculo das contribuições COFINS e PIS.

IV – Tanto as vendas inadimplidas como as canceladas não permitem exclusão da base de cálculo daquelas contribuições, pois ocorreram os respectivos fatos geradores por ocasião da venda.

V – Somente nos casos de comprovada fraude poderão as vendas ser excluídas da base de cálculo das contribuições para a COFINS e o PIS, para fins de sua apuração.

VI – Basta a prova de apresentação de representação junto à autoridade policial para permitir a exclusão da base de cálculo da COFINS e do PIS das vendas inadimplidas mediante fraude.

a) Está correta apenas a assertiva I.
b) Está correta apenas a assertiva II.
c) Estão corretas apenas as assertivas I e III.
d) Estão corretas apenas as assertivas II e IV.
e) Estão corretas apenas as assertivas I, III e V.

Resposta: A

(TRF 4ª Região – Juiz – 2000 – ESMAFESC) Assinalar a alternativa correta:

a) A imunidade tributária recíproca não se aplica unicamente à União, aos Estados, ao Distrito Federal e aos Municípios, mas também às autarquias, empresas públicas e fundações públicas.
b) A imunidade tributária das operações relativas a derivados de petróleo, combustíveis e minerais não afasta a incidência do

PIS e da COFINS sobre o faturamento das empresas que se dedicam à comercialização desses produtos.

c) Cabe ao juiz pronunciar, de ofício, a prescrição do crédito tributário em execução fiscal.
d) O prazo prescricional, interrompido pela concessão de parcelamento do débito tributário, em caso de descumprimento do acordo, recomeça a correr com a regular notificação do devedor.

Resposta: B

(TRF 5ª Região – Juiz – 2009 – CESPE) Suponha que uma empresa de combustíveis, além de produzir álcool e combustíveis fósseis e realizar compras e vendas de petróleo e desses combustíveis no mercado internacional, também possua um laboratório que preste serviços de análise da qualidade de combustíveis para outras empresas. Nessa situação, assinale a opção que apresenta um tributo que deve ser aplicado à empresa e o seu correspondente fato gerador.

a) taxa, pela prestação do serviço de análise laboratorial, desde que específico, divisível e efetivamente prestado.
b) IPI em razão da venda de gasolina para as distribuidoras.
c) contribuição de intervenção no domínio econômico, em razão da exportação de álcool.
d) contribuição de intervenção no domínio econômico, em razão da importação de petróleo.
e) contribuição social sobre o lucro, em razão do faturamento, na hipótese de a empresa apurar seu imposto de renda sobre o lucro real.

Resposta: D

(TRF 3ª Região – Juiz – 2004) Impostos, taxas, contribuição de melhoria, contribuição de intervenção no domínio econômico e empréstimo compulsório podem ser instituídos:

a) Os três primeiros pelos Estados e os dois últimos pelo Distrito Federal e pela União;
b) Os cinco enumerados pela União;

c) Os dois primeiros pelos Municípios e os três últimos pelo Distrito Federal e pela União;
d) Os quatro primeiros pelo Distrito Federal e os dois últimos pela União.

Resposta: B

Capítulo 11

Fontes do Direito Tributário

11.1. CONCEITO DE FONTE

Entende-se por fonte do Direito o elemento de onde este provém, ou seja, é aquilo que dá origem ao Direito e o insere no mundo jurídico. O ordenamento jurídico brasileiro segue a tradição europeia continental e, portanto, tem seu fundamento a partir de normas escritas. Em um sistema assim, a lei (em sentido amplo), aprovada e válida conforme a Constituição é a principal fonte (AMARO, 2004, p. 161). As fontes dizem respeito, ao mesmo tempo, ao processo de gênese das normas e ao fato, ou seja, à norma em si. Há várias classificações quanto às fontes do Direito. Três muito lembradas são:

a) fontes formais e não formais;
b) fontes formais e materiais;
c) a classificação de Reale.

Segundo a primeira classificação, as fontes podem ser formais e não formais. As formais, por sua vez, podem ser principais (lei) ou acessórias (costume, analogia e princípios gerais do Direito). As fontes não formais são a doutrina e jurisprudência. Também é conhecida a subdivisão das fontes formais em primárias e secundárias, sobre a qual falaremos no tópico seguinte.

A segunda classificação divide as fontes entre formais e materiais. As fontes formais são as fontes que se expressam na forma de regra jurídica, subdividindo-se em fontes formais estatais e não estatais. As fontes formais estatais são produzidas pelo Estado, correspondendo à lei (em sentido lato) e à jurisprudência. As fontes formais não estatais têm origem na sociedade e nos estudos sobre Direito, correspondendo ao costume, à doutrina, às normas privadas (por exemplo, estatutos, contratos etc.).

As fontes materiais dizem respeito ao acontecimento do mundo fático, seja de ordem social ou natural, o qual será qualificado como hipótese de norma válida no sistema. Ou seja, é o fato concreto sobre o qual a norma incide. Para Reale, as fontes materiais compõem-se do fato social e do valor. Fato social é o acontecimento relevante à coletividade que demanda disciplina pelas normas. Valor é a forma como a sociedade interpreta e reage ao fato, ou seja, se este fato é tolerado, condenado, preferido ou exigido pela coletividade.

Por fim, e com base na teoria tridimensional do direito, o professor Miguel Reale classificou as fontes em: processo legislativo, jurisdição (poder judiciário), usos e costumes jurídicos e poder negocial. (REALE, 2009).

11.2. FONTES DO DIREITO TRIBUTÁRIO

Segundo a classificação das fontes formais e materiais, podemos dizer que a fonte formal do Direito Tributário é a lei elaborada segundo o processo legislativo disciplinado na Constituição, e fonte material do direito tributário é o fato juridicizado, ou melhor, a ocorrência desse fato. Mas no Direito Tributário há algumas peculiaridades no que tange à teoria das fontes do Direito, tais como: a) primazia das leis (em sentido lato), em virtude do princípio da legalidade estrita e da tipicidade tributárias; b) pouca (ou nenhuma) importância para o costume; e c) a única fonte possível para a obrigação tributária principal é a lei; nas obrigações acessórias, a fonte pode ser a lei ou também as demais (regulamentos, normas complementares). (MORAES, 1995, p. 10).

11.3. FONTES FORMAIS DO DIREITO TRIBUTÁRIO

As fontes formais do Direito Tributário podem ser classificadas em primárias e secundárias. As fontes formais primárias são capazes de alterar o ordenamento jurídico, incluindo e incorporando novas normas, alterando ou revogando as normas existentes. Em outras palavras, contêm normas que inovam o ordenamento jurídico. Essas fontes provêm do processo legislativo estabelecido na Constituição (o que inclui as medidas provisórias e leis delegadas). São fontes formais primárias: Constituição e suas emendas; leis complementares; leis ordinárias; leis delegadas; medidas provisórias; decretos legislativos; resoluções do Senado, tratados e convenções internacionais.

As fontes formais secundárias do direito tributário são aquelas que contêm normas que não modificam o ordenamento jurídico. Essas normas destinam-se a operacionalizar o cumprimento das Leis, disciplinando, organizando e esclarecendo sua execução. Embora em geral estas normas possam surgir junto a todos os Poderes e órgãos, no Direito Tributário têm origem no Poder Executivo. São fontes formais secundárias: decretos, normas complementares (CTN, arts. 100 e 103) e jurisprudência.

11.4. LEGISLAÇÃO TRIBUTÁRIA: CONCEITO

O CTN contém definição própria para a expressão Legislação Tributária. Para o Código, a expressão "legislação tributária" compreende as leis, os tratados e as convenções internacionais, os decretos e as normas complementares que versem, no todo ou em parte, sobre tributos e relações jurídicas a eles pertinentes (CTN, art. 96).

Este artigo faz uma enumeração exemplificativa, pois existem outras espécies de normas incluídas no conceito de Legislação Tributária e que o Código não comenta, como a medida provisória, as leis delegadas, os convênios ICMS, as resoluções do Senado Federal, dentre outras.

As disposições do CTN que se referem à legislação (como, por exemplo, os artigos 98, 101, 102, 105, 107, 108, 111, 159 e outros) aplicam-se, em regra, ao conjunto de normas compreendidas no conceito. Já quando o CTN se refere à lei (por exemplo, artigos 97, 161, 162, II e outros), a disposição restringe-se às normas primárias, ou seja às leis em sentido amplo.

11.5. LEI, TRATADOS E CONVENÇÕES INTERNACIONAIS

O princípio da legalidade estrita (CF/1988, art. 150, I) confere à lei o papel de destaque no Direito Tributário. Mas a expressão *lei*, frequentemente citada na Constituição e no CTN, não designa apenas as leis ordinárias, mas faz referência às normas geradas a partir do processo constitucional legislativo. Por isso, a expressão "lei", em especial no artigo 150, I da Constituição, diz respeito a uma série de espécies de normas jurídicas que possuem status de lei. Estas normas são as leis complementares, leis ordinárias, medidas provisórias, resoluções do Senado Federal e os decretos legislativos.

As leis ordinárias são normas jurídicas, aprovadas pelo Poder legislativo (da União, Estados, Distrito Federal ou Municípios) e de acordo com o processo legislativo comum. São aprovadas, em regra, por quórum de maioria simples (salvo disposição constitucional em contrário). Seu campo de aplicação pode ser: 1) privativo, quando a CF/1988 expressamente determinar seu uso (por exemplo: CF/1988, art. 195, I e IV) e 2) residual, quando se tratar de matéria não expressamente reservada a outra espécie normativa.

A iniciativa das leis ordinárias cabe a qualquer membro ou comissão da Câmara dos Deputados, do Senado Federal ou do Congresso Nacional, ao presidente da República, ao Supremo Tribunal Federal, aos Tribunais Superiores, ao Procurador-Geral da República e aos cidadãos, na forma e nos casos previstos na Constituição. A iniciativa é privativa do presidente da República, contudo, para a matéria tributária relativa aos territórios federais (CF/1988, art. 61, § 1º; STF, ADI 2464).

As leis delegadas serão elaboradas pelo presidente da República, que deverá solicitar a delegação ao Congresso Nacional (CF/1988, art. 68). Não serão objeto de delegação os atos de competência exclusiva do Congresso Nacional, os de competência privativa da Câmara dos Deputados ou do Senado Federal, a matéria reservada à lei complementar, nem a legislação, por exemplo sobre: nacionalidade, cidadania, direitos individuais, políticos e eleitorais, planos plurianuais, diretrizes orçamentárias e orçamentos (CF/1988, art. 68, § 1º).

No Direito Tributário, ganham relevo as matérias reservadas à lei (por exemplo CF/1988, art. 150, § 6º, CTN, art. 97), para as quais não se admite delegação e, por consequência, lei delegada (STF, ADI 1247/DF; ADI 1296 MC/DF). Exemplos de matérias vedadas: instituição de tributos, base de cálculo, alíquotas, sujeitos passivos, exclusões do crédito (isenções e anistias), suspensões (parcelamento, moratória etc.), remissões, dentre outras.

Os decretos legislativos são normas que disciplinam matérias de competência exclusiva do Congresso Nacional (ou do Poder Legislativo), como, por exemplo, os temas arrolados na CF/1988, art. 49. A iniciativa compete a qualquer membro (senadores ou deputados) ou comissão do Legislativo, e não se submetem a sanção ou veto, mas a simples promulgação e publicação, a cargo do presidente do Senado Federal.

Em matéria tributária, os decretos legislativos podem ser usados nas hipóteses de medida provisória rejeitada e na aprovação de tratados e convenções internacionais, conforme veremos a seguir.

As resoluções são normas jurídicas que resultam de uma deliberação do Congresso ou de uma de suas Casas. Submetem-se ao processo legislativo, mas não são leis, possuindo rito próprio de propositura, deliberação e aprovação (ROSA JUNIOR, 2009, p. 31). Não se confundem com as resoluções administrativas, que representam a deliberação de órgãos colegiados executivos (REFIS, PIS, FGTS etc.) ou judiciais (STF, STJ etc.), sendo que estas últimas são normas complementares (secundárias).

Para o Direito Tributário, têm importância as resoluções do Senado Federal que dispõem sobre:

a) estabelecer alíquotas interestaduais e de exportação no ICMS, com iniciativa do presidente da República ou 1/3 dos senadores, aprovada pela maioria absoluta de seus membros (CF/1988, art. 155, § 2º, IV).
b) alíquotas internas mínimas no ICMS (iniciativa do Presidente e aprovação por maioria absoluta dos senadores) (CF/1988, art. 155, § 2º, V, "a");
c) alíquotas internas máximas no ICMS, para resolver conflito específico que envolva interesse de Estados (iniciativa: maioria absoluta Senado; aprovação: 2/3 Senado – CF/1988, art. 155, § 2º, V, "b");
d) alíquotas máximas do ITCMD (*causa mortis* dos Estados – CF/1988, art. 155, § 1º, IV);
e) alíquotas mínimas do IPVA (CF/1988, art. 155, § 6º, I).

Especial a situação dos convênios ICMS. Em regra, os convênios são normas secundárias (infralegais) que compõem o grupo das normas complementares, das quais trataremos adiante. Contudo, a CF/1988 delegou aos convênios entre Estados e Distrito Federal, no ICMS, funções com status de lei, em dois temas:

a) concessão ou revogação de isenções, incentivos e benefícios fiscais (CF/1988, art. 155, § 2º, XII, "g"; LC nº 24/1975);
b) normas sobre o ICMS monofásico sobre combustíveis (CF/1988, art. 155, § 2º, XII, "h" e § 4º, IV).

Os convênios-ICMS são normas *sui generis*, pois, segundo o regime estabelecido pela LC nº 24/1975, são normas do Poder Executivo e, nas normas pertinentes, não há menção à necessidade de prévia ou posterior aprovação pelo Legislativo. Não obstante, possuem status de lei, pois capazes de alterar o ordenamento precedente.

Todavia, Carraza esclarece que não é o convênio em si, mas o decreto legislativo (estadual ou distrital) que institui a isenção ou os benefícios. O convênio autorizaria o legislativo local a instituir a isenção por intermédio de decreto legislativo, sendo, por outro lado, vedado ao Estado fazê-lo sem prévio convênio (CARRAZA, 2005, p. 197). Acrescente-se ainda, que o Legislativo local (na forma das Constituições Estaduais) pode desautorizar o governador a aprovar o convênio, durante seu processo de elaboração, o que conduz a sua rejeição, nos termos da LC nº 24/1975.

11.6. MEDIDAS PROVISÓRIAS

As medidas provisórias são normas jurídicas de competência do presidente da República que possuem força de lei e adotáveis em caso de relevância e urgência. A relevância e urgência da situação a ser normatizada é questão de cunho político, cujo exame, a princípio, pertence aos Poderes Legislativo e Executivo, cabendo controle pelo Poder Judiciário em caráter excepcional e diante da hipótese de ofensa à Constituição e à estrutura do ordenamento, bem como na hipótese de excesso de poder (STF, ADI 1753-2/DF).

Embora a Constituição atribua ao presidente da República a competência, admitem-se medidas provisórias nos demais entes da Federação (Estados, Distrito Federal e Municípios) desde que: 1) expressamente autorizado pela Constituição Estadual ou Lei Orgânica Municipal/Distrital; e 2) estrita observância dos princípios e limitações impostos ao modelo federal (STF, ADI 2391/DF).

Apesar de ser um tópico controverso, prevaleceu o entendimento de que estão ao alcance das medidas provisórias todas as matérias, em Direito Tributário, disponíveis às leis ordinárias (STF, ADI 1417/

DF, RE nº 234463-7/MG). Por isso, podem instituir, majorar, extinguir tributos e dispor sobre temas a eles pertinentes (isenções, benefícios fiscais, alíquotas, bases de cálculo, contribuintes etc.). Não obstante, é vedado às medidas provisórias qualquer matéria que esteja reservada às leis complementares (CF/1988, art. 62, § 1º, III).

As medidas provisórias estão sujeitas à condição resolutiva, pois possuem força de lei desde que aprovadas pelo Poder Legislativo. Nelas, a ordem normal do processo legislativo sofre uma inversão, pois em regra as leis iniciam sua vigência e eficácia depois do término do processo legislativo, e nelas isso ocorre antes e durante.

A partir da edição, o Presidente deve encaminhar imediatamente a medida provisória à apreciação do Congresso, o qual terá o prazo de 60 dias para analisá-la e sobre ela decidir. Passados 45 dias (ou seja, 15 para o final), se a medida provisória não for apreciada, instaura-se o regime de urgência, subsequentemente, em cada uma das Casas do Congresso Nacional, ficando sobrestadas, até que se ultime a votação, todas as demais deliberações legislativas da Casa em que estiver tramitando. Se, terminado o prazo de 60 dias, não tiver a sua votação encerrada nas duas Casas do Congresso Nacional, o presidente da Mesa prorrogará o prazo de análise por mais 60 dias.

A medida provisória pode perder sua eficácia se não convertida em lei pelo Congresso nos prazos mencionados (rejeição tácita), ou pode ser expressamente rejeitada, quando o Congresso não a aprova através de ato explícito (rejeição expressa).

Havendo a rejeição (expressa ou tácita), o Congresso Nacional deverá disciplinar, por decreto legislativo, as relações jurídicas delas decorrentes. Não editado este decreto legislativo até sessenta dias após a rejeição ou perda de eficácia de medida provisória, as relações jurídicas constituídas e decorrentes de atos praticados durante sua vigência conservar-se-ão por ela regidas (CF/1988, art. 62, §§ 3º, 6º, 7º e 11).

Em regra, a lei posterior revoga a anterior quando expressamente o declare, quando seja com ela incompatível ou quando regule inteiramente a matéria de que tratava a lei anterior (LINDB, art. 2º, § 1º). Mas, em relação às medidas provisórias, predomina o entendimento de que sua edição suspende a vigência e eficácia, e que a revogação só ocorre depois, com a lei de conversão (CARRAZA, 2007, p. 282; STF, ADI 712-2/DF).

11.7. TRATADOS INTERNACIONAIS E LEGISLAÇÃO INTERNA

Os tratados e convenções, para o Direito Tributário, podem ser consideradas como sinônimos (MORAES, 1995, p. 15). São normas bi ou multilaterais de direito internacional através dos quais Estados soberanos estabelecem relações e normas comuns. Vamos nos referir, doravante, simplesmente a tratado.

Nosso foco são os tratados celebrados pelo Brasil e que contenham normas relevantes para o Direito Tributário. Para serem fontes do Direito Tributário, é preciso que os tratados tenham sido internalizados, ou seja, que tenham adquirido eficácia interna, de acordo com as normas preceituadas pela CF/1988.

11.8. VIGÊNCIA E PERDA DE EFICÁCIA DOS TRATADOS

A internalização do tratado pressupõe, na verdade, um processo regulamentado pela Constituição e composto de diversas fases:

a) assinatura da minuta pelo Presidente (CF/1988, art. 84, VII e VIII);
b) referendo do Congresso Nacional e autorização para ratificação através de decreto legislativo (CF/1988, art. 49, I);
c) ratificação por depósito do instrumento;
d) promulgação por decreto do presidente (CF/1988, art. 84, IV e VIII);
e) publicação do texto do tratado no Diário Oficial.

A internalização ocorre precisamente na publicação do decreto de promulgação do Presidente, ocasião na qual o tratado passa a ser aplicável no nosso ordenamento (ROSA JÚNIOR, 2009, p. 30). Todavia, parte dos autores entende que a internalização se dá com a aprovação do decreto legislativo (CARVALHO, 2005, p. 77).

O direito brasileiro, portanto, adota a teoria dualista, segundo a qual a recepção das normas de um tratado não ocorre segundo cláusula geral de recepção automática, exigindo a aprovação interna através dos órgãos constitucionalmente competentes. Portanto, o sistema constitucional brasileiro não consagra o princípio do efeito direto e nem o postulado da aplicabilidade imediata dos tratados e convenções internacionais (STF, CR-AgRg 8279/Argentina).

Uma vez internalizados, os atos internacionais situam-se no mesmo plano de validade e eficácia das normas infraconstitucionais (STF, CR.8279/Argentina). Não podem dispor, contudo, sobre matéria reservada à lei complementar (STF, ADI.MC 1480) e têm prevalência sobre normas do Poder Executivo, como decretos e normas complementares (STJ, REsp nº 769955/PE). Contudo, são normas com status de lei nacional, pois sobrepujam as normas internas dos entes descentralizados (Estados, Municípios e Distrito Federal), uma vez que o tratado é celebrado pela União no exercício de sua soberania e em nome de toda a nação (STF, RE nº 229096).

Exceção se dá na hipótese de tratados e convenções internacionais sobre direitos humanos que forem aprovados, em cada Casa do Congresso Nacional, em dois turnos, por três quintos dos votos dos respectivos membros. Estes serão equivalentes às emendas constitucionais, ou seja, se tornam normas constitucionais (CF/1988, art. 5º, § 3º).

A vigência das normas internalizadas de um ato internacional, no plano do ordenamento interno, coincide com a vigência das normas jurídicas que a aprovam (decretos legislativos). Todavia, não poderão ser revogadas por leis posteriores internas livremente, ou seja, aqui o princípio *lex posterior derogat priori* não tem plena aplicação. Isso se dá, sobretudo, pela influência do princípio *pacta sunt servanda*, no plano internacional: a nação estrangeira convenente não está submissa à soberania nacional e, portanto, é preciso denunciar o tratado antes de revogar a legislação que o internalizou (MORAES, 1995, p. 29).

Outro aspecto relevante diz respeito à eficácia dos tratados, ou, mais especificamente, das normas que os internalizam, sobre as normas internas preexistentes. O CTN, em seu artigo 98, estabelece que os tratados e as convenções internacionais revogam ou modificam a legislação tributária interna e serão observados pela que lhes sobrevenha.

Apesar de o CTN referir-se à revogação, não é isso que ocorre, na verdade, na hipótese de conflito entre normas internas preexistentes e as normas do tratado. Ocorre que as normas do tratado suspendem a eficácia das leis preexistentes, no que lhes for contrário. Há a influência aqui do princípio da especialidade, segundo o qual a lei que trata de um assunto específico prevalece sobre a lei que trata do gênero de assuntos ao qual este pertence (*lex posterior generalis non derogat priori speciali*).

As normas do tratado são leis especiais, pois dispõem dos assuntos pertinentes especificamente ao tratado (aos cidadãos e situações inerentes às relações dos países convenentes), enquanto a lei interna geral preexistente dispõe sobre as demais situações. Esta, para dispor sobre os assuntos disciplinados pelo tratado, tem sua eficácia suspensa enquanto o tratado não for denunciado e não houver a revogação das normas que o internalizam. Findo o tratado, a eficácia das leis preexistentes se restabelece, pois estas nunca deixaram de existir (ROSA JÚNIOR, 2009, p. 31).

11.9. OS TRATADOS SOBRE MATÉRIA TRIBUTÁRIA E O ART. 98 DO CTN

Como vimos, é o artigo 98 do CTN que disciplina os tratados e convenções internacionais no Direito Tributário. Diz ele que os tratados e as convenções internacionais revogam ou modificam a legislação tributária interna e serão observados pela que lhes sobrevenha.

Este artigo se refere, mais precisamente (como vimos), à eficácia das normas que internalizam os tratados e convenções dos quais o Brasil é parte, e indica que não ocorre revogação da lei preexistente, mas a suspensão de sua eficácia naquilo que for contrário ao tratado. Ainda que não possuindo status hierárquico superior às leis internas, portanto, é possível perceber que as normas do tratado gozam de preferência sobre as normas internas preexistentes em matéria tributária.

A doutrina se divide sobre a natureza desta preferência. Há, pelo menos, três correntes:

a) paridade entre lei e tratado;
b) supremacia do tratado;
c) tratado-lei e tratado-contrato.

A corrente da paridade entre a lei e o tratado, como vimos, é adotada pelo STF e entende que os conflitos entre leis e tratados devem ser resolvidos pelos critérios temporal (lei posterior supera a anterior) e da especialidade (lei especial supera a geral). Não haveria diferença de natureza entre leis e tratados e, portanto, não seria possível aplicar o critério da hierarquia para solver conflitos normativos. Dentro desta corrente, há uma variante que defende tal visão como regra geral, mas sustenta que a norma do CTN, art. 98, constitui exceção por reconhecer uma supremacia hierárquica ao tratado de matéria tributária (BARROSO, 2003, p. 18).

A corrente da supremacia do tratado frente à lei interna é oriunda da teoria monista, segundo a qual as normas internacionais possuem supremacia natural sobre as normas internas, razão pela qual existiria uma cláusula geral de recepção automática dos atos internacionais ao direito interno. Como vimos, não é a posição adotada pelo STF e conta em nossa doutrina com poucos defensores. Todavia, esta visão tem influência residual, pois alguns autores defendem a sobrevivência de um monismo moderado (excepcional) no CTN, art. 98 e, conforme vimos, as normas dos tratados são reconhecidas como leis especiais e leis nacionais, o que as distingue afinal das leis ordinárias, embora não pelo critério hierárquico.

A terceira corrente prevaleceu por algum tempo no Direito brasileiro (já superada na atualidade) e distinguia os tratados em duas espécies: tratados-normativos (ou tratado-lei) e os tratados-contratuais (ou tratado-contrato) (STF, RE nº 80004/SE; STJ, REsp nº 426945/PR, PAULSEN, 2009, p. 843).

O tratado-lei estabeleceria normas de Direito Público e seria impositivo aos Estados convenentes, sua administração pública e seus órgãos, por isso, uma vez internalizado, funcionaria como verdadeira lei, a submeter a ação estatal. Ao tratado-lei seria plenamente aplicável a norma do artigo 98 do CTN, ou seja, não poderia ele ser livremente revogado por lei ordinária posterior.

O tratado-contrato conteria normas de Direito Privado, ou seja, voltadas para normatizar relações entre particulares, como contratos, casamento, filiação etc., por isso, não adquiriria status de lei, mas sim inferior a ela, razão pela qual o tratado, em caso de conflito, cederia preferência à lei interna.

Por fim, importante comentar a situação dos tratados que instituem isenções e outros benefícios fiscais. Em nosso Direito prevalece a visão segundo a qual os atos internacionais podem instituir isenções e outras formas de exercício do "poder de não tributar" (por exemplo, remissões, anistias, créditos presumidos etc.) (STF, Súmula nº 575; STJ, REsp nº 460165).

Os tratados podem instituir inclusive isenções de tributos da competência dos Estados, Distrito Federal e Municípios, não se aplicando a limitação da CF/1988, art. 151, III ou, em outras palavras, trata-se de uma isenção heterônoma tolerada pela Constituição ou uma exceção ao princípio da isenção autônoma (STF, RE nº 229096/RS).

O maior número de exemplos que encontramos neste campo ocorre no ICMS, admitindo isenções estabelecidas em tratados internacionais e sua eficácia sobre a legislação estadual (STF, Súmula nº 575; STJ, Súmulas nºs 20 e 71). Caso interessante foi analisado na jurisprudência, na qual tanto o tratado como a legislação interna asseguravam isenção, mas o tratado dava tratamento mais amplo que a norma interna. Entendeu-se que o tratado prevalece, não se aplicando a interpretação literal, pois neste particular o artigo 98 teria preferência sobre o artigo 111 do CTN (STJ, REsp nº 460165).

11.10. NORMAS COMPLEMENTARES

São normas complementares das leis, dos tratados e das convenções internacionais e dos decretos (CTN, art. 100, I a IV):

a) os atos normativos expedidos pelas autoridades administrativas (portarias, instruções normativas etc.);
b) as decisões dos órgãos singulares ou coletivos de jurisdição administrativa a que a lei atribua eficácia normativa (pareceres normativos de comissões do Ministério da Fazenda);
c) as práticas reiteradamente observadas pelas autoridades administrativas (os "costumes" administrativos); e
d) os convênios que entre si celebrem a União, os Estados, o Distrito Federal e os Municípios.

As normas complementares são, no Direito Tributário, normas expedidas pelo Poder Executivo que não se sujeitam ao processo constitucional legislativo, subordinadas às normas constitucionais e legais, e também sujeitas aos decretos. Integram a legislação tributária, mas em posição hierárquica inferior. É vedado que disponham sobre matérias reservadas à lei ou em desacordo com decretos e normas primárias.

A observância, pelos sujeitos passivos, das normas complementares, exclui a imposição de penalidades, a cobrança de juros de mora e a atualização do valor monetário da base de cálculo do tributo (CTN, art. 100, parágrafo único).

11.11. LEIS COMPLEMENTARES

São leis destinadas a complementar ou integrar a Constituição. A matéria cabível à lei complementar é expressamente citada pela CRFB.

Sua aprovação é sujeita a quórum de maioria absoluta (50% dos membros de cada casa do Congresso mais um) (CF/1988, art. 69; STF, ADI 2010-2/DF). Sua iniciativa é a mesma das leis ordinárias (CF/1988, art. 61), não se admite que seja substituída por medidas provisórias ou leis delegadas (CF/1988, arts. 62, III e 68, § 1º). Submetem-se, salvo normas específicas, ao processo constitucional legislativo.

As matérias da competência da lei complementar são expressamente citadas na Constituição, em seu artigo 146:

a) conflitos de competência;
b) regular limitações;
c) normas gerais;
d) instituir tributos ou regimes tributários especiais.

A lei complementar pode dispor sobre conflitos de competência, em matéria tributária, entre a União, os Estados, o Distrito Federal e os Municípios. Exemplo disso ocorre nas Leis Complementares nº 87 (ICMS) e nº 116 (ISSQN), quando, coordenadamente, esclarecem, consolidam e evitam conflitos na incidência em certas operações que, a princípio, poderiam ser tributadas por ambos os entes (como no caso do fornecimento de bebidas em bares e restaurantes, que envolve ao mesmo tempo serviços e circulação de mercadorias e que sofre a incidência apenas do ICMS).

Também lhe cabe regular as limitações constitucionais ao poder de tributar, como faz, por exemplo, o artigo 14 do CTN, quando estabelece condições e requisitos para que se possa usufruir da imunidade assegurada pela CF/1988, art. 150, III, "c" *in fine*.

Cabe à lei complementar estabelecer normas gerais em matéria de legislação tributária. A CF/1988 elenca, exemplificativamente, as normas gerais aqui tratadas.

Esta espécie normativa estabelecerá normas gerais, primeiramente, sobre a definição de tributos e de suas espécies (CTN, arts. 3º a 5º), bem como, em relação aos impostos discriminados nesta Constituição, a indicação dos respectivos fatos geradores, bases de cálculo e contribuintes (CTN, arts. 19 a 67).

As normas gerais também serão necessárias para disciplinar os seguintes temas: obrigação, lançamento, crédito, prescrição e decadência tributários (CTN, arts. 113 a 193).

Haverá, ainda, normas gerais sobre regimes especiais de tratamento, como às pequenas empresas e às cooperativas (CF/1988, art.

146, III, "c" e "d"). Para as cooperativas, darão tratamento adequado ao ato cooperativo e, no caso das pequenas empresas, definirão o tratamento diferenciado e favorecido para as microempresas e para as empresas de pequeno porte, inclusive do regime unificado de tributação e dos regimes especiais ou simplificados, no caso do ICMS, contribuições para a seguridade das empresas (folha, PIS/COFINS e CSSL) e PIS/PASEP (CF/1988, arts. 146, III, "d" e parágrafo único; 195, I, §§ 12 e 13; 239).

Por fim, as leis complementares também poderão instituir tributos ou regimes tributários especiais. No primeiro caso (instituir tributos), esta função, que em regra é da lei ordinária, é imposta pela Constituição para alguns tributos como exceção, como (CF/1988, arts. 148; 154, I; 195, § 4º; 153, VII):

a) empréstimos compulsórios;
b) impostos residuais da União;
c) contribuições residuais da União;
d) imposto sobre grandes fortunas.

Em alguns impostos, as leis complementares podem dispor sobre alguns aspectos de suas hipóteses de incidência, como ocorre no ICMS e no ISSQN (CF/1988, art. 155, § 2º, inciso XII; 156, § 3º).

Quanto aos regimes de tributação, tem-se:

a) regime unificado para microempresas e empresas de pequeno porte (SIMPLES Nacional, LC nº 123/2006);
b) critérios especiais de tributação, com o objetivo de prevenir desequilíbrios da concorrência, sem prejuízo da competência de a União, por lei, estabelecer normas de igual objetivo (CF/1988, art. 146, parágrafo único e 146-A).

Além dos diversos assuntos sob a competência expressa definida na Constituição, a lei complementar pode tratar de matérias de competência das leis ordinárias. Mas, quando o fizer, será lei apenas formalmente complementar, mas materialmente ordinária (por exemplo, LC nº 70/1991 da COFINS). Neste caso, a lei complementar pode ser revogada ou modificada por outra lei ordinária (STF, AI 419924/SC). A recíproca, contudo, não é verdadeira, ou seja, lei ordinária que discipline matéria reservada à lei complementar conduz à inconstitucionalidade da lei (PAULSEN, 2009, p. 68).

11.12. VIGÊNCIA DA LEGISLAÇÃO TRIBUTÁRIA

Entende-se por *vigência* a propriedade da norma jurídica que consiste em possuir aptidão para incidir, ou melhor, ter força para regular os comportamentos intersubjetivos sobre os quais incide. Não se confunde com a eficácia, que, diante do acontecimento do fato regulado pela norma, provoca a incidência desta e a ocorrência dos efeitos jurídicos prescritos em seu consequente (CARRAZA, 2007, p. 175; MACHADO, 2004, p. 67).

A vigência, no espaço e no tempo, da legislação tributária rege-se pelas disposições legais aplicáveis às normas jurídicas em geral, ressalvadas as normas específicas do CTN, sobre as quais discorreremos a seguir. (CTN, art. 101).

A vigência no tempo preocupa-se com o momento a partir do qual ocorre a vigência de uma norma jurídica. As normas jurídicas tributárias, em regra, começam a vigorar em todo o país quarenta e cinco dias depois de oficialmente publicadas (LINDB, Decreto-Lei nº 4657/1942, art. 1º), salvo as seguintes exceções:

a) aplicação no exterior;
b) disposição em contrário;
c) impostos sobre patrimônio ou renda;
d) normas complementares;
e) pequena repercussão.

Quando admitida a obrigatoriedade da lei brasileira nos Estados estrangeiros (por exemplo, por força de tratados), a vigência se inicia três meses depois de oficialmente publicada (LINDB, art. 1º, § 1º).

Não se aplica a regra geral se houver, na própria norma (ou em outra hierarquicamente superior), disposição em contrário. Neste caso, a própria norma contém disposição definindo a data do início de sua vigência. São exemplos o CTN, art. 218 (1.1.1967); CC/2002, art. 2044 (1 ano após a publicação) etc.

Nos impostos sobre patrimônio e renda, como no IR, no IPTU ou no ITR, entram em vigor no primeiro dia do exercício seguinte àquele em que ocorra a sua publicação os dispositivos de lei referentes a:

a) instituição ou majoração de tais impostos;
b) definição de novas hipóteses de incidência;
c) extinção ou redução de isenções, salvo se a lei dispuser de maneira mais favorável ao contribuinte, e observado o disposto no artigo 178. (disposição do art. 104 do CTN).

Sobre esta norma do CTN, art. 104, há duas principais correntes:

a) esta norma permanece em vigor, dispondo sobre vigência;
b) esta norma não foi recepcionada pela CF/1988, e substituída pelo princípio da anterioridade (CF/1988, arts. 150, III, "b" e "c" e 195, §6º).

Para a primeira corrente, o artigo 104 trata de vigência, enquanto a anterioridade versa sobre eficácia das normas, não havendo conflito. Por isso, nos impostos sobre patrimônio ou renda, a vigência se inicia no primeiro dia do exercício seguinte, e sua eficácia (em regra) também no primeiro dia do exercício seguinte à publicação, desde que depois de 90 dias desta (ALEXANDRE, 2010, p. 245). Por isso, o artigo 104 teria sido recepcionado pela CF/1988 e continuaria em vigor.

Para a segunda corrente (dominante no nosso Direito atual), o artigo 104 coincide com o princípio da anterioridade, restringindo sua aplicação em afronta à Constituição e, por isso, não teria sido recepcionado por ela. Atualmente, portanto, seriam aplicáveis, também nos impostos sobre patrimônio e renda, as normas sobre vigência (exceto o artigo 104) em conjunto com as normas de anterioridade previstas na Constituição. (PAULSEN, 2009, p. 851; ROSA JÚNIOR, 2009, p. 246). Permaneceria valendo, contudo, e aplicável a todos os tributos, a disposição do inciso III (sobre a revogação ou redução de isenções), situação que passaria a estar regida pelo princípio da anterioridade (exercício e noventena) (CARVALHO, 2005, p. 495). Para alguns, todavia, só seria aplicável à revogação das isenções nos impostos sobre patrimônio e renda (DIFFINI, 2003, p. 47; STF, Súmula nº 615).

A vigência nas normas complementares é tratada em especial pelo CTN. Salvo disposição em contrário, entram em vigor (CTN, art. 103):

a) atos normativos das autoridades administrativas: na data da sua publicação;
b) decisões administrativas com eficácia normativa: quanto a seus efeitos normativos, 30 (trinta) dias após a data da sua publicação;
c) convênios: na data neles prevista.

Quanto às práticas reiteradas, não há início de vigência, pois não se trata de uma única norma escrita, mas do conjunto de atos reiterados das autoridades num mesmo sentido, por um certo período de tempo.

Nas leis de pequena repercussão, a vigência deve se iniciar na data de sua publicação (LC nº 95/1998, art. 8º). As leis de pequena repercussão são aquelas que produzem efeitos imediatos, tendo como destinatário o próprio governo. Exemplos: leis que criam cargos públicos, autorizam a instituição de fundos etc. As leis de grande repercussão produzem efeitos sobre o governo e sobre a sociedade. A maioria das leis tributárias são leis de grande repercussão, razão pela qual esta hipótese é pouco frequente neste ramo do Direito.

A vigência no espaço se preocupa com o espaço territorial onde a lei vigorará. Em nosso ordenamento, a regra é a territorialidade das normas, ou seja, as normas vigoram no território sob o controle do ente que as instituiu. Assim, uma lei federal tem vigência em todo o território nacional, enquanto uma lei estadual paranaense vigora apenas no território do Estado do Paraná.

Ocorrem, contudo, três exceções, em que se aplicará a extraterritorialidade das normas:

a) normas de Direito Internacional;

b) convênios;

c) normas gerais da União.

Os tratados podem estabelecer a extraterritorialidade de uma lei brasileira, ou seja, o Estado estrangeiro pode celebrar tratado com o Brasil e nele obrigar-se a cumprir a lei brasileira em seu território. Também pode ocorrer sem a existência de um ato internacional específico, quando o ordenamento estrangeiro, unilateralmente, admite o uso da lei brasileira em seu território para certas situações. Esta extraterritorialidade é mais comum nas leis federais, mas não há impedimento a que se aplique às leis dos demais entes da Federação (dependerá da decisão do Estado estrangeiro).

Internamente, as normas dos Estados, Municípios e Distrito Federal também podem apresentar situações de extraterritorialidade, ou seja, pode-se admitir sua vigência além de seus territórios de origem (CTN, art. 102).

A primeira situação ocorre através de convênios celebrados entre os entes descentralizados, em que todos os convenentes definam a aplicação da lei fora de seu território. Por exemplo, dois municípios estabelecem convênio por meio do qual a lei de um deles será observada por ambos os municípios.

A segunda situação que pode trazer a extraterritorialidade é a disposição em norma geral expedida pela União. Um exemplo é o artigo 120 do CTN, que define o instituto da sub-rogação, aplicável em caso de desmembramento territorial.

11.13. APLICAÇÃO DA LEGISLAÇÃO TRIBUTÁRIA

O princípio da irretroatividade estabelece que é vedado aos entes tributantes cobrar tributos em relação a fatos geradores ocorridos antes do início da vigência da lei que os houver instituído ou aumentado.

O CTN, regulamentando este mandamento constitucional, esclarece que a legislação tributária aplica-se imediatamente aos fatos geradores futuros e aos pendentes (CTN, art. 105). Entende-se por fato pendente aquele em que sua formação já se iniciou, mas ainda não se deu o momento jurídico de sua ocorrência. Seriam, por exemplo, os fatos sujeitos a condição (BALEEIRO, 1997, p. 193).

É controverso em nosso Direito se os fatos pendentes abrangem os chamados fatos periódicos. Os fatos geradores periódicos (também chamados complexivos) são fatos que se manifestam através de um período de tempo (ano, trimestre etc.) e nos quais, em regra, o momento de ocorrência se dá no fim do respectivo período. A respeito, há três principais correntes:

a) os fatos periódicos não são fatos pendentes, não se lhes aplicando o artigo 105 do CTN (PAULSEN, 2009, p. 853);
b) os fatos periódicos podem ser tratados como pendentes, aplicando-se o artigo 105 (STF, Súmula nº 584);
c) não existe mais a figura do fato pendente, pois o artigo 105 não foi recepcionado pela CF/1988 (MACHADO, 2004, p. 102).

Esta redação do CTN, por sua vez, precisa levar em consideração a influência do princípio da anterioridade. Portanto, não basta que o momento do fato gerador ocorra após a vigência da lei, mas que também tenham sido respeitados os prazos de anterioridade impostos pela Constituição.

Apesar de, em regra, ser vedada a retroatividade da lei tributária, o CTN abre duas exceções:

a) leis interpretativas; e
b) retroatividade benigna em caso de infrações e penalidades (CTN, art. 106).

A lei expressamente interpretativa, em qualquer caso, pode ser aplicada a fatos anteriores. Uma lei interpretativa é uma lei nova cujo propósito limita-se a esclarecer outra lei anterior. O efeito da lei, neste caso, não seria da lei interpretante, mas da lei interpretada (já em vigor no momento de ocorrência do fato), razão pela qual há uma retroatividade apenas aparente ou imprópria. Contudo, se já existe interpretação dominante no Poder Judiciário sobre o mesmo ponto, a lei interpretativa não pode agravar a situação do sujeito passivo retroativamente, sendo aplicável a partir de sua vigência e eficácia (STF, ADI 605-3/DF). Também não pode exigir-lhe penalidades em virtude de infrações aos dispositivos interpretados. (CTN, art. 106, I).

A retroatividade benigna é aplicável ao tratamento de infrações e suas penalidades, não sendo aplicável aos tributos. Só cabe diante de atos não definitivamente julgados, seja na instância administrativa ou judicial (STF, RE nº 95900/BA). Pode ser aplicada nos seguintes casos:

a) quando deixe de definir o ato como infração;
b) quando deixe de tratá-lo como contrário a qualquer exigência de ação ou omissão, desde que não tenha sido fraudulento e não tenha implicado falta de pagamento de tributo;
c) quando lhe comine penalidade menos severa que a prevista na lei vigente ao tempo da sua prática (CTN, art. 106, II).

11.14. INTERPRETAÇÃO E INTEGRAÇÃO DA LEGISLAÇÃO TRIBUTÁRIA

A aplicação da legislação tributária comporta dois principais meios: a interpretação e a integração da legislação. A interpretação ocorre quando o ordenamento contém previsão normativa aplicável ao fato, sendo necessário abstrair o seu correto sentido, conteúdo e alcance. Já a integração tem lugar nas hipóteses de lacunas, ou seja, fatos que não encontram norma jurídica que os contemple.

Quanto à integração, o Código estabelece que, na ausência de disposição expressa, a autoridade competente para aplicar a legislação tributária utilizará sucessivamente, na ordem indicada:

a) analogia;
b) princípios gerais de Direito Tributário;
c) princípios gerais de Direito Público;
d) equidade.

A autoridade competente pode ser administrativa ou judicial (CARVALHO, 2005, p. 101).

A analogia consiste em aplicar uma norma a fato nela não previsto, mas semelhante ao que ela previu. Não se confunde com a interpretação extensiva, segundo a qual o intérprete tem norma que se aplica ao fato, mas lhe confere interpretação não restrita (STJ, REsp nº 121428/RJ). O emprego da analogia não poderá resultar na exigência de tributo não previsto em lei (CTN, art. 108, I e § 1º).

Os princípios gerais de Direito Tributário são a próxima alternativa, caso não seja possível o uso da analogia. São exemplos os princípios da estrita legalidade, anterioridade, irretroatividade, tipologia, vedação ao confisco, vinculabilidade, uniformidade geográfica etc. (CARVALHO, 2005, p. 158).

Os princípios gerais de Direito Público serão invocados caso não seja possível o uso dos dois anteriores. São exemplos os princípios da impessoalidade, publicidade, moralidade administrativa e eficiência (CF/1988, art. 37, *caput*).

O último recurso é a equidade. Apesar desta expressão ser polissêmica, aqui significa decidir a situação segundo o senso comum de justiça. Esse senso deve estar coerente com a Constituição, não pode ser contrário ao ordenamento (em seu sistema) e deve estar conforme (ou ao menos tolerado) os valores adotados na sociedade e na época em que a decisão for tomada (BALEEIRO, 1991, p. 441). O emprego da equidade não poderá resultar na dispensa do pagamento de tributo devido (CTN, art. 108, § 2º), pois somente a lei pode autorizar a remissão de créditos tributários (CTN, art. 172, IV) e, se há lei exigindo o tributo, não estamos mais diante de lacuna no ordenamento, pois a situação é disciplinada por norma jurídica vigente e eficaz.

A interpretação das normas tributárias segue, em regra, as mesmas normas gerais de interpretação. Mas o Código complementa com algumas normas de interpretação necessárias para a aplicação adequada dos princípios de Direito Tributário.

O artigo 109 estabelece que os princípios gerais de Direito Privado utilizam-se para pesquisa da definição, do conteúdo e do alcance de seus institutos, conceitos e formas, mas não para definição dos respectivos efeitos tributários (CTN, art. 109). Isso significa que:

a) havendo conflito entre a norma tributária e normas do Direito Privado, prevalecerá a primeira para efeitos tributários (como, por exemplo, exigir tributo);

b) não havendo conflito entre a norma tributária e as normas de Direito Privado, a primeira pode buscar complemento nestas últimas, ou até mesmo remeter-se a elas (exemplo, STJ, REsp nº 268005/MG).

O Direito Tributário, afirmam alguns, é um direito de sobreposição (ou superposição) porque, na maioria de suas normas, toma institutos e conceitos desenvolvidos em outros ramos do Direito e sobre eles faz incidir tributos, ou ainda os altera, dando-lhes nova feição jurídica. (NOGUEIRA, 1996, p. 41; FANUCCHI, 1975, p. 35).

Todavia, a norma tributária não pode alterar a definição, o conteúdo e o alcance de institutos, conceitos e formas de Direito Privado utilizados, expressa ou implicitamente, pela Constituição Federal, pelas Constituições dos Estados ou pelas Leis Orgânicas do Distrito Federal ou dos Municípios, para definir ou limitar competências tributárias (CTN, art. 110).

São exemplos desta situação:

a) não incidência do imposto de renda sobre indenizações (STF, RE nº 188684/SP);
b) distinção entre produto e mercadoria (STF, RE nº 203075/SP);
c) conceito de faturamento (STF, RE nº 371258).

O Código prossegue afirmando que a interpretação deve ser literal quanto às normas que disponham sobre (CTN, art. 111, I a III):

a) suspensão ou exclusão do crédito tributário;
b) outorga de isenção;
c) dispensa do cumprimento de obrigações tributárias acessórias.

A interpretação literal tem por finalidade impedir que instrumentos de renúncia de receitas (como as isenções, remissões, anistias etc.) fujam ao controle e à previsibilidade, ameaçando o equilíbrio das finanças públicas. Por isso, esta interpretação impede o uso da analogia e da interpretação extensiva (STJ, REsp nº 980103/SP). Segundo Almeida Júnior, todavia, só restaria vedada a interpretação analógica (PAULSEN, 2009, p. 885).

Por outro lado, a interpretação literal não permite concluir que atos infralegais (por exemplo, decretos e normas complementares) possam estabelecer restrições que a lei de isenção não contém (STJ, RMS nº 22371/DF), e também não impede o intérprete de "valer-se de uma equilibrada ponderação dos elementos lógico-sistemático, histórico e finalístico ou teleológico" (STJ, REsp nº 44495/RJ). Não cabe ao Poder Judiciário, por fim, controlar as razões políticas que motivaram a concessão de isenções ou outras renúncias fiscais pelo Poder Legislativo (STJ, REsp nº 44495/RJ).

A lei tributária que define infrações, ou lhes comina penalidades, interpreta-se da maneira mais favorável ao acusado, em caso de dúvida quanto (CTN, art. 112):

a) à capitulação legal do fato;
b) à natureza ou às circunstâncias materiais do fato, ou à natureza ou extensão dos seus efeitos;
c) à autoria, imputabilidade ou punibilidade;
d) à natureza da penalidade aplicável ou à sua graduação.

Trata-se da interpretação benigna (ou benéfica) que se restringe a infrações e suas penalidades, não se aplicando aos tributos. Importante lembrar que a interpretação benigna só cabe quando houver dúvida quanto aos fatos, e não quanto ao direito (STJ, REsp nº 183720/SP).

QUESTÕES DE CONCURSOS

(TRF 2ª Região – Juiz – 2009 – CESPE) Considerando que o presidente da República Federativa do Brasil tenha assinado tratado com três países da América do Sul, no qual ficou deliberado que os produtos originários de um gozarão, nos outros países, do mesmo tratamento tributário aplicado ao produto nacional, assinale a opção correta.

a) Por se tratar de convenção internacional de integração regulando matéria tributária, o tratado gerará para os impostos de competência da União efeitos imediatos, por aplicação dos princípios do efeito direto e da aplicabilidade imediata.
b) Caso o Congresso Nacional venha a homologar o tratado mediante decreto legislativo, este gerará efeitos para a União, os estados e os municípios, inclusive no que diz respeito à matéria reservada à lei complementar.
c) O estado-membro poderá denunciar o tratado sempre que houver diminuição de sua receita pela incidência do ajuste, com base na distribuição de competência tributária estabelecida na CF.
d) O tratado incorporado ao sistema tributário nacional por decreto legislativo tem prevalência sobre a lei ordinária.

e) Em virtude da paridade estabelecida no tratado, não poderá ser tributado o bem importado por instituição que apenas no estrangeiro goze de imunidade tributária.

Resposta: D

(TRF 3ª Região – Juiz – 2003) Assinale a alternativa correta:

a) uma das funções das leis complementares vem a ser adensar o modelo constitucional prefigurado de certos tributos, definindo os impostos previstos pela Constituição Federal e estabelecendo as linhas divisórias de impostos de competência das várias entidades tributantes;
b) tendo em vista o fato de o Código Tributário Nacional ter sido estatuído por meio de lei complementar, toda e qualquer alteração de suas disposições é veiculada por meio de lei complementar;
c) na ausência de disposições expressas, poderá a autoridade competente para a definição da obrigação tributária aplicar à legislação tributária, sucessivamente, a analogia, os princípios gerais de Direito Tributário, os princípios gerais de Direito Público e a equidade;
d) a lei tributária poderá, para definição ou limitação das competências tributárias, alterar o conteúdo e o alcance de conceitos de Direito Privado, ainda que expressa ou implicitamente utilizados pela Constituição Federal.

Resposta: A

(TRF 3ª Região – Juiz – 2004) Assinale a alternativa correta:

a) Em caso de relevância e urgência, o presidente da República poderá adotar medidas provisórias, com força de lei, devendo submetê-las, de imediato, ao Senado Federal;
b) As relações jurídicas decorrentes das medidas provisórias não convertidas em lei no prazo assinalado no § 3° do art. 62 da CF deverão ser disciplinadas por decreto legislativo a ser editado pelo Congresso Nacional;
c) Medida provisória que implique a instituição de empréstimo compulsório só produzirá efeitos no exercício financeiro seguinte se houver sido convertida em lei até o último dia daquele em que for editada;

d) Não editado o decreto legislativo a que se refere o § 3º do art. 62 da CF até 30 (trinta) dias após a rejeição ou perda de eficácia de medida provisória, as relações jurídicas constituídas e decorrentes de atos praticados durante sua vigência conservar-se-ão por ela regidos.

Resposta: B

(TRF 1ª Região – Juiz – 2006) A autoridade fiscal, ao aplicar sanção ao infrator de lei tributária, diante de dúvida quanto à natureza da penalidade aplicável, deverá interpretar a norma legal de forma:

a) analógica;
b) benigna;
c) equitativa;
d) literal.

Resposta: B

(TRF 5ª Região – Juiz – 2006) Julgue o próximo item de acordo com o CTN e à luz da Constituição Federal.

31. No Brasil, um tratado internacional em matéria tributária tem, em regra, o tratamento dedicado ao conceito de legislação tributária, a qual compõe. Assim, se o Estado Brasileiro aprova um tratado internacional em matéria tributária, as disposições desse tratado têm o condão de revogar ou de modificar a legislação tributária interna. Todavia, se o tratado for aprovado, em cada casa do Congresso Nacional, em dois turnos, por três quintos dos votos dos respectivos membros, passa a equivaler a emenda constitucional.

Resposta: Errado.

(TRF 5ª Região – Juiz – 2001) Um contribuinte sonegou operação tributável e deixou de recolher o imposto devido em determinado exercício financeiro. Passados quatro anos, sob a vigência de alíquota do imposto e multa por infração reduzidas, o fiscal comparece ao estabelecimento para lavrar um auto de infração. Nesta hipótese, deverá aplicar:

a) a alíquota mais gravosa vigente à data do fato gerador e cominar a multa menos gravosa vigente à data da autuação fiscal.

b) a alíquota do imposto e a multa fiscal menos gravosas vigentes à data da autuação fiscal.
c) a alíquota do imposto e a multa fiscal mais gravosas vigentes à data da ocorrência do fato gerador.
d) a alíquota menos gravosa vigente à data da autuação fiscal e cominar a multa mais gravosa vigente à data da ocorrência do fato gerador.
e) os dispositivos do Código Tributário Nacional e deixar de apurar o imposto e respectiva multa, reconhecendo o decurso do prazo decadencial.

Resposta: A

(TRF 5ª Região – Juiz – 2001) Em nosso sistema tributário, há consenso no sentido de que os tratados internacionais, firmados pelo presidente da República,

a) se sobrepõem às normas internas de qualquer hierarquia, mesmo constitucional.
b) somente podem dispor sobre matéria tributária de competência da União.
c) aplicam-se no âmbito federativo federal, estadual e municipal, desde que ratificados pelas respectivas Casas Legislativas.
d) podem modificar a legislação tributária interna se forem ratificados por decreto legislativo do Congresso Nacional.
e) não podem dispor sobre exonerações tributárias internas de qualquer natureza.

Resposta: D

Capítulo 12

Obrigação e responsabilidade tributária

12.1. OBRIGAÇÃO PRINCIPAL E ACESSÓRIA

O CTN chama de obrigação a relação jurídica estabelecida entre o Estado e o sujeito passivo, no consequente da regra matriz de incidência. A obrigação pode ser principal ou acessória.

A obrigação principal surge com a ocorrência do fato gerador, tem por objeto o pagamento de tributo ou penalidade pecuniária e extingue-se juntamente com o crédito dela decorrente. É obrigação de cunho pecuniário, ou seja, obriga o sujeito passivo a entregar dinheiro ao Estado, seja a título de tributo, seja a título de penalidades (multas tributárias). Estas obrigações só podem ser instituídas por leis.

A obrigação acessória é decorrente da legislação tributária e tem por objeto as prestações, positivas ou negativas, nela previstas no interesse da arrecadação ou da fiscalização dos tributos. A obrigação acessória, pelo simples fato da sua inobservância, converte-se em obrigação principal relativamente à penalidade pecuniária (CTN, art. 113). Estas obrigações podem ser instituídas por leis ou, na omissão ou delegação destas, pelas normas infralegais (decretos e normas complementares).

As obrigações acessórias (também chamadas de deveres formais) obrigam a ações ou omissões que não signifiquem pagamento. Exemplos: declarar rendas, bens ou operações; emitir notas fiscais; manter escrituração fiscal; não transportar mercadorias sem documento fiscal etc. (RUSCHMANN, 2006, p. 131). O não cumprimento de uma obrigação acessória é fato gerador de outra obrigação, desta vez principal, relativa ao pagamento de uma penalidade (multas quase sempre).

12.2. FATO GERADOR

Fato gerador é a situação, prevista em norma jurídico-tributária, que gera ou cria a obrigação tributária. A legislação utiliza esta expressão largamente e com dois significados:

a) *Abstrato:* a expressão "fato gerador" pode significar a descrição em tese, presente na lei, de um fato ou situação que faz surgir a obrigação tributária;
b) *Concreto:* pode também significar a ocorrência real deste fato ou situação, antes descrita na lei (AMARO, 2004, p. 249).

A doutrina dominante, todavia, denomina de hipótese de incidência o fato gerador abstrato, e de fato gerador o fato gerador concreto (ATALIBA, 1991, p. 73).

O CTN classifica os fatos geradores segundo o tipo de obrigação que produzem: principal e acessória.

Fato gerador da obrigação principal é a situação definida em lei como necessária e suficiente à sua ocorrência.

Fato gerador da obrigação acessória é qualquer situação que, na forma da legislação aplicável, impõe a prática ou a abstenção de ato que não configure obrigação principal (CTN, arts. 114-115).

Outra classificação diferencia os fatos geradores entre instantâneos, periódicos ou continuados.

Os fatos instantâneos realizam-se num único momento e situação (por exemplo, ICMS, ISSQN, IPI etc.).

Os fatos periódicos constituem-se de um conjunto de acontecimentos ou operações ocorridas ao longo de um certo período (ano, trimestre, mês, etc.) e que são considerados como um único fato gerador (por exemplo, IRPF, CSSL etc.). São também chamados complexivos.

Os fatos continuados ocorrem num único momento, mas que se repete periodicamente (uma vez por ano, em regra) e representam uma relação ou operação duradoura ou por prazo indeterminado, como a propriedade (casos como o do IPTU, ITR, IPVA) (AMARO, 2004, p. 259).

O fato gerador ocorre por força da incidência da norma jurídica e, portanto, é preciso definir claramente qual o exato momento de sua ocorrência. O momento da ocorrência do fato gerador (também chamado aspecto temporal da hipótese de incidência) é um dado fundamental para a exata definição da obrigação, razão pela qual o CTN preocupou-se em estabelecer normas para defini-lo nos diversos tributos.

O CTN estabelece método para definir o momento do fato gerador, composto das seguintes fases:

1ª) Definição em lei;

2ª) Classificação da situação.

Assim, caberá à lei instituidora definir o momento do fato gerador para cada situação, como faz, por exemplo, a LC nº 87/1996, no artigo 12 (ICMS). Contudo, se a lei não o fizer, o CTN estabelece regra residual, que se apoia na classificação da situação retratada no fato gerador entre situação de fato e jurídica (FREITAS, 2005, p. 558).

A situação jurídica é uma situação já regulada pelo Direito Positivo (por exemplo no CC, no CPC, em leis etc.) e que, nesta disciplina, já existe definição quanto ao momento de sua constituição. Exemplo: transmissão *inter vivos* de bens imóveis (CC/2002, art. 1.245). O CTN afirma que, neste caso (e ausente disciplina na lei tributária), o fato gerador considera-se ocorrido desde o momento em que a situação esteja definitivamente constituída, nos termos de direito aplicável (CTN, art. 116, II).

A situação fática (ou de fato) são as demais situações não reguladas nem pelo Direito Tributário e nem pelos demais ramos jurídicos, mas que ocorrem na vida prática e ensejam o nascimento de obrigações. Exemplos: cheque pré-datado; contratos civis atípicos (CC/2002, art. 425). Tratando-se de situação de fato, desde o momento em que se verifiquem as circunstâncias materiais necessárias a que produza os efeitos que normalmente lhes são próprios (CTN, art. 116, I).

Dentre as situações jurídicas, existe disciplina especial para os negócios jurídicos condicionais. Neste caso, também a lei tributária poderá definir momento específico mas, se não o fizer, necessário será classificar o tipo de condição a que o ato se subordina. Considera-se condição a cláusula que, derivando exclusivamente da vontade das partes, subordina o efeito do negócio jurídico a evento futuro e incerto (CC/2002, art. 121). As condições podem ser suspensivas ou resolutórias.

Condições suspensivas são condições que subordinam, ao seu implemento, a eficácia do ato e a aquisição do direito a que ele visa (CC/2002, art. 125). Os atos ou negócios jurídicos condicionais reputam-se perfeitos e acabados, sendo suspensiva a condição, desde o momento de seu implemento (CTN, art. 117, I). Exemplos: *vide* Freitas (2005, p. 565).

Condições resolutórias (ou resolutivas) são as que, enquanto se não realizarem, vigorará o negócio jurídico, podendo exercer-se desde a conclusão deste o direito por ele estabelecido (CC/2002, art. 127). Os atos ou negócios jurídicos condicionais reputam-se perfeitos e acabados, sendo resolutória a condição, desde o momento da prática do ato ou da celebração do negócio (CC/2002, art. 127). Exemplos: *vide* Freitas (2005, p. 565).

Mas é comum que o sujeito passivo, não querendo se sujeitar às obrigações advindas da ocorrência de fatos geradores, busque:

a) evitar sua ocorrência, replanejando suas ações de forma a evitar que o fato se realize;
b) já ocorrido o fato, dissimular (esconder, camuflar) sua ocorrência, de forma a enganar as autoridades e evitar que se lhe exijam o cumprimento da obrigação. A primeira conduta é lícita, e a segunda, não.

Alguns autores designam a primeira conduta como evasão lícita, e a segunda como evasão ilícita (BALEEIRO, 1981). Outros chamam a primeira de elisão, e a segunda, de evasão (apud PAULSEN, 2009, p. 914). Outros afirmam que, no primeiro caso, pode haver evasão (quando não se realiza o fato por prevenção) e elisão (quando se adota planejamento tributário), e que no segundo haveria sonegação ou fraude (ROSA JÚNIOR, 2009, p. 505). Há quem prefira chamar de elisão a conduta ilícita, e de evasão a lícita (MACHADO, 2004, p. 132).

Já outros autores falam de elisão para se referir à conduta do sujeito passivo, que tenta esconder o fato gerador (hipótese "b" acima) e de ilisão para a conduta preventiva à ocorrência (hipótese "a"). Em Direito a expressão "ilisão" (ou o termo "iludir") é mais utilizada no sentido de contestar, refutar, opor-se a alguma coisa.

Há também quem veja uma terceira designação: a elusão, que seria a "manipulação artificiosa da estrutura negocial", ou seja, o uso de negócios jurídicos válidos, mas desprovidos de causa, para gerar efeito tributário inválido (RIP 42/9).

Para a conduta ilícita do contribuinte (evasiva ilegal, evasiva ou elusiva), o CTN prevê a "Norma Geral Antielisão" (RFDT 30/26), a qual preceitua que a autoridade administrativa poderá desconsiderar atos ou negócios jurídicos praticados com a finalidade de dissimular a ocorrência do fato gerador do tributo ou a natureza dos elementos constitutivos da obrigação tributária, observados os procedimentos a serem estabelecidos em lei ordinária (CTN, art. 117, parágrafo único). A constitucionalidade desta norma está sendo debatida (ainda sem solução) na Ação Direta de Inconstitucionalidade nº 2.446 junto ao STF.

Esta norma permite que a autoridade administrativa, sem prévia autorização judicial, mas sujeita a seu controle posterior, desconsidere a aparência em prol da realidade comprovada, e desde que atue de forma legalmente válida (AMARO, 2004, p. 56). Exemplo: nos lançamentos em que se apura omissão de receita ou rendimentos, decorrentes de depósitos bancários de origem não comprovada, é cabível a qualificação da multa de ofício quando constatada a movimentação de recursos em contas bancárias de interpostas pessoas (Súmula Vinculante CARF nº 34, através da Portaria MF nº 383/2010).

A interpretação quanto à definição legal do fato gerador é tratada no artigo 118 do CTN. Interessam, segundo esta norma geral, apenas os efeitos econômicos produzidos pelos atos, e não sua validade, licitude ou moralidade. Por isso, na interpretação acerca da incidência (ou não) de norma jurídica tributária, deve-se abstrair aspectos atinentes à validade jurídica dos atos efetivamente praticados pelos contribuintes, responsáveis, ou terceiros, bem como da natureza do seu objeto ou dos seus efeitos, como também dos efeitos dos fatos efetivamente ocorridos (CTN, art. 118, I e II).

Trata-se aqui da aplicação do princípio *pecunia non olet*, atribuído ao imperador Romano Vespasiano (9-79 d.C.). Este princípio (representado pelo CTN, art. 118) permite a tributação do produto de atividades ilícitas, inclusive de natureza penal (STF, HC 77530/RS; STJ, HC 88565/RR). Contudo, não admite que a atividade ilícita em si figure como fato gerador da obrigação (CTN, art. 3º). Assim, por exemplo, admite-se que a renda auferida por traficante de drogas seja tributada, mas não permite que o tráfico de drogas seja fato gerador de tributo. Outros exemplos, *vide* Freitas (2005, p. 560).

12.3. SUJEITO ATIVO E SUJEITO PASSIVO

Uma relação jurídica envolve a presença de sujeitos, que são os atores a quem se atribui participar dela. Costuma-se denominar de capacidade tributária a aptidão, conferida pelo ordenamento, para que uma pessoa (ou entidade equiparada) possa ser sujeito de uma relação jurídico-tributária. Na relação tributária, há duas espécies de sujeitos: ativo e passivo.

O sujeito ativo da obrigação é a pessoa jurídica de Direito Público titular da competência para exigir o seu cumprimento (CTN, art. 119). O sujeito ativo detém capacidade tributária ativa, a qual apresenta algumas características e institutos.

A capacidade ativa não se confunde com competência tributária. Competência é o poder de instituir e legislar sobre tributos, é estabelecido pela Constituição, é indelegável, incaducável, irrenunciável. A capacidade ativa, ao contrário, é o poder de exigir (cobrar) tributos, que é estabelecido pelas leis, delegável, renunciável, avocável (MORAES, 1995, p. 273).

A capacidade ativa compreende uma grande gama de funções, tais como arrecadar, fiscalizar tributos, executar leis, serviços, atos ou decisões administrativas em matéria tributária. Estas funções podem ser atribuídas por uma pessoa jurídica de Direito Público a outra, logo, é um poder delegável (CTN, art. 7º).

A delegação de capacidade ativa:

a) compreende as garantias e os privilégios processuais que competem à pessoa jurídica de Direito Público que a conferir.
b) pode ser revogada, a qualquer tempo, por ato unilateral da pessoa jurídica de Direito Público que a tenha conferido (CTN, art. 7º, §§ 1º e 2º). Dá-se o nome de parafiscalidade à situação em que uma pessoa delega a outra a capacidade ativa (FREITAS, 2005, p. 31).

A capacidade ativa pode ser exercida, segundo o CTN, por pessoas jurídicas de Direito Público, que são a União, os Estados, o Distrito Federal, os Territórios, os Municípios, as autarquias, inclusive as associações públicas, as demais entidades de caráter público criadas por lei (como as fundações públicas) (CC/2002, art. 41). Os territórios federais, apesar de não possuírem competência (que pertence à União), são aptos a exercer a capacidade ativa por delegação.

As pessoas jurídicas de direito privado (CC/2002, art. 44) não poderiam ser sujeitos ativos, segundo o CTN, art. 119 (PAULSEN, 2009, p. 927; MORAES, 1995, p. 273), mas alguns autores sustentam o contrário (CARVALHO, 2005, p. 297; AMARO, 2004, p. 286). De qualquer forma, a mera arrecadação (o simples ato de receber o tributo devido, como fazem os bancos, por exemplo) pode ser delegada a pessoas de Direito Privado (CTN, art. 7º, § 3º).

Não é possível, segundo a opinião dominante, a existência de solidariedade ativa tributária, em face da rígida divisão de competências estabelecidas pela Constituição (MORAES, 1995).

Por fim, a capacidade ativa comporta o instituto da sub-rogação. A sub-rogação ocorre na hipótese da criação de novos entes da Federação através de desmembramento territorial de outro ente já existente. Refere-se a novos Estados e Municípios, nos termos da CF/1988, art. 18, §§ 3º e 4º. Neste caso (e salvo disposição de lei em contrário), a pessoa jurídica de direito público que se constituir pelo desmembramento territorial de outra sub-roga-se nos direitos desta, cuja legislação tributária aplicará até que entre em vigor a sua própria (CTN, art. 120).

O sujeito passivo da obrigação, por sua vez, será a pessoa (ou equiparado) obrigada a seu cumprimento. Todas as obrigações (principais ou acessórias) têm sujeito passivo. Este detém capacidade tributária passiva.

O sujeito passivo da obrigação principal é a pessoa obrigada ao pagamento de tributo ou penalidade pecuniária. Diz-se:

a) contribuinte, quando tenha relação pessoal e direta com a situação que constitua o respectivo fato gerador;
b) responsável, quando, sem revestir a condição de contribuinte, sua obrigação decorra de disposição expressa de lei (CTN, art. 121 e parágrafo único). Exemplo: no imposto de renda, o empregado é o contribuinte do imposto sobre os salários, e a fonte pagadora é o responsável (MACHADO, 2004, p. 131).

Sujeito passivo da obrigação acessória é a pessoa obrigada às prestações que constituam o seu objeto (CTN, art. 122). Exemplo: Decreto-Lei nº 1.510, de 27.12.1976, art. 15.

12.4. CAPACIDADE TRIBUTÁRIA PASSIVA

A capacidade tributária, como dissemos, corresponde a atributos exercidos pelos sujeitos da relação jurídico-tributária e pode ser ativa ou passiva. Já discorremos sobre as características e institutos da capacidade ativa, e examinaremos agora tais elementos frente à capacidade passiva.

O primeiro tópico diz respeito à influência das convenções particulares sobre a capacidade passiva. O CTN prescreve que as convenções particulares relativas à responsabilidade pelo pagamento de tributos não podem ser opostas à Fazenda Pública, para modificar a definição legal do sujeito passivo das obrigações tributárias correspondentes (CTN, art. 123). Ou seja, é a lei que define o sujeito passivo de uma obrigação e somente ela pode modificá-lo ou exonerá-lo. Portanto, os particulares não podem, salvo se a lei dispuser em contrário, exonerar-se contratualmente do cumprimento de obrigações tributárias decorrentes (COÊLHO, 2007, p. 340). Exemplo: locatário pode estar obrigado pelo contrato a pagar o IPTU, mas permanece o locador como sujeito passivo perante o município, para todos os fins (NERY JÚNIOR, 2007, p. 1261).

A capacidade tributária passiva não depende:

a) da capacidade civil das pessoas naturais;
b) de achar-se a pessoa natural sujeita a medidas que importem privação ou limitação do exercício de atividades civis, comerciais ou profissionais, ou da administração direta de seus bens ou negócios;
c) de estar a pessoa jurídica regularmente constituída, bastando que configure uma unidade econômica ou profissional (CTN, art. 126).

Por isso, são sujeitos passivos para todos os fins, a título de exemplo: os menores, os loucos, os pródigos, as pessoas em coma, os surdos-mudos (incapazes de se comunicar), os profissionais proibidos de exercício de atividades (temporária ou permanentemente), os falidos, a sociedade irregular (ou de fato), independente de haver ou não interdição judicial ou outra medida que restrinja a livre disposição ou administração do patrimônio.

Ao contrário do que ocorre na capacidade ativa, a capacidade passiva comporta solidariedade. Há solidariedade quando na mesma obrigação concorre mais de um credor, ou mais de um devedor, cada um com direito, ou obrigado, à dívida toda (CC/2002, art. 264).

No Direito Tributário, são solidariamente obrigadas:

a) as pessoas que tenham interesse comum na situação que constitua o fato gerador da obrigação principal.

b) as pessoas expressamente designadas por lei (por exemplo: Lei nº 8.212/1991, art. 30, VI) (CTN, art. 124).

Entende-se por interesse comum o fato de duas ou mais pessoas participarem, ao mesmo tempo, da situação que configura o fato gerador, como, por exemplo, os coproprietários para fins do IPTU, ITR ou IPVA (CARVALHO, 2005, p. 313).

Diferente das obrigações do Direito Privado, a solidariedade passiva tributária não comporta benefício de ordem (CTN, art. 124, parágrafo único). Entende-se como benefício de ordem (ou benefício de excussão) a faculdade de que dispõe o codevedor solidário de exigir que o credor acione, em primeiro lugar, o devedor principal (*vide* CC/2002, art. 827, parágrafo único; MACHADO, 2004, p. 144). Portanto, o fisco pode agir indistintamente contra qualquer dos devedores solidários, com exceção das situações previstas no CTN, arts. 133, II, 134 e 135 (ROSA JÚNIOR, 2009, p. 310).

A solidariedade produz os seguintes efeitos:

a) o pagamento efetuado por um dos obrigados aproveita aos demais;
b) a isenção ou remissão de crédito exonera todos os obrigados, salvo se outorgada pessoalmente a um deles, subsistindo, nesse caso, a solidariedade quanto aos demais pelo saldo;
c) a interrupção da prescrição, em favor ou contra um dos obrigados, favorece ou prejudica aos demais (CTN, art. 125). A lei poderá dispor de forma diferente, todavia.

12.5. DOMICÍLIO TRIBUTÁRIO

Domicílio é o centro geográfico-jurídico de uma pessoa onde se presume sua localização para fins de Direito (DINIZ, 2006, p. 106; CC/2002, arts. 70-78). O domicílio tributário é disciplinado pelo CTN em seu artigo 127.

O domicílio tributário é definido por eleição (escolha) do sujeito passivo (por exemplo, cadastro no CPF ou CNPJ). Sobre a eleição:

a) deve ser realizada na forma da legislação aplicável;
b) a autoridade administrativa pode recusar o domicílio eleito quando impossibilite ou dificulte a arrecadação ou a fiscalização do tributo.

Na falta da eleição, o domicílio tributário é definido diretamente pelo CTN, art. 127, conforme o tipo de sujeito passivo.

Se o sujeito passivo for pessoa natural, seu domicílio será sua residência habitual, ou, sendo esta incerta ou desconhecida, o centro habitual de sua atividade.

Para as pessoas jurídicas de Direito Privado (CC/2002, art. 44), será o lugar da sua sede, ou, em relação aos atos ou fatos que derem origem à obrigação, o de cada estabelecimento. Tal disposição se aplica aos empresários (CC/2002, art. 966), que o CTN ainda chama de firmas individuais.

As pessoas jurídicas de Direito Público (CC/2002, art. 75), na falta ou recusa de eleição, terão domicílio em qualquer de suas repartições no território da entidade tributante. Importante recordar que, além de sujeitos ativos, estas pessoas também podem ser sujeitos passivos de alguns tributos, como ocorre no PIS/PASEP.

Quando não couber a aplicação das regras fixadas em qualquer destas hipóteses, ou quando a Administração recusar o domicílio eleito, considerar-se-á como domicílio tributário do contribuinte ou responsável o lugar da situação dos bens ou da ocorrência dos atos ou fatos que deram origem à obrigação. (CTN, art. 127, §§ 1º e 2º).

12.6. RESPONSABILIDADE TRIBUTÁRIA

As normas do CTN sobre responsabilidade tributária, na verdade, dizem respeito à atribuição a terceiros (além do sujeito passivo) da responsabilidade sobre a obrigação tributária. Podemos classificar a responsabilidade tributária em duas modalidades básicas: a) responsabilidade por substituição; e b) responsabilidade por transferência (COÊLHO, 2007, p. 346).

12.6.1 Responsabilidade por substituição

A substituição tributária se dá quando a lei, ao definir o sujeito passivo da obrigação, atribui a responsabilidade a pessoa indiretamente relacionada ao fato gerador. O CTN estabelece, a respeito, que a lei pode atribuir de modo expresso a responsabilidade pelo crédito tributário a terceira pessoa vinculada ao fato gerador da respectiva obrigação, excluindo a responsabilidade do contribuinte ou atribuindo-a a este em caráter supletivo do cumprimento total ou parcial da referida obrigação (CTN, art. 128).

Surgem, na substituição, duas pessoas: o sujeito passivo substituído, que é a pessoa participante do fato gerador, e o sujeito passivo substituto, que é o terceiro a quem foi atribuída a responsabilidade.

A substituição tributária comporta duas espécies: a substituição progressiva (ou "para frente") e a regressiva (ou "para trás"). Na progressiva, o substituto é responsabilizado por fato gerador ainda por ocorrer, enquanto na substituição regressiva o substituto responde por fato já ocorrido.

A substituição para frente é tratada pela Constituição. Esta define que a lei poderá atribuir a sujeito passivo de obrigação tributária a condição de responsável pelo pagamento de impostos ou contribuição cujo fato gerador deva ocorrer posteriormente (CF/1988, art. 150, § 7º). Exemplo: ICMS incidente sobre a revenda de veículo pela concessionária é cobrado pela fábrica de automóveis (STJ, EREsp nº 95.0052520/SP).

O citado artigo prossegue dizendo que é assegurada a imediata e preferencial restituição da quantia paga caso não se realize o fato gerador presumido. Mas o STF firmou entendimento na hipótese de o fato gerador presumido ocorrer, mas em dimensão diversa da presumida. Neste caso, considerou-se que o fato gerador presumido não é provisório, mas sim definitivo, ou seja, o fato presumido não é uma mera antecipação sujeita a posterior ajuste (STF, ADI nº 1851/DF).

Na substituição regressiva, a lei atribui de modo expresso a responsabilidade pelo crédito tributário a terceira pessoa, vinculada ao fato gerador da respectiva obrigação, por fato gerador já ocorrido. Exemplo: a fábrica de cigarros que é obrigada a recolher o IPI devido pelos fornecedores de matéria-prima.

Neste caso, da mesma forma, a lei pode excluir a responsabilidade do contribuinte totalmente ou pode mantê-lo com responsabilidade subsidiária (supletiva), ou seja, se o substituto não cumprir a obrigação, o substituído pode ser acionado. Na substituição regressiva é bastante comum ocorrer o fenômeno do diferimento, que é o adiamento, pela norma jurídica, da exigibilidade do crédito tributário para momento posterior. Assim, o tributo que seria devido no fornecedor é diferido para ser exigido na etapa seguinte, junto ao substituto (fábrica de cigarros).

12.6.2. Responsabilidade por transferência

A transferência ocorre quando, após o nascimento da obrigação para sujeito passivo original, por força do acontecimento de fatos juridicamente qualificados, a responsabilidade transfere-se para terceira pessoa que, em circunstâncias normais, não figuraria no polo passivo da relação tributária.

A transferência da responsabilidade pode ocorrer em três hipóteses: sucessões, terceiros e infrações.

12.7. SOLIDARIEDADE. RESPONSABILIDADE DOS SUCESSORES

A responsabilidade por sucessão pode ocorrer nas sucessões de bens, de pessoas naturais (morte), de pessoas jurídicas e de estabelecimentos. Abrangem-se os créditos oriundos de fatos geradores ocorridos antes da sucessão.

Na transferência da responsabilidade na hipótese da sucessão na titularidade de bens, em regra, são pessoalmente responsáveis o adquirente ou remitente pelos tributos relativos aos bens adquiridos ou remidos (CTN, art. 131, I). O remitente é aquele que praticou remição, ou seja, resgatou o bem com o pagamento da dívida a que ele prestava garantia. Esta regra comporta, todavia, duas exceções: sucessão de bens imóveis e em hasta pública.

O primeiro caso (imóveis) refere-se aos créditos tributários relativos a impostos cujo fato gerador seja a propriedade, o domínio útil ou a posse de bens imóveis (por exemplo, IPTU, ITR), e bem assim os relativos a taxas pela prestação de serviços referentes a tais bens (por exemplo, taxa de lixo) ou a contribuições de melhoria, sub-rogam-se na pessoa dos respectivos adquirentes, salvo quando conste do título a prova de sua quitação (CTN, art. 130).

O segundo caso se refere também a imóveis, quando arrematados em hasta pública. Neste caso, o arrematante não responderá pessoalmente, mas a sub-rogação ocorrerá sobre o preço da arrematação, ou seja, o numerário pago pelo arrematante será destinado à satisfação da obrigação tributária. Na arrematação de bens móveis, segundo a opinião dominante, aplica-se a regra, ou seja, sub-rogação sobre o arrematante (STJ, REsp nº 819808/SP).

As sucessões das pessoas naturais, que ocorrem por força de sua morte, são reguladas pelo CC/2002, arts. 1.784 e seguintes. A responsabilidade pelas obrigações tributárias nascidas até a morte da pessoa transmite-se aos seus sucessores, razão pela qual não se dá a extinção dos respectivos créditos. O CTN estabelece que são pessoalmente responsáveis:

a) o espólio, pelos tributos devidos pelo falecido (*de cujus*) até a data da abertura da sucessão, ou seja, pelos fatos geradores ocorridos até a morte da pessoa; e
b) o sucessor a qualquer título e o cônjuge meeiro, pelos tributos devidos pelo falecido até a data da partilha ou adjudicação, limitada esta responsabilidade ao montante do quinhão, do legado ou da meação (CTN, art. 131).

A pessoa jurídica resultante de fusão, transformação ou incorporação de outra ou em outra é responsável pelos tributos devidos até a data do ato pelas pessoas jurídicas de Direito Privado fusionadas, transformadas ou incorporadas. Isso ocorre com as pessoas jurídicas de Direito Privado (CC/2002, art. 44). Há, portanto, transferência da responsabilidade da pessoa jurídica anterior à mutação para a resultante.

Nos casos de extinção de pessoas jurídicas de Direito Privado, a responsabilidade se transfere ao sócio remanescente (ou ao seu espólio) quando a exploração da respectiva atividade seja continuada por ele, irrelevante se sob a mesma ou outra razão social, ou sob firma individual (CTN, art. 132).

A sucessão de titularidade sobre fundo de comércio ou estabelecimento comercial não se confunde com a hipótese anterior. Naquela, há mudança da personalidade jurídica (ou seja, muda o sujeito), nesta, há mudança de titularidade sobre bens (fundo de comércio ou estabelecimento). Fundo de comércio é o conjunto de ativos de um comerciante, incluindo seus estoques, imóveis, marcas, nome, clientela, localização etc., independentemente de serem ou não ativos no conceito contábil. Abrange essa acepção todo o conjunto de fatores que o comerciante tem à sua disposição para exercer sua atividade. (REQUIÃO, 2000, p. 204). Estabelecimento é o complexo de bens organizado para o exercício da empresa, por empresário ou por sociedade empresária, e pode ser objeto unitário de direitos e de negócios jurídicos, translativos ou constitutivos, que sejam compatíveis com a sua natureza (CC/2002, art. 1.142).

Vejamos um exemplo extraído do Exame da OAB (CESPE):

> "[...] João adquiriu de Pedro uma das lojas de tecidos que este possuía e que funcionava no mesmo endereço havia vinte anos. João continuou, então, aquela atividade comercial, mas criou, para tanto, nova empresa, com novo registro empresarial. Certo dia, recebeu do fisco estadual uma notificação para pagamento de ICMS relativo a vendas ocorridas na loja que comprara, sendo elas realizadas em data anterior à da operação de compra da loja. Considerando-se a situação hipotética apresentada, é correto afirmar que João responderá pela dívida tributária anterior subsidiariamente com Pedro, desde que este continue a explorar a venda de tecidos em suas outras lojas [...]".

Tanto a pessoa natural como a jurídica (de Direito Privado), quando adquirir de outra, por qualquer título, fundo de comércio ou estabelecimento comercial, industrial ou profissional, e continuar a respectiva exploração, poderá responder pelos tributos relativos ao fundo ou estabelecimento adquirido devidos até a data do ato, na forma do CTN, art. 133. Isso ocorre independente da razão social, nome ou firma adotados. Há, neste caso, três possibilidades de responsabilidade do adquirente: a) integral; b) subsidiária; e c) alienação judicial em falências ou recuperação judicial.

A responsabilidade é transferida integralmente se o alienante cessar a exploração do comércio, indústria ou atividade. O adquirente, outrossim, responde subsidiariamente com o alienante, se este prosseguir na exploração ou iniciar dentro de seis meses a contar da data da alienação nova atividade no mesmo ou em outro ramo de comércio, indústria ou profissão.

O estabelecimento (ou fundo de comércio) pode ser alienado judicialmente em processos de falência ou de recuperação judicial. Nesta última se dará sobre filial ou unidade produtiva isolada, uma vez que a empresa tende a permanecer. Caso ocorra a alienação nestas condições, não se transfere ao arrematante (ou adquirente) a responsabilidade, visando estimular e prestigiar esta forma de procedimento, tão útil para a solução e salvação de empresas, empregos e capitais.

Mas a responsabilidade pode ocorrer (integral ou subsidiariamente, conforme o caso) mesmo nas alienações judiciais, quando ficar comprovado que o adquirente é interessado, controlado ou está a serviço da empresa falida ou em recuperação. O propósito é claro: coibir fraudes e abusos durante os processos de falência e recuperação judicial.

São considerados como "interessados":

a) sócio da sociedade falida ou em recuperação judicial, ou sociedade controlada pelo devedor falido ou em recuperação judicial;
b) parente, em linha reta ou colateral até o quarto grau (ver CC/1.592), consanguíneo ou afim, do devedor falido ou em recuperação judicial ou de qualquer de seus sócios; ou
c) identificado como agente do falido ou do devedor em recuperação judicial com o objetivo de fraudar a sucessão tributária (sobre grau de parentesco, veja: CC/2002, art. 1.591 e ss; DINIZ, 2006, p. 1295).

Configurada uma das hipóteses, a responsabilidade do adquirente será transferida de forma integral (se o alienante cessou suas atividades) ou subsidiariamente (se o mantém-se em funcionamento).

A segunda forma de transferência ocorre em relação a terceiros. Pode se dar, conforme o CTN, de forma solidária ou pessoal.

A transferência solidária pressupõe que:

1) seja impossível exigir a obrigação principal pelo contribuinte (por exemplo, por insolvência);
2) que o terceiro tenha agido (ou se omitido) para a realização do ato que gerou a obrigação.

São considerados terceiros para este fim:

a) os pais, pelos tributos devidos por seus filhos menores;
b) os tutores e curadores, pelos tributos devidos por seus tutelados ou curatelados;
c) os administradores de bens de terceiros, pelos tributos devidos por estes;
d) o inventariante, pelos tributos devidos pelo espólio;
e) o síndico e o comissário, pelos tributos devidos pela massa falida ou pelo concordatário;
f) os tabeliães, escrivães e demais serventuários de ofício, pelos tributos devidos sobre os atos praticados por eles, ou perante eles, em razão do seu ofício;
g) os sócios, no caso de liquidação de sociedade de pessoas (CTN, art. 134, I a VII).

Não se aplica esta disposição (letra "g") aos sócios de sociedades por quotas de responsabilidade limitada, pois o STF reconheceu que estas sociedades são mistas (e não somente de pessoas) (STF, RE nº 70870/SP). Por este motivo, a jurisprudência entende que os bens do sócio quotista não respondem solidariamente por dívidas da sociedade (STJ, EREsp nº 260107).

Transfere-se, por esta modalidade, a responsabilidade sobre tributos e penalidades de caráter moratório, não se transferindo outras espécies de penalidades.

A transferência pessoal pressupõe que a obrigação tenha origem em atos praticados, pelo terceiro, com:

a) excesso de poderes; ou
b) infração à lei, contrato social ou estatutos.

São considerados terceiros para este fim:

a) as pessoas referidas no artigo 134 (pais, tutores, curadores, administradores, inventariantes, síndicos, comissários, tabeliães, escrivães e outros, sócios das sociedades de pessoas);
b) os mandatários, prepostos e empregados;
c) os diretores, gerentes ou representantes de pessoas jurídicas de direito privado.

Em relação às sociedades haverá transferência pessoal nas hipóteses acima elencadas, e não simplesmente pela qualidade de sócio (MACHADO, 2004, p. 155; STJ, EREsp nº 109639).

O simples inadimplemento de obrigações tributárias não caracteriza infração e não permite a transmissão pessoal (STJ, REsp nº 778605/PR). Mas a dissolução irregular é reconhecida como pressuposto para a transmissão pessoal, situação que alberga a hipótese em que a sociedade deixa de funcionar na sede ou estabelecimento sem deixar nova direção ou responsáveis (STJ, REsp nº 841855/PR).

12.8. RESPONSABILIDADE POR INFRAÇÕES

O CTN estabelece que a responsabilidade por infrações da legislação tributária não depende da intenção do agente ou do responsável, nem da efetividade, natureza e extensão dos efeitos do ato. Mas ressalva que a lei pode estabelecer outro regime (CTN, art. 136). Em nosso Direito, há duas correntes sobre o alcance desta norma: a) a responsabilidade é de natureza objetiva e independe de dolo ou culpa (ROSA JÚNIOR, 2009, p. 343; STJ, REsp nº 1161661/AL) e b) a responsabilidade é de natureza subjetiva e exonera o infrator em caso de culpa (MACHADO, 2004, p. 620; STJ, REsp nº 777732/MG).

Parece predominar, na atualidade, a posição no sentido de que a responsabilidade é em regra objetiva, mas admite temperamentos em face da equidade e da interpretação benigna (STJ, REsp nº 494080/RJ).

Esta regra, todavia, encontra exceção no artigo 137 do mesmo *codex*, quando estabelece casos em que a responsabilidade será pessoal ao agente, ou seja, ao executor material da infração.

A primeira hipótese ocorre com as infrações conceituadas por lei como crimes ou contravenções, salvo quando praticadas no exercício regular de administração, mandato, função, cargo ou emprego, ou no cumprimento de ordem expressa emitida por quem de direito.

Também responde pessoalmente o agente nas infrações em cuja definição o dolo específico do agente seja elementar, ou seja, quando a descrição da infração exige a comprovação da vontade (dolo) de praticar a conduta ilícita (MACHADO, 2004, p.159).

A terceira situação diz respeito às infrações que decorram direta e exclusivamente de dolo específico. Neste caso, serão pessoalmente responsáveis:

a) terceiros (pais, tutores, curadores, inventariantes, síndicos, etc. CTN, art. 134) contra aquelas por quem respondem;
b) mandatários, prepostos ou empregados contra seus mandantes, preponentes ou empregadores;
c) os diretores, gerentes ou representantes de pessoas jurídicas de direito privado contra estas.

A disciplina do CTN sobre infrações inclui ainda o instituto da denúncia espontânea. Trata-se de norma que tem por finalidade estimular os sujeitos passivos infratores a retificarem seus atos espontaneamente, sem que a Administração precise iniciar qualquer procedimento coativo.

A denúncia espontânea da infração consiste no pagamento do tributo devido (e atualizado) e dos juros de mora. No caso de tributos que dependem de apuração, a denúncia consistirá no depósito da importância arbitrada pela autoridade administrativa. Esta atitude do sujeito passivo deve ocorrer antes do início de qualquer procedimento administrativo ou medida de fiscalização relacionados com a infração (CTN, art. 138).

A denúncia espontânea não exige forma ou declaração especial, bastando o pagamento ou depósito (STJ, REsp nº 204555). O pedido de parcelamento não equivale a pagamento e, consequentemente, não permite a aplicação do CTN, art. 138 (STJ, REsp nº 378795/GO; ex-TFR, Súmula nº 138). Não se aplica às obrigações acessórias (STJ, REsp nº 751493/RJ) e se aplica, indistintamente, às multas moratórias ou de ofício (punitivas) (STJ, REsp nº 1048262/PR).

Por fim, "o benefício da denúncia espontânea não se aplica aos tributos sujeitos a lançamento por homologação regularmente declarados, mas pagos a destempo" (STJ, Súmula nº 360).

QUESTÕES DE CONCURSOS

(TRF 4ª Região – Juiz – 2001) Assinalar a alternativa correta.

a) Os bens do sócio de uma pessoa jurídica não respondem por dívidas fiscais da sociedade.
b) O sócio que se afasta da pessoa jurídica, sem que ocorra a extinção da sociedade, não pode ser responsável por dívida tributária, mesmo no período em que foi seu administrador.
c) O sócio da pessoa jurídica é responsável por dívida tributária da sociedade, contraída no período em que foi o seu gerente, se lhe incumbia o pagamento do tributo devido.
d) Segundo a jurisprudência do STJ, o sócio-quotista só será solidariamente responsável por dívida fiscal da sociedade se agir com excesso de mandato, infrigência à lei ou ao contrato social.

Resposta: D

(TRF 3ª Região – Juiz – 2006) Compete ao presidente da República celebrar acordos internacionais para evitar a bitributação, e ao Congresso Nacional, referendá-los. A denúncia desses acordos:

a) compete ao presidente da República mediante anuência prévia do Congresso Nacional;

b) compete ao presidente da República, sem anuência prévia do Congresso Nacional, salvo se a outra parte do acordo exigir essa anuência;
c) compete ao Congresso Nacional que, aprovando-a, tornará obrigatória sua execução pelo presidente da República;
d) compete ao presidente da República, agindo isoladamente, independentemente do Congresso Nacional.

Resposta: D

(TRF 4ª Região – Juiz – 2001) Assinalar a alternativa correta.

a) A denúncia espontânea da infração exclui sempre a incidência da multa e dos juros moratórios, desde que acompanhada do pagamento do tributo devido.
b) A denúncia espontânea da infração exclui a incidência da multa e dos juros moratórios, mesmo que desacompanhada do pagamento, se houve parcelamento do tributo devido.
c) A denúncia espontânea da infração afasta a incidência da multa, mas não a dos juros moratórios.
d) A denúncia espontânea da infração exclui sempre a incidência da multa e dos juros moratórios, desde que, acompanhada do pagamento do tributo devido, tenha sido efetivada antes

Resposta: C

(TRF 4ª Região – Juiz – 2001) Assinalar a alternativa correta.

O terceiro responsável pelo crédito tributário, segundo o Código Tributário Nacional, pode excusar-se do seu pagamento, arguindo:

a) o privilégio da excussão;
b) não ser solidária a obrigação;
c) caber verificar primeiro se é legal a obrigação principal do contribuinte;
d) nenhuma das anteriores.

Resposta: D

(TRF 4ª Região – Juiz – 2001) Assinalar a alternativa correta.

a) Tratando-se de rendimentos produzidos por atividade ilícita, decorrendo a validade dos atos jurídicos dos requisitos de agente capaz, objeto lícito e forma prescrita ou não defesa em lei, é inadmissível o poder tributante exigir imposto cuja obrigação tem por fato imponível situação penalmente reprovável.
b) Tratando-se de rendimentos produzidos por atividade ilícita, não incide imposto de renda, porquanto não descrito pelo legislador ato ilícito como elemento de hipótese de incidência.
c) Tratando-se de rendimentos produzidos por atividade ilícita, a exigência tributária fica sobrestada até o pronunciamento declaratório da licitude da atividade.
d) Tratando-se de rendimentos produzidos por atividade ilícita, é exigível o imposto, visto que a ilicitude dos atos praticados não interfere na relação tributária.

Resposta: D

(TRF 4ª Região – Juiz – 2001) Assinalar a alternativa correta.

a) O novo município que se constitui pelo desmembramento territorial de outro sub-roga-se nos direitos deste, cuja legislação tributária aplicará até que entre em vigor a sua própria, salvo lei em contrário.
b) O sujeito passivo da obrigação acessória é a pessoa obrigada ao pagamento de tributo ou penalidade pecuniária.
c) Segundo o Código Tributário Nacional, as convenções particulares relativas à responsabilidade pelo pagamento de tributos poderão ser opostas à Fazenda Pública, para modificar a definição legal do sujeito passivo das obrigações tributárias correspondentes.
d) A capacidade tributária passiva depende da capacidade civil das pessoas naturais.

Resposta: A

(TRF 4ª Região – Juiz – 2010) Dadas as assertivas abaixo, assinale a alternativa correta.

I – Quanto à responsabilidade de sócios-gerentes pelo pagamento de tributos devidos pela sociedade que dirigem, é assente na jurisprudência dos Tribunais Superiores que:

II – O inadimplemento da obrigação tributária pela sociedade gera, por si só, a responsabilidade solidária do sócio-gerente.

III – O inadimplemento da obrigação tributária pela sociedade não gera, por si só, a responsabilidade solidária do sócio-gerente.

IV – A simples falta de comunicação de mudança de domicílio fiscal às autoridades competentes legitima o redirecionamento da execução fiscal para o sócio-gerente.

V – A simples falta de comunicação de mudança de domicílio fiscal às autoridades competentes não legitima, por si só, o redirecionamento da execução fiscal para o sócio-gerente.

VI – O descumprimento de obrigação acessória já é suficiente para responsabilização do sócio-gerente pelo pagamento da obrigação principal.

a) Estão corretas apenas as assertivas I e III.
b) Estão corretas apenas as assertivas II e III.
c) Estão corretas apenas as assertivas II e IV.
d) Estão corretas apenas as assertivas II e V.
e) Nenhuma assertiva está correta.

Resposta: B

(TRF 4ª Região – Juiz – 2000 – ESMAFESC) Assinalar a alternativa correta:

a) A obrigação tributária acessória surge com a ocorrência do fato gerador da obrigação principal e tem por objeto prestações previstas em lei no interesse da arrecadação.
b) Sujeito ativo da obrigação tributária é a pessoa jurídica de Direito Público ou de Direito Privado titular da competência para exigir o seu cumprimento, na forma da lei.
c) Sujeito passivo da obrigação tributária é a pessoa obrigada ao pagamento do tributo, salvo no caso de incapacidade para o exercício regular de atividades civis.

d) Na falta de eleição, pelo contribuinte, de domicílio tributário, considera-se como tal, quanto às pessoas jurídicas de Direito Privado, o lugar da sua sede ou o de cada estabelecimento, em relação aos atos e fatos que deram origem à obrigação.

Resposta: D

(TRF 4ª Região – Juiz – 2000 – ESMAFESC) Assinalar a alternativa correta:

a) A denúncia espontânea da infração, acompanhada do pagamento do tributo devido, exclui a incidência da multa e dos juros moratórios.
b) A lavratura do auto de infração basta para caracterizar o lançamento tributário e, após a notificação do sujeito passivo, exclui a espontaneidade em relação aos atos anteriores, inclusive para os demais envolvidos nas infrações verificadas.
c) A impugnação da exigência, desde que acompanhada do depósito integral do tributo, instaura a fase litigiosa do procedimento fiscal.
d) A consulta formalizada antes do lançamento suspende o prazo para o recolhimento dos tributos sujeitos ao regime de retenção na fonte.

Resposta: B

Capítulo 13

Crédito tributário: constituição e suspensão

13.1. CONSTITUIÇÃO DO CRÉDITO TRIBUTÁRIO

O crédito tributário pode ser entendido como o direito subjetivo do sujeito ativo de uma obrigação tributária que lhe permite exigir o pagamento do tributo ou da penalidade pecuniária (MACHADO, 2004, p. 168). O crédito tributário decorre da obrigação principal e tem a mesma natureza desta (CTN, art. 139). As obrigações acessórias não são capazes de gerar créditos, pois não se perfazem em pagamentos. Adotou, assim, o CTN, a teoria dualista da obrigação, pois estabelece obrigação e crédito como institutos distintos (ROSA JÚNIOR, 2009, p. 353).

Esta natureza dualista fica mais evidente quando o CTN proclama a autonomia do crédito tributário frente à obrigação. Prescreve que as circunstâncias que modificam o crédito tributário, sua extensão ou seus efeitos, ou as garantias ou os privilégios a ele atribuídos, ou que excluem sua exigibilidade não afetam a obrigação tributária que lhe deu origem (CTN, art. 140). Dessa forma, restando invalidado o crédito por vício formal, a obrigação permanece, sendo possível constituir novo crédito referente a ela (PAULSEN, 2009, p. 997).

O crédito tributário regularmente constituído somente se modifica ou extingue, ou tem sua exigibilidade suspensa ou excluída, nos casos previstos no CTN, fora dos quais não podem ser dispensadas, sob pena de responsabilidade funcional na forma da lei, a sua efetivação ou as respectivas garantias (CTN, art. 141).

A formalização do crédito tributário consiste em sua representação documental e pode se operar por várias maneiras, tais como:

a) confissão de débito do contribuinte, junto a declarações fiscais ou outros documentos;
b) conversão do depósito em renda em ação com sentença transitada em julgado, mantendo o crédito;
c) contribuições previdenciárias em reclamação trabalhista (CF/1988, art. 114, §3º; STJ, REsp nº 852968/DF);
d) lançamento (CTN, art. 142) (PAULSEN, 2009, p. 997).

13.2. LANÇAMENTO

O CTN conceitua o lançamento como sendo a forma de constituição do crédito tributário que consiste em procedimento administrativo tendente a verificar a ocorrência do fato gerador da obrigação correspondente, determinar a matéria tributável, calcular o montante do tributo devido, identificar o sujeito passivo e, sendo o caso, propor a aplicação da penalidade cabível (CTN, art. 142). O lançamento é elaborado privativamente pela autoridade administrativa (Poder Executivo), embora esteja sujeito ao controle do Poder Judiciário. Quanto às penalidades, a expressão "propor" significa aplicar.

A natureza jurídica do lançamento, segundo a opinião dominante, é constitutiva quanto ao crédito, e declaratória quanto à obrigação correlata (MACHADO, 2004, p. 170). Outro aspecto que divide os autores é se o lançamento é procedimento ou ato administrativo. Há, pelo menos, duas correntes:

a) é ato administrativo, antecedido (ou não) de procedimento preparatório (CARVALHO, 2005, p. 386);
b) é procedimento administrativo, por englobar vários atos encadeados (ROSA JÚNIOR, 2009, p. 358).

O lançamento declara, como dissemos, a obrigação, e deve fazêlo segundo suas características originais no momento do fato gerador. Por isso, em regra, os critérios legais e fáticos a se considerar são aqueles à época do momento do fato gerador, sempre que estes critérios influírem sobre o montante da obrigação (quanto?) e sobre a responsabilidade acerca dela (quem paga?).

Por isso, o CTN enuncia, como regra geral, que "O lançamento reporta-se à data da ocorrência do fato gerador da obrigação e rege-se pela lei então vigente, ainda que posteriormente modificada ou revogada." (CTN, art. 144). O CTN ressalva o caso dos impostos lançados por períodos certos de tempo, que são, por exemplo, o IPTU, ITR e IPVA. Nestes casos, o momento do fato gerador não é o da aquisição da propriedade, mas sim a data definida na lei instituidora dos tributos (em regra, 1º de janeiro de cada ano). Por isso, a lei, critério e fatos que valerão são projetados sobre esta data, e não a de aquisição ou início da propriedade (FREITAS, 2005, p. 624).

São critérios que devem ser tomados conforme seu valor, lei vigente e características no momento do fato gerador:

a) taxa de câmbio, se necessário converter moedas para apurar o montante do crédito (CTN, art. 143);
b) alíquota;
c) base de cálculo;
d) isenções e outros benefícios fiscais;
e) sujeito passivo e solidários, se houver, inclusive quando reflexo da ampliação legal de garantias e privilégios (CTN, art. 144, § 1º).

Mas não apenas se usa a lei da época do fato gerador, mas também os critérios jurídicos. Entende-se por critérios jurídicos não a lei em si, mas a forma de interpretar e aplicar a lei vigente e eficaz por parte da autoridade lançadora (MELO, 2002, p. 231). Na hipótese do artigo 144 acima, supõe-se mudança de normas, enquanto aqui a norma é a mesma, o que muda é a forma de interpretá-la e aplicá-la. Alguns denominam esta norma como princípio da inalterabilidade dos critérios (ROSA JÚNIOR, 2009, p. 363).

Se a autoridade, em todos os seus lançamentos, adotava um certo critério jurídico e o modifica, tal modificação só será aplicável aos fatos geradores ocorridos posteriormente à sua introdução (CTN, art. 146; ex-TFR, Súmula nº 227). Esta modificação, vale dizer, pode ser de ofício (porque a própria autoridade aperfeiçoou sua interpretação) ou por forças exógenas, como decisões administrativas ou judiciais.

Por outro lado, os critérios que tenham caráter instrumental, ou seja, que digam respeito à apuração, cálculo, fiscalização do tributo, permitem a adoção da lei vigente após o momento do fato gerador (ou seja, da lei vigente à época do lançamento). São critérios deste tipo:

a) novos critérios de apuração;
b) novos processos de fiscalização;
c) ampliação dos poderes de investigação das autoridades administrativas;
d) outorga de maiores garantias e privilégios ao crédito, que não atribuam responsabilidade a terceiros (CTN, art. 144, § 1º).

A atividade pertinente ao lançamento, como de resto a administração tributária e a cobrança de tributos, configura atividade vinculada e obrigatória, cuja omissão ou desvio enseja responsabilidade funcional (CTN, art. 142, parágrafo único). Uma das consequências deste regime é o princípio da imutabilidade do lançamento (ROSA JÚNIOR, 2009, p. 362).

O CTN o enuncia no artigo 145 em conjunto com o artigo 149, nos seguintes termos:

> Art. 145. O lançamento regularmente notificado ao sujeito passivo só pode ser alterado em virtude de:
> I – impugnação do sujeito passivo;
> II – recurso de ofício;
> III – iniciativa de ofício da autoridade administrativa, nos casos previstos no CTN, art. 149.

A imutabilidade, embora seja relativa, condiciona que a revisão do lançamento estará sujeita a critérios impessoais e técnico-jurídicos, de forma a evitar a ingerência de fatores políticos ou discricionários.

13.3. Modalidades de lançamento

As modalidades de lançamento referem-se ao tipo de procedimento adotado para efetuar-se o ato de lançamento. O CTN identifica três modalidades: de ofício, por declaração e por homologação.

O lançamento de ofício também é chamado *ex officio* ou direto. Esta modalidade é a forma clássica de lançamento e a única que está presente em todos os tributos. O lançamento de ofício tem como característica principal o fato de que toda a iniciativa é da autoridade, ou seja, ela é quem apura, calcula, efetua o lançamento e notifica o sujeito passivo.

O lançamento de ofício desempenha três grandes funções:

a) constituir o crédito pelo lançamento;
b) rever lançamentos defeituosos ou incompletos;
c) aplicar penalidades pecuniárias.

O CTN desdobra estas funções em nove hipóteses no artigo 149.

São elas:

a) quando a lei assim o determine;
b) quando a declaração não seja prestada, por quem de direito, no prazo e na forma da legislação tributária;
c) quando a pessoa legalmente obrigada, embora tenha prestado declaração, deixe de atender, no prazo e na forma da legislação tributária, a pedido de esclarecimento formulado pela autoridade administrativa, recuse-se a prestá-lo ou não o preste satisfatoriamente, a juízo daquela autoridade;
d) quando se comprove falsidade, erro ou omissão quanto a qualquer elemento definido na legislação tributária como sendo de declaração obrigatória;
e) quando se comprove omissão ou inexatidão, por parte da pessoa legalmente obrigada, no lançamento por homologação;
f) quando se comprove ação ou omissão do sujeito passivo, ou de terceiro legalmente obrigado, que dê lugar à aplicação de penalidade pecuniária;
g) quando se comprove que o sujeito passivo, ou terceiro em benefício daquele, agiu com dolo, fraude ou simulação;
h) quando deva ser apreciado fato não conhecido ou não provado por ocasião do lançamento anterior;
i) quando se comprove que, no lançamento anterior, ocorreu fraude ou falta funcional da autoridade que o efetuou, ou omissão, pela mesma autoridade, de ato ou formalidade essencial.

A revisão do lançamento só pode ser iniciada enquanto não extinto o direito da Fazenda Pública, ou seja, enquanto não tenha ocorrido uma das hipóteses do CTN, art. 156. A hipótese mais comum é a decadência, de que trataremos.

Segundo o STJ, o lançamento no IPTU segue a modalidade *ex officio* (CTN, art. 149, I), e sua notificação ocorre com o envio do carnê ao endereço de domicílio do contribuinte (STJ, Súmula nº 397).

O STJ costuma se referir ao lançamento por arbitramento (STJ, RMS 26964/GO) como se fosse uma quarta modalidade de lançamento, mas predomina o entendimento segundo o qual existem três modalidades, e o arbitramento se enquadra na primeira (ou seja, é um tipo de lançamento de ofício).

O arbitramento consiste na fixação, unilateralmente, pela autoridade fiscal, da base de cálculo a ser adotada no lançamento. Isso é possível nos casos em que o cálculo dependa do valor ou preço de bens, direitos, serviços ou atos jurídicos (CTN, art. 148). O arbitramento é bastante utilizado na revisão do lançamento.

Caberá o arbitramento quando sejam omissos ou não mereçam fé as declarações ou os esclarecimentos prestados, ou os documentos expedidos pelo sujeito passivo ou pelo terceiro legalmente obrigado.

A autoridade, assim, não podendo confiar nas informações e documentos provenientes do sujeito passivo, apura por conta própria a verdade dos fatos e efetua o lançamento. Contudo, a validade desta operação está condicionada à observância dos procedimentos legais. Além disso, é imprescindível facultar ao sujeito passivo contestar o valor arbitrado, através de avaliação administrativa ou judicial.

Tema peculiar é o da pauta fiscal. A pauta fiscal é uma forma adotada pela legislação (principalmente no IPI e no ICMS) segundo a qual a norma jurídica preestabelece a base de cálculo de produtos ou mercadorias sujeitos ao tributo, em detrimento do valor real da operação, independente de boa ou má-fé do contribuinte e antes mesmo da ocorrência do fato gerador. A respeito, o STJ firmou posição no seguinte sentido: "É ilegal a cobrança de ICMS com base no valor da mercadoria submetido ao regime de pauta fiscal." (STJ, Súmula nº 431). No mesmo sentido, para o IPI e outras formas de pauta fiscal (STJ, REsp nº 24861/CE).

O lançamento por declaração também é chamado de misto. Bastante usado no passado, está em progressivo desuso na atualidade. Está presente no ITCMD de alguns estados da Federação e também, segundo alguns, na declaração de bagagem (para o imposto de importação).

O que caracteriza esta modalidade de lançamento não é simplesmente a obrigatoriedade de apresentar declaração, mas a forma do procedimento tendente ao lançamento. No lançamento por declaração, a legislação impõe ao sujeito passivo (a partir do surgimento da obrigação) prazo para apresentar declaração à autoridade, noticiando o fato gerador e demais informações pertinentes. Com base na declaração do sujeito passivo, a autoridade efetua o lançamento e o notifica para pagamento. O pagamento só ocorre após a notificação, não havendo antecipações. Se no procedimento houver previsão de antecipação de pagamento, a modalidade passa a ser por homologação (ainda que haja obrigatoriedade em declarar).

O lançamento é efetuado com base na declaração do sujeito passivo ou de terceiro, quando um ou outro, na forma da legislação tributária, presta à autoridade administrativa informações sobre matéria de fato indispensáveis à sua efetivação.

A retificação da declaração por iniciativa do próprio declarante, quando vise a reduzir ou a excluir tributo, só é admissível mediante comprovação do erro em que se funde e antes de notificado o lançamento. Os erros contidos na declaração e apuráveis pelo seu exame serão retificados de ofício pela autoridade administrativa a que competir a revisão daquela (CTN, art. 147, §§ 1º e 2º).

Por fim, temos a modalidade do lançamento por homologação, também chamada de autolançamento. Sua característica essencial é que o sujeito passivo é obrigado pela legislação a apurar e antecipar o pagamento do tributo, sem prévio exame ou notificação da autoridade. O lançamento, todavia, não ocorre na antecipação do pagamento, mas na homologação posterior pela autoridade (CTN, art. 150).

Homologação é o ato segundo o qual a autoridade confere e concorda com o pagamento antecipado efetuado pelo sujeito passivo, dando-se por satisfeita a obrigação correspondente. Esta homologação pode se dar, outrossim, de duas formas:

a) expressamente;
b) tacitamente.

A homologação expressa ocorre quando a autoridade, tomando conhecimento da atividade assim exercida pelo obrigado, expressamente a homologa. A homologação tácita ocorre se, decorridos cinco anos do respectivo fato gerador (se a lei não fixar outro prazo), a autoridade se omitir em homologar expressamente, salvo se comprovada a ocorrência de dolo, fraude ou simulação.

O lançamento por homologação possui as seguintes características:

a) o pagamento antecipado pelo obrigado extingue o crédito, sob condição resolutória da ulterior homologação ao lançamento. Isso significa que, até que a autoridade homologue ou reveja o lançamento, o sujeito passivo deve ser presumido em situação regular; e
b) não influem sobre a obrigação tributária quaisquer atos anteriores à homologação, praticados pelo sujeito passivo ou por terceiro, visando à extinção total ou parcial do crédito. Serão, porém, considerados na apuração do saldo porventura devido e, sendo o caso, na imposição de penalidade ou sua graduação.

13.4. SUSPENSÃO DO CRÉDITO TRIBUTÁRIO

O crédito tributário regularmente constituído somente tem sua exigibilidade suspensa nos casos previstos no CTN, fora dos quais não podem ser dispensadas, sob pena de responsabilidade funcional na forma da lei, a sua efetivação ou as respectivas garantias (CTN, art. 141).

O CTN, então, prevê seis modalidades de suspensão: moratória, depósito integral, reclamações ou recursos, liminares, mandado de segurança e tutela antecipada e parcelamento. Em comum, estas modalidades são atos que têm o poder de suspender a exigibilidade, o que significa que, enquanto perdurarem seus efeitos (ou eles próprios), a Fazenda Pública ficará impedida de exigir o crédito, mas, ao mesmo tempo, ainda não ocorreu sua extinção.

As causas de suspensão não dispensam o cumprimento das obrigações assessórios dependentes da obrigação principal cujo crédito seja suspenso, ou dela consequentes (CTN, art. 151, parágrafo único).

13.4.1. Moratória

A primeira modalidade de suspensão do crédito tributário é a moratória. A moratória é a dilação legal do vencimento de um crédito tributário, ou seja, cabe ao Estado concedê-la mediante lei (em regra, ordinária) (CTN, art. 152).

Quanto à competência para concedê-la, há duas hipóteses: a moratória autônoma e a moratória heterônoma. Na moratória autônoma a lei que a institui é de competência da mesma pessoa jurídica a quem a Constituição atribui o poder de instituir o tributo a que se refira. Por exemplo: se a moratória postergará a exigibilidade do IPTU, cabe ao município competente a lei que a institui.

A moratória heterônoma, por sua vez, compete sempre e somente à União. Deve atingir, simultaneamente, tributos de todos os entes da Federação (da própria União, dos Estados, Distrito Federal e Municípios) e as obrigações de direito privado. Justifica-se em casos nos quais a União necessite da medida como forma de cumprir seu papel constitucional, como por exemplo: proteger a soberania nacional, proteger a estabilidade da economia e da moeda nacional etc. Exemplo: moratória federal por força de bombardeios às cidades, enchentes, desastres naturais, em virtude de guerra externa; grave desorganização dos meios de pagamento, provocados por surto hiperinflacionário etc.

Quanto à forma de concessão, a moratória pode ser concedida em caráter geral ou individual. Ambas são concedidas por lei, mas a geral dispensa requerimento do sujeito passivo e despacho concessivo da autoridade, enquanto na concessão individual o requerimento e o despacho são essenciais para a eficácia da moratória.

Quanto ao alcance, a lei concessiva de moratória pode circunscrever expressamente sua aplicabilidade a determinada região do território da pessoa jurídica de direito público que a expedir ou a determinada classe ou categoria de sujeitos passivos (CTN, art. 152, parágrafo único).

A lei de moratória especificará (sem prejuízo de outros requisitos):

1. O prazo de duração do favor;
2. As condições da concessão do favor em caráter individual;
3. Sendo caso:
    a) os tributos a que se aplica;
    b) o número de prestações e seus vencimentos, dentro do prazo de duração da moratória, podendo atribuir a fixação de uns e de outros à autoridade administrativa, para cada caso de concessão em caráter individual;

c) as garantias que devem ser fornecidas pelo beneficiado no caso de concessão em caráter individual (CTN, art. 153).

Quanto à eficácia no tempo, salvo disposição de lei em contrário, a moratória somente abrange os créditos definitivamente constituídos à data da lei ou do despacho que a conceder, ou cujo lançamento já tenha sido iniciado àquela data por ato regularmente notificado ao sujeito passivo. De qualquer sorte, contudo, não se aplica aos casos de dolo, fraude ou simulação do sujeito passivo ou do terceiro em benefício daquele (CTN, art. 154 e parágrafo único).

A concessão individual, ou seja, o despacho da autoridade pode ser revogado de ofício antes do prazo previsto para a moratória. Isso é possível quando se constate que o beneficiado não possuía os requisitos legais para usufruí-la ou deixou de tê-los após a concessão. Considera-se, nesta hipótese, que não há direito adquirido a permanecer em moratória, e não configura ato ilícito sua revogação.

Revogado o despacho, o crédito e os juros de mora são exigíveis:

a) com imposição da penalidade cabível, nos casos de dolo ou simulação do beneficiado ou de terceiro em benefício daquele. O tempo decorrido entre a concessão da moratória e sua revogação não se computa para efeito da prescrição do direito à cobrança do crédito;
b) sem imposição de penalidade, nos demais casos. A revogação só pode ocorrer antes de prescrito o referido direito (CTN, art. 155).

13.4.2. Depósito integral

Outra modalidade de suspensão é o depósito integral. Consiste no ato voluntário do sujeito passivo que, em vez de pagar o crédito, deposita o montante a ele correspondente em conta bancária. Esse depósito deve ocorrer em dinheiro e deve corresponder ao montante integral exigido pela Fazenda, para que ocasione o efeito suspensivo (STJ, Súmula nº 112).

O depósito do montante integral dispensa o lançamento de ofício, por constituir situação análoga ao lançamento por homologação, não ocorrendo a decadência durante a suspensão por ele produzida

(STJ, AI 10773304/MG). Contudo, isso ocorre na hipótese de ser confirmado o crédito e de ser convertido em renda o depósito.

O depósito constitui direito subjetivo do sujeito passivo, não necessitando de prévia autorização administrativa ou judicial, e pode ocorrer tanto na ação principal como junto à cautelar (STJ, REsp nº 517937/PE). Na execução fiscal, o depósito integral e em dinheiro funciona como forma de garantia do valor executado e faz cessar a responsabilidade pela atualização monetária e juros de mora (Lei nº 6.830/1980, art. 9º, § 4º).

Mas o depósito não constitui condição para o exercício do contraditório e ampla defesa em instância administrativa ou judicial. Por este motivo, o STF firmou posição no seguinte sentido: "É inconstitucional a exigência de depósito ou arrolamento prévios de dinheiro ou bens para admissibilidade de recurso administrativo." (STF, Súmula Vinculante nº 21, nov/2009; STJ, Súmula nº 373).

Embora a ação de consignação em pagamento configure hipótese de extinção (e não de suspensão) do crédito, o depósito efetuado no início da ação produz efeito análogo ao depósito integral, pois, até o julgamento definitivo da consignatória, a exigibilidade do crédito fica suspensa (AMARO, 2004, p. 383).

13.4.3. Reclamações e recursos

Produzem a suspensão da exigibilidade as reclamações (por exemplo, impugnações, manifestação de inconformidade, defesa administrativa etc.) e os recursos (por exemplo, recurso de ofício, recursos voluntários ao CARF e outras instâncias recursais administrativas).

Estes atos processuais, para produzirem efeito suspensivo, devem ser formulados de acordo com as leis reguladoras do processo tributário administrativo.

O efeito suspensivo destes atos independe de prévio depósito ou arrolamento, como vimos (STF, SV nº 21; STJ, Súmula nº 373).

13.4.4. Decisões liminares

As medidas ou decisões liminares são decisões proferidas pelo Poder Judiciário, através de seus juízes ou tribunais, que reúnem, em síntese, as seguintes características:

a) são proferidas diante de situações urgentes (*periculum in mora*);
b) são deferidas quando à autoridade parece haver fundamento na pretensão da parte requerente (*fumus boni iuris*);
c) tem caráter precário e provisório (não são decisões definitivas ou transitadas em julgado); e
d) podem ser revistas pela mesma ou por outra autoridade competente, sem gerar direito adquirido à parte.

As decisões liminares que nos importam aqui são aquelas que conferem efeito suspensivo ao crédito tributário. As liminares não são condicionadas a depósitos ou cauções, bastando a presença dos pressupostos legais para sua concessão (STJ, REsp nº 83.893/MG). Possuem efeito suspensivo todas as formas de decisões previstas na legislação processual, como as tutelas antecipadas (CPC, art. 273), a liminar em mandado de segurança (CTN, 151, IV; Lei nº 12.016/2009, art. 7º, III), cautelares (CPC, art. 798 e seguintes) etc.

O CTN, em sua redação original, fazia menção apenas à liminar em mandado de segurança (art. 151, IV). Com o advento da Lei Complementar nº 104, de 10/01/2001, incluiu-se o inciso V para arrolar, como hipótese de suspensão, "a concessão de medida liminar ou de tutela antecipada, em outras espécies de ação judicial".

Tal inserção se justifica, dentre outros motivos, para: a) atualizar o CTN diante do surgimento de novas formas de ordens liminares, capazes de suspender a exigibilidade do crédito; b) manter consonância com a jurisprudência dominante no STF, segundo a qual as hipóteses de suspensão da exigibilidade do crédito tributário devem ser definidas em leis complementares.

Discute-se na doutrina processual a autonomia do instituto da tutela antecipada, frente ao gênero "liminares". Para o Direito Tributário, todavia, parece-nos que a redação do artigo 151, V do CTN inclui as tutelas antecipadas como espécie do gênero "liminares" e, por óbvio, como hipótese de suspensão da exigibilidade do crédito tributário.

Contudo, não é cabível ação civil pública (e, consequentemente, liminares) para veicular pretensões que envolvam tributos, contribuições previdenciárias, o Fundo de Garantia do Tempo de Serviço – FGTS ou outros fundos de natureza institucional cujos beneficiários podem ser individualmente determinados (Lei nº 7.347/1985, art. 1º, parágrafo único; STJ, AgRg.REsp nº 969087/ES).

13.4.5. Parcelamento

O parcelamento é a divisão do montante do tributo devido e seus acréscimos (multas, juros etc.) em parcelas periódicas, configurando nova oportunidade para satisfação do crédito tributário não pago à época e forma próprias. O parcelamento difere da moratória, porque:

a) na moratória, a divisão em parcelas é excepcional, enquanto no parcelamento é essencial;
b) a moratória suspende o crédito antes de seu vencimento original, e o parcelamento suspende o crédito já vencido e não pago.

Não se presume o direito a parcelar, pois o parcelamento deve ser concedido por lei (em regra, ordinária), a cargo do ente tributante competente, que estabelecerá a forma, alcance e condições.

Quanto ao efeito suspensivo produzido pelo parcelamento, a jurisprudência estabelece que "O prazo da prescrição interrompido pela confissão e parcelamento da dívida fiscal recomeça a fluir no dia em que o devedor deixa de cumprir o acordo celebrado." (ex-TFR, Súmula nº 248).

O CTN estabelece algumas normas gerais sobre o parcelamento. O parcelamento do crédito tributário não exclui a incidência de juros e multas, mas a lei pode dispor em contrário, pois é possível ocorrer remissão parcial do crédito.

Para os devedores em recuperação judicial, o CTN permite que lei específica estabeleça condições de parcelamento especiais. Esta previsão se justifica em face do princípio da igualdade, pois, por exemplo, os limites de prazo utilizados para devedores comuns podem ser insuficientes para devedores em situação financeira delicada, como aqueles sujeitos a recuperação judicial.

Contudo, a inexistência desta lei específica (antes referida) importa na aplicação das leis gerais de parcelamento do ente da Federação ao devedor em recuperação judicial, não podendo, neste caso, ser o prazo de parcelamento inferior ao concedido pela lei federal específica (CTN, art. 155-A).

Aplicam-se, subsidiariamente, ao parcelamento, as disposições do CTN relativas à moratória (CTN, art. 155-A, § 2º). Por exemplo, as normas relativas à revogação de despachos de concessão de moratória, que analisamos antes, isso ocorre porque o CTN não previu normas sobre este assunto para o parcelamento.

Há vasta jurisprudência sobre os parcelamentos federais, em especial para os programas denominados "REFIS". Um dos assuntos mais importantes diz respeito à notificação da exclusão dos contribuintes. A respeito, o STJ definiu que: "É válida a notificação do ato de exclusão do Programa de Recuperação Fiscal (Refis) pelo Diário Oficial ou pela internet." (STJ, Súmula nº 355, DOU 2008).

QUESTÕES DE CONCURSOS

(TRF 4ª Região – Juiz – 2001) Assinalar a alternativa correta.

a) Não é possível a alteração *ex officio* do lançamento.
b) É sempre possível a alteração *ex officio* do lançamento fiscal, já regularmente notificado ao sujeito passivo, mesmo sem impugnação ou recurso de ofício.
c) É possível a revisão *ex officio* do lançamento para correção de erro de fato.
d) É possível a revisão *ex officio* do lançamento para correção de erro de direito, decorrente de alteração de critério jurídico.

Resposta: C

(TRF 4ª Região – Juiz – 2001) Assinale a alternativa correta.

a) O crédito tributário é constituído pela ocorrência do fato imponível.
b) O crédito tributário é constituído pela inscrição da dívida ativa, feita pela autoridade administrativa competente.
c) O crédito tributário é regularmente constituído pela decisão administrativa em processo fiscal.
d) O crédito tributário é constituído pelo lançamento feito privativamente pela autoridade administrativa competente.

Resposta: D

(TRF 1ª Região – Juiz – 2006) Quando o pagamento de um tributo depende da conversão de moeda estrangeira, o câmbio para a conversão é:

a) o vigente no dia do lançamento;
b) o vigente no dia do pagamento do tributo;
c) o vigente no dia da ocorrência de fato gerador;
d) a média do câmbio entre os dias do lançamento e do pagamento do tributo.

Resposta: C

(TRF 1ª Região – Juiz – 2006) A Sapataria Almada, não se conformando com a exigência de determinado tributo, impetrou Mandado de Segurança, obtendo liminar. Nesse ínterim, o Fisco, em diligência à sede da empresa, autuou-a pela suspensão da escrituração referente ao tributo em litígio. Em sua defesa, a empresa alegou que, em face da liminar obtida, também a obrigação de escrituração estava suspensa nos termos do art. 151 do Código Tributário Nacional. A defesa é procedente?

a) Sim, porque, nos termos do art. 151, IV, do Código Tributário Nacional, a concessão de liminar em Mandado de Segurança suspende a exigibilidade do crédito tributário;
b) Sim, porque, suspensa a exigibilidade do crédito tributário em decorrência da concessão de liminar em Mandado de Segurança, automaticamente, estará suspensa a obrigatoriedade de escrituração fiscal referente ao tributo em litígio;
c) Não, porque a suspensão da exigibilidade do crédito tributário não dispensa o sujeito passivo da obrigação de prestações positivas ou negativas, previstas na legislação tributária, no interesse da fiscalização ou da arrecadação do tributo em litígio;
d) Não, porque a escrituração fiscal do tributo em discussão só poderia ser suspensa se a liminar concedida tivesse sido precedida de depósito judicial do seu valor.

Resposta: C

(TRF 5ª Região – Juiz – 2006 – CESPE) Julgue os próximos itens de acordo com o CTN e à luz da Constituição Federal.

34. Considere que determinado estado fixe, por meio de lei, prazo para a homologação do ICMS em 10 anos. Nessa situação, a lei fixada pelo estado não afronta o CTN.

35. Uma das formas de suspensão do crédito tributário não prevista especificamente em lei, porém admitida pela jurisprudência, é a concessão de medida liminar ou de tutela antecipada, em ação civil pública.

Resposta: 34 – Certo; 35 – Errado.

(TRF 3ª Região – Juiz – 2004) Assinale a alternativa incorreta. Quando o cálculo do tributo tenha por base, ou tome em consideração, o valor ou o preço de bens, direitos, serviços ou atos jurídicos, a autoridade lançadora, mediante processo regular, poderá arbitrar aquele valor ou preço, sempre que:

a) Forem omissos os esclarecimentos prestados pelo contribuinte;
b) Não mereçam fé as declarações do contribuinte;
c) Não mereçam fé os documentos expedidos pelo contribuinte;
d) Os livros do contribuinte não estiverem autenticados, embora regularmente escriturados, e de acordo com os lançamentos contábeis.

Resposta: D

(TRF 5ª Região – Juiz – 2009) O fisco municipal, tendo verificado a ocorrência do fato gerador do ISSQN, promoveu o lançamento tributário, após o que lhe foi entregue pelo contribuinte a devida declaração, que apontava para um valor de crédito tributário menor que o cobrado. O contribuinte, então, ajuizou uma ação ordinária e obteve, liminarmente, o direito de depositar em juízo o valor do tributo que fora confessado e de pagar a diferença do imposto cobrado somente após o trânsito em julgado da ação. Com base nessa situação hipotética, assinale a opção correta.

a) O lançamento do ISSQN, no caso, ocorreu por homologação, e a decisão do juiz gerou suspensão do crédito tributário dos dois componentes do lançamento.

b) Em regra, o lançamento do ISSQN é, por natureza, por homologação, e a decisão do juiz gerou suspensão do crédito tributário dos dois componentes do lançamento.

c) O lançamento do ISSQN, nessa situação, ocorreu por homologação, e a decisão do juiz gerou suspensão do crédito tributário em relação ao imposto em litígio e extinção quanto à parte confessada.

d) O lançamento do ISSQN, no caso em tela, ocorreu de ofício, e a decisão do juiz gerou suspensão do crédito tributário em relação ao imposto em litígio e extinção quanto à parte confessada.

e) Em regra, o lançamento do ISSQN é, por natureza, por homologação, e a decisão do juiz gerou extinção do crédito tributário dos dois componentes do lançamento.

Resposta: B

(TRF 4ª Região – Juiz – 2000 – ESMAFESC) Assinalar a alternativa correta:

a) A legislação tributária aplica-se imediatamente aos fatos geradores futuros e aos pendentes, assim entendidos aqueles cuja ocorrência tenha tido início mas não esteja completa.

b) A lei tributária não pode atingir ato ou fato pretérito, salvo para defini-lo como infração ou para cominar penalidade por ato fraudulento.

c) A autoridade competente, para aplicar a legislação tributária, poderá utilizar a analogia para exigir tributo previsto em lei e a equidade para dispensar o pagamento de tributo devido.

d) A lei tributária que define infrações interpreta-se da maneira mais favorável ao acusado, exceto quanto à determinação das penalidades aplicáveis.

Resposta: A

Extinção do crédito tributário

14.1. PAGAMENTO

Ocorre quando o sujeito passivo satisfaz o crédito tributário. É a causa mais comum de extinção. O CTN estabelece algumas normas gerais sobre pagamento nos artigos 158 a 164.

A primeira delas, a do artigo 157, afirma que "A imposição de penalidade não ilide o pagamento integral do crédito tributário". Isso significa que, por exemplo, que o pagamento de multa imposta pelo não recolhimento de um tributo obriga ao pagamento da multa e também do tributo (e seus consectários), ou, em outras palavras, que o pagamento da multa não substitui o pagamento do tributo. (CARVALHO, 2005, p. 456).

Enquanto no Direito Civil há hipóteses de presunção de pagamento (por exemplo, CC/2002, art. 322) o CTN estabelece que não se presume o pagamento de crédito tributário, ou seja, o pagamento deve sempre ser comprovado com a apresentação da guia de recolhimento ou documento equivalente. Por isso, não se presume o pagamento de um crédito: a) quando parcial, das prestações em que se decomponha; b) quando total, de outros créditos referentes ao mesmo ou a outros tributos. (CTN, art. 158).

Quanto ao local, o CTN estabelece que o pagamento deve ser efetuado, em regra, na repartição competente do domicílio do sujeito passivo, salvo se a legislação dispuser em contrário(art. 159 do CTN).

Ou seja, a dívida tributária é portável, na medida em que cabe ao devedor ir pagar no domicílio do credor (repartição competente). Como os sujeitos ativos costumam ter vários escritórios e repartições, define-se que a repartição é aquela competente para atuar no local onde o sujeito passivo é domiciliado.

Mas a legislação pode definir outro local, por exemplo, a rede bancária, o que ocorre com frequência na atualidade. Havendo silêncio na legislação sobre o local, todavia, adota-se a regra do artigo 159 do CTN.

Quanto ao prazo, é de 30 dias após a data da notificação do lançamento ao sujeito passivo, salvo disposição em contrário. Portanto, na prática, para se conhecer a data de vencimento de uma obrigação, aplica-se a data fixada: a) na lei do tributo; b) nas normas infralegais, se a lei não definiu o prazo de vencimento; c) 30 dias da notificação, se não houver disposição na lei ou nas normas infralegais.

Figura curiosa é a do desconto por antecipação. Não se presume descontos em relação ao pagamento em regra, mas a legislação pode prever casos e condições para que se dê desconto caso o sujeito passivo efetuar o pagamento antes do prazo oficial de vencimento. É comum esta figura em tributos estaduais e municipais, por exemplo, no IPVA e no IPTU.

Contudo, se o sujeito passivo efetuar o pagamento após o prazo de vencimento, o CTN impõe acréscimos cumulativos: a) juros de mora; b) penalidades cabíveis e c) medidas de garantia. A definição destes acréscimos deve constar em lei (em regra, ordinária).

Os juros de mora (também chamados moratórios) destinam-se a compensar o credor pelo atraso no pagamento e são devidos independentemente da causa do atraso. São devidos em razão do tempo, na proporção (em regra) de 1% ao mês de atraso, salvo se a lei dispuser de modo diverso (como ocorre com a taxa SELIC para tributos federais). Juros, penalidades e garantias têm propósitos diferentes e, por esta razão, podem se acumular. Neste sentido, por exemplo: "...nas execuções fiscais da Fazenda Nacional, é legítima a cobrança cumulativa de juros de mora e multa moratória..." (ex-TFR, Súmula nº 209, DJ 22/5/1986, p. 8627).

Caso particular ocorre no caso de consulta. A consulta é um direito atribuído ao contribuinte, segundo o qual este pode, até o prazo de vencimento da obrigação, consultar o órgão fiscal para obter a definição de como deve cumprir a obrigação. Este procedimento é bastante frequente em casos, por exemplo, de consulta formulada para definir o correto enquadramento de uma mercadoria em classificações fiscais. No período que vai do protocolo da consulta (se feito antes do vencimento) até a resposta definitiva à consulta pela autoridade, não fluem juros de mora em desfavor do sujeito passivo.

Os juros de mora também não se confundem com a correção (ou atualização) monetária do crédito. O sujeito ativo tem o direito à atualização monetária de seu crédito, que é a mera atualização do valor real da obrigação, frente à corrosão provocada pelo processo inflacionário da moeda.

O pagamento pode ser efetuado por uma das seguintes formas:

a) moeda corrente;

b) cheque;

c) vale postal;

d) estampilha;

e) papel selado e

f) processo mecânico.

O pagamento em moeda corrente se faz por meio da entrega de cédulas ou moedas de real, não se admitindo pagamento em moeda corrente estrangeira.

No caso de pagamento em cheque, a extinção do crédito ocorre com a compensação do cheque pelo banco (ou "o resgate deste pelo sacado"). É possível que se exijam garantias para o pagamento por cheque ou vale postal, desde que: a) sejam determinadas pela legislação tributária previamente; b) não tornem impossível o pagamento, ou mais oneroso do que ocorreria se fosse usada moeda corrente. (CTN, art. 162, §§ 1º e 2º).

As hipóteses de pagamento em estampilha, papel selado ou processo mecânico devem ser expressamente previstas em lei (em regra, ordinária). O crédito pagável em estampilha considera-se extinto com a inutilização regular daquela, ressalvados os casos de lançamento por homologação. A perda ou destruição da estampilha, ou o erro no pagamento por esta modalidade, não dão direito a restituição, salvo nos casos expressamente previstos na legislação tributária, ou naquelas em que o erro seja imputável à autoridade administrativa. O pagamento em papel selado ou por processo mecânico equipara-se ao pagamento em estampilha. (CTN, art. 162, §§3º, 4º e 5º).

Por fim, o CTN prevê o direito de a Fazenda Pública estabelecer uma ordem de recebimentos, também chamada de "ordem de imputações". Este direito é mais utilizado (atualmente) em caso de insuficiência de condições de pagamento pelo devedor, quando há concorrência de diversas dívidas para com um mesmo credor. Assim, estabelece o artigo 163 do *codex*:

Art. 163. Existindo simultaneamente dois ou mais débitos vencidos do mesmo sujeito passivo para com a mesma pessoa jurídica de direito público, relativos ao mesmo ou a diferentes tributos ou provenientes de penalidade pecuniária ou juros de mora, a autoridade administrativa competente para receber o pagamento determinará a respectiva imputação, obedecidas as seguintes regras, na ordem em que enumeradas:

I - em primeiro lugar, aos débitos por obrigação própria, e em segundo lugar aos decorrentes de responsabilidade tributária;

II - primeiramente, às contribuições de melhoria, depois às taxas e por fim aos impostos;

III - na ordem crescente dos prazos de prescrição;

IV - na ordem decrescente dos montantes.

14.2. COMPENSAÇÃO

A compensação é definida, em nosso Direito, da seguinte forma: "Se duas pessoas forem ao mesmo tempo credor e devedor uma da outra, as duas obrigações extinguem-se, até onde se compensarem." (CC/2002, art. 368). Mas o Direito Privado também estabelece, em regra, que a diferença de causas das dívidas não impede a compensação, e tentou regulamentar a compensação fiscal através do artigo 374 do CC/2002, permitindo a compensação de créditos tributários com débitos de outras origens, e sem prévia regulamentação em lei.

Contudo, a Constituição reserva à lei complementar a matéria de compensação tributária (como, de resto, às demais hipóteses de extinção). Por isso, o CC/2002, art. 374 e seguintes, conflitava com disciplina específica, imposta pelo CTN no artigo 170. Por este motivo, o artigo 374 foi revogado pela Lei nº 10.677/2003, aplicando-se à compensação tributária a disciplina do Código Tributário (DINIZ, 2006, p. 322).

O CTN dispõe, sobre a compensação, que a lei pode, nas condições e sob as garantias que estipular, ou cuja estipulação em cada caso atribuir à autoridade administrativa, autorizar a compensação de créditos tributários com créditos líquidos e certos, vencidos ou vincendos, do sujeito passivo contra a Fazenda pública (CTN, art. 170).

Portanto, a compensação tributária (diferente do Direito Privado) não é livre, mas vinculada à lei (esta, em regra, ordinária). Como decorrência, cada lei instituirá um regime de compensação, não sendo possível ao sujeito passivo "combinar" elementos de regimes diferentes (STJ, REsp nº 144250).

Além da observância da lei, a compensação pressupõe créditos líquidos e certos, ou seja, créditos reconhecidos de ambas as partes e com valor definido (ou definível de pronto). Por este motivo (dentre outros) que o CTN veda a compensação mediante o aproveitamento de tributo, objeto de contestação judicial pelo sujeito passivo, antes do trânsito em julgado da respectiva decisão judicial, pois, antes da decisão judicial definitiva o crédito não adquiriu certeza e liquidez, posto que ainda é controverso (CTN, art. 170-A).

Admite-se o mandado de segurança como ação adequada para a declaração do direito a compensação (STJ, Súmula nº 213), mas não se admite que seja autorizada por intermédio de decisão liminar, cautelar a antecipatória como as proferidas em ações cautelares, mandados de segurança ou outras espécies de ações (STJ, Súmula nº 212).

A lei que rege a compensação é aquela em vigor à data da efetivação do encontro entre débitos e créditos, e não a da data do pagamento indevido (STJ, ED.REsp nº 419757).

Os créditos devidos pelo sujeito passivo, que podem ser extintos por compensação, podem ser vencidos ou vincendos. Sendo vincendo o crédito do sujeito passivo, a lei determinará, para os efeitos de compensação, a apuração do seu montante, não podendo, porém, cominar redução maior que a correspondente ao juro de 1% (um por cento) ao mês pelo tempo a decorrer entre a data da compensação e a do vencimento (CTN, art. 170, parágrafo único).

14.3. RESTITUIÇÃO DE TRIBUTOS INDEVIDOS

Sendo a obrigação tributária *ex lege*, seu cumprimento é a ela vinculado também na hipótese em que o sujeito passivo recolhe quantia superior à exigida. Por isso, no Direito Tributário todo crédito recolhido a maior é, em regra, restituível, independente da prova de erro e mesmo no caso de se haver pagado obrigação inexigível ou prescrita.

O CTN traz disciplina própria ao pagamento indevido, cuja regra geral estabelece que o sujeito passivo tem direito, independente de protesto prévio, a restituir total ou parcialmente o tributo recolhido além do devido por lei. A modalidade de pagamento ou de lançamento não influi sobre este direito, exceto na hipótese de pagamento por estampilhas (CTN, art. 165).

O CTN elenca três situações em que há pagamento indevido:

a) cobrança indevida;

b) erro;

c) modificação em decisão administrativa.

A primeira hipótese diz respeito aos erros de direito ou de fato (FREITAS, 2005, p. 678), ou seja, à cobrança ou pagamento espontâneo de tributo indevido ou maior que o devido em face da legislação tributária aplicável, ou da natureza ou circunstâncias materiais do fato gerador efetivamente ocorrido. Decorre da simples circunstância de o valor recolhido aos cofres ser superior ao devido, de acordo com o ordenamento, sendo desinfluente se o pagamento atendeu a notificação ou se foi espontâneo. Exemplo: recolhimento de tributo com base em lei inconstitucional.

A segunda diz respeito aos erros materiais, ou seja, erro na identificação do sujeito passivo, na determinação da alíquota aplicável, no cálculo do montante do débito ou na elaboração ou conferência de qualquer documento relativo ao pagamento. Neste caso, o indébito surgiu em virtude de erro quanto aos instrumentos, não havendo divergência entre o montante pretendido pela lei e o apurado pelo sujeito passivo. Exemplo: funcionário que, por equívoco, digita valor errado em guia de recolhimento e ocasiona com isso o indébito.

Por fim, o indébito pode advir de modificação de decisão, ou seja, reforma, anulação, revogação ou rescisão de decisão condenatória. Exemplo: a Receita anula lançamento anterior e determina a restituição do excesso recolhido pelo contribuinte.

A restituição pode ser pleiteada pelo sujeito passivo, administrativa ou judicialmente, no prazo de cinco anos. O *dies a quo* deste prazo ocorre: a) nos casos de erro de direito, de fato ou material, na data da extinção do crédito tributário (CTN, art. 156); b) na hipótese de modificação de decisão, na data da decisão definitiva administrativa ou do trânsito em julgado da decisão judicial modificadora ("que tenha reformado, anulado, revogado ou rescindido a decisão condenatória").

Nos tributos sujeitos a lançamento por homologação, há dissenso em nosso Direito, pendente de definição pelo STF (RE nº 561908). Até o fechamento desta edição, tem-se as seguintes posições:

a) a extinção do crédito tributário ocorre, no caso de tributo sujeito a lançamento por homologação, no momento do pagamento antecipado, aplicando-se a fatos geradores ocorridos antes ou depois de 9.6.2005 (LC nº 118/2005, arts. 3º e 4º);
b) para os fatos geradores ocorridos antes de 9.6.2005, o prazo é de cinco anos contados da homologação do lançamento que, se for tácita, se dá cinco anos após o fato gerador da respectiva obrigação (STJ, REsp nº 667558/PE, Teoria 5+5);
c) para fatos geradores posteriores a 9.6.2005, contam-se cinco anos a partir da extinção do crédito tributário (STJ, REsp nº 1002932/SP).

Caso ocorra decisão administrativa denegando a restituição, o sujeito passivo tem a seu dispor a ação anulatória. Esta ação deve ser proposta até dois anos contados da data da decisão definitiva denegatória. Trata-se de prazo prescricional, que pode ser interrompido pelo início da ação judicial. O prazo prescricional volta a fluir por um ano (metade), a partir da data de intimação válida ao representante judicial da Fazenda Pública interessada (CTN, art. 169, parágrafo único).

14.3.1. Restituição do tributo transferido

Para a hipótese dos tributos indiretos (ver Capítulo VI – Espécies de tributos), a norma que assegura restituição precisou sofrer alteração, pois quem suporta (em regra) o ônus é o contribuinte de fato. Por isso, o CTN prevê que a restituição de tributos que comportem, por sua natureza, transferência do respectivo encargo financeiro, somente será feita a quem prove haver assumido o referido encargo ou, no caso de tê-lo transferido a terceiro, estar por este expressamente autorizado a recebê-la (CTN, art. 166).

Amparado nesta norma, o STF entende que "cabe a restituição do tributo pago indevidamente, quando reconhecido por decisão, que o contribuinte 'de jure' não recuperou do contribuinte 'de facto' o 'quantum' respectivo." (STF, Súmula nº 546). Esta súmula, apesar de antiga, continua sendo aplicada (STF, RE nº 589715AgR/SP – 2010).

Esta norma protege, em especial, os consumidores finais de mercadorias e produtos. Estes participam de relação jurídica de consumo, e não da relação tributária. Por isso, são chamados contribuintes de fato, pois não integram a relação jurídico-tributária (CARRAZA, 2007, p. 933).

14.3.2. Restituição de juros e multas. Correção monetária

O CTN estabelece que a restituição total ou parcial do tributo dá lugar à restituição, na mesma proporção, dos juros de mora e das penalidades pecuniárias, salvo as referentes a infrações de caráter formal não prejudicadas pela causa da restituição (CTN, art. 167).

Se a causa da multa e dos juros foi o pagamento de tributo, e este é considerado posteriormente indevido, configuram também indébito. Mas, se a causa é diversa (por exemplo, multa de ofício por entrega tardia de declaração), o indébito não foi a causa da penalidade e, portanto, não há razão para a restituição.

A restituição vence juros não capitalizáveis, a partir do trânsito em julgado da decisão definitiva que a determinar (CTN, art. 167, parágrafo único). No mesmo sentido, decidiu o STJ que "Os juros moratórios, na repetição do indébito tributário, são devidos a partir do trânsito em julgado da sentença." (STJ, Súmula nº 188).

Mas se admite disposição de lei em sentido diverso, por força do CTN, art. 161, § 1º. Por este motivo, em tributos federais, utiliza-se hoje sistemática diversa, baseada na taxa referencial do Sistema Especial de Liquidação e de Custódia – SELIC –, conforme sistemática prevista na Lei nº 9.250/1995. A sistemática do CTN permanece válida para as hipóteses em que a SELIC não for aplicável.

Esta lei estabeleceu regime especial que, em síntese, preceitua o seguinte para a restituição de tributos indevidos:

a) antes da Lei nº 9.250/1995, a correção monetária incidia desde o pagamento indevido, e os juros, desde o trânsito em julgado;
b) desde a Lei nº 9.250/1995, tanto os juros como a correção monetária incidem desde o recolhimento indevido, se este ocorreu a partir de 1º.1.1996 (STJ, REsp nº 762616/SC).

A SELIC inclui, a um só tempo, os índices de atualização monetária e a taxa de juros, razão pela qual não cabe acrescer a ela outros índices de atualização ou taxas de juros (STJ, REsp nº 830698/SP).

Sem prejuízo dos juros e das multas, o tributo indevido deve sempre ser restituído com atualização monetária, computada desde o pagamento indevido até a sua efetiva restituição. (STJ, Súmula nº 162 - DJU, 19/6/1996, p. 21940; RSTJ nº 86/281; RT nº 730/174). A correção monetária é calculada em conformidade com os parâmetros e métodos estabelecidos na legislação e, para tributos federais (como vimos acima) utiliza-se a SELIC.

14.4. TRANSAÇÃO

O instituto da transação provém do Direito Privado (no atual CC/2002, art. 840) e foi adaptado e adotado pelo Direito Tributário através do CTN, art. 171. É uma das hipóteses de extinção do crédito tributário (CTN, art. 156).

O CTN dispõe que a lei pode facultar, nas condições que estabeleça, aos sujeitos ativo e passivo da obrigação tributária, celebrar transação que, mediante concessões mútuas, importe em determinação de litígio e consequente extinção de crédito tributário. A lei indicará a autoridade competente para autorizar a transação em cada caso (CTN, art. 171).

Há diferenças entre a transação e a compensação:

A transação pressupõe litígio entre o sujeito passivo e a Fazenda, enquanto a compensação pode ocorrer com (ou sem) litígio prévio;

Na compensação, não há repactuação do valor, de forma a ocorrerem concessões mútuas (com eventual redução da quantia a pagar). Na transação, há concessões mútuas (podendo implicar a redução da quantia a pagar pelo sujeito passivo);

A efetivação para transação pressupõe autorização individual e específica de autoridade administrativa, autorizada por lei; a compensação pode ser efetuada mediante autorização prévia, ou através de homologação posterior da Administração (conforme optar a lei que definir os casos de compensação).

O parcelamento, por sua vez, não é uma espécie e nem se confunde com a transação (STJ, REsp nº 39020-6/SP).

14.5. REMISSÃO

A remissão também é um instituto originário do Direito Privado, aclimatado ao Direito Tributário pelo artigo 172 do CTN. Remissão consiste no perdão, concedido por lei, ao crédito tributário, ou melhor, o credor abre mão de recebê-lo (CARVALHO, 2005, p. 496). A remissão é hipótese de extinção do crédito tributário (CTN, art. 156).

Qualquer remissão relativa a impostos, taxas ou contribuições só poderá ser concedida mediante lei específica, federal, estadual ou municipal, que regule exclusivamente as matérias acima enumeradas ou o correspondente tributo ou contribuição (CF/1988, art. 150, § 6º).

Esta lei (que em regra é ordinária) pode autorizar a autoridade administrativa a conceder, por despacho fundamentado, remissão total ou parcial do crédito tributário (CTN, art. 172).

O CTN elenca as situações em que a lei poderá autorizar remissão:

Verificando-se a situação econômica do sujeito passivo;

a) erro ou ignorância excusáveis do sujeito passivo, quanto a matéria de fato;
b) diminuta importância do crédito tributário;
c) considerações de equidade, em relação com as características pessoais ou materiais do caso;

d) condições peculiares a determinada região do território da entidade tributante.

A remissão distingue-se de outro instituto do Direito Privado, que é a remição. A remição consiste em livrar bem de um ônus por intermédio de pagamento. Por exemplo, uma das formas de extinguir uma hipoteca é através da remição, ou seja, paga-se a dívida (cuja hipoteca prestava garantias) e com isso o bem é livre do ônus. As expressões no CTN que se referem ao remitente fazem alusão à remição (que provém do verbo "remir"). Remissão, por sua vez, provém do verbo "remitir".

Também não se confundem a remissão e a anistia. Podem-se apontar as seguintes diferenças:

a) a remissão extingue o crédito, enquanto a anistia exclui o crédito (CTN, art. 175);
b) a remissão perdoa a dívida (o crédito), enquanto a anistia perdoa a infração (que é a causa do crédito, nas penalidades);
c) a remissão pode atingir créditos de penalidades ou de tributos, e a anistia somente atinge créditos de penalidades;
d) a remissão pressupõe a existência de lançamento, e a anistia é concedida antes da constituição do crédito tributário (ROSA JÚNIOR, 2009, p. 418; MACHADO, 2004, p. 189).

Nas contribuições para a previdência social (folha e segurados), a lei complementar pode estabelecer limites aos montantes de débitos para os quais se dará remissão (CF/1988, art. 195, I, "a" e II, § 11). Neste caso, portanto, tem-se a lei complementar impondo limites aos montantes, e a lei ordinária instituindo as remissões, em conformidade com estes limites.

14.6. PRESCRIÇÃO E DECADÊNCIA

A prescrição e a decadência são institutos que possuem semelhanças e diferenças.

As semelhanças são:

a) ambas são formas de extinção do crédito tributário (CTN, art. 156);
b) ambas extinguem o crédito em virtude da inércia do credor em exercer seus direitos, num dado período de tempo;

c) em ambos os casos o CTN prevê o mesmo prazo (cinco anos), mas com datas de início e fluência distintas.

A principal diferença (em gênero) é que a decadência é a perda do direito em si, enquanto a prescrição é a perda do direito de ação. Mas há outras particularidades, que descrevemos a seguir.

14.6.1. Decadência

A decadência tributária é a perda, pelo sujeito ativo, de seu direito de constituir o crédito tributário (CTN, art. 173). Portanto, a autoridade tem um determinado prazo para constituir o crédito tributário e, se não o fizer, perde o direito, extinguindo consequentemente o crédito.

Compete à lei complementar estabelecer normas gerais sobre prescrição e decadência (CF/1988, art. 146, III, "b"). Portanto, aplicam-se as normas do CTN à decadência tributária, inclusive quanto à definição do prazo, não sendo possível à lei ordinária disciplinar de forma diversa (STF, SV nº 8; STF, RE nº 502648.AgR/SC).

O CTN, por sua vez, estabelece que o prazo para a ocorrência da decadência é de cinco anos, inclusive para as contribuições para a seguridade social (STF, Súmula Vinculante nº 8). O início da contagem deste prazo (o *dies a quo*) varia conforme a situação.

Em regra, a contagem dos cinco anos inicia-se no primeiro dia do exercício seguinte àquele em que o lançamento poderia ter sido efetuado, ou seja, em 1º de janeiro do ano seguinte.

Se a constituição do crédito tributário já foi iniciada com a primeira notificação, ao sujeito passivo, de qualquer medida preparatória indispensável ao lançamento, a decadência inicia sua contagem a partir desta primeira notificação.

Portanto, se for iniciado o trabalho de lançamento do crédito tributário dentro do mesmo exercício em que ocorreu (por exemplo) o fato gerador, o prazo decadencial se inicia na primeira notificação, prosseguindo pelos próximos cinco anos. Contudo, se iniciado o exercício seguinte ao fato gerador e ainda não encaminhada a primeira notificação preparatória, o prazo decadencial começa a contar em 1º de janeiro (STJ, REsp nº 909570/SP).

Outra hipótese de *dies a quo* ocorre quando há anulação, por vício formal, de lançamento já efetuado. Esta anulação pode ocorrer por decisão administrativa ou judicial e, na data em que se tornar definitiva (não couber mais recursos ou, no caso das decisões judiciais, o seu trânsito em julgado), reabre-se novo prazo de cinco anos para a elaboração de novo lançamento.

Muitos autores apontam que esta hipótese representa um exemplo excepcional de interrupção do prazo decadencial. Vale dizer que uma das características clássicas do instituto da decadência é a inexistência de hipóteses de interrupção ou suspensão da fluência de seu prazo.

Nos tributos sujeitos a lançamento por homologação, há várias formas de marcar o início da contagem. Se não houve antecipação de pagamento, o prazo para a decadência começa no 1º de janeiro seguinte ao fato gerador (se outro impedimento legal ao lançamento não houver) (STJ, REsp nº 973733/SC). Se houve antecipação de pagamento, o prazo para a decadência inicia-se na data do fato gerador (STJ, EdivREsp nº 278727/DF). Se comprovado dolo, fraude ou simulação do sujeito passivo ou terceiro em seu benefício, o prazo se inicia no primeiro dia do exercício seguinte ao fato gerador (salvo impedimento legal ao lançamento) (STJ, AgRg.REsp nº 1050278/RS). Há, neste ponto, segundo Paulsen (2009, p. 1038), duas outras correntes minoritárias:

a) o prazo começa em 1º de janeiro do exercício seguinte à data em que constatado o ilícito;
b) aplica-se o prazo de 12 anos do Código Penal, art. 109, III.

Nos tributos federais, o documento que formalizar o cumprimento de obrigação acessória, comunicando a existência de crédito tributário, constituirá confissão de dívida e instrumento hábil e suficiente para a exigência do referido crédito (Decreto-Lei nº 2.124/1984, art. 5º, § 1º) (STJ, EDREsp nº 670812.PR).

Assim, as DCTFs, DIRPFs, GFIPs ou outros documentos de cumprimento de obrigação acessória têm o mesmo valor do lançamento. Portanto:

a) não há lançamento de ofício, a menos que o valor declarado na declaração tenha sido calculado a menor;
b) se o pagamento do tributo, por qualquer motivo, foi menor que o declarado na DCTF, não é caso de lançamento de ofí-

cio, porque a declaração, como instrumento hábil e suficiente, permite a exigência do crédito.

As hipóteses de suspensão da exigibilidade (CTN, art. 151) não interrompem ou suspendem a fluência do prazo decadencial. Por isso, surgiu o instituto do lançamento para prevenir decadência. Esta hipótese é admitida em pareceres da Procuradoria-Geral da Fazenda Nacional (PGFN, Parecer nº 743/1988, nº 1.064/1993) e admitida pela jurisprudência (STJ, REsp nº 119156/SP).

Havendo decisão liminar a suspender a exigibilidade, a autoridade deve proceder ao lançamento, notificando o sujeito passivo. Todavia, o procedimento fiscal é suspenso a partir da notificação, retomando seu curso ao término da eficácia da decisão liminar e de seu efeito suspensivo. Durante a suspensão, a autoridade só poderá realizar atos de mero expediente, devendo abster-se de praticar atos executórios, como notificações de cobrança, inscrição em dívida ativa etc.

14.6.2. Prescrição

A prescrição extingue o crédito tributário em virtude da inércia da autoridade em exercer seu direito a cobrar judicialmente o crédito regularmente lançado, mas não satisfeito. Nota-se, assim, que a prescrição não é simultânea, mas posterior à decadência, pois enquanto esta antecede o lançamento, aquela o sucede.

O prazo de prescrição é estabelecido pelo CTN, em seu artigo 174. Diz que a ação para a cobrança do crédito tributário prescreve em cinco anos, contados da data da sua constituição definitiva. A ação de cobrança é a ação de execução fiscal, de que trata a Lei nº 6.830/1980. A constituição definitiva do crédito tributário, por sua vez, pode ocorrer de várias maneiras.

Se houve lançamento de ofício e este não foi impugnado, a constituição definitiva ocorre no término do prazo para impugnação, segundo a lei. Se houve lançamento de ofício e este foi impugnado, a constituição definitiva ocorre na decisão definitiva (que não caiba mais recurso) que conclua o respectivo processo fiscal (STF, RE nº 100378/MG). Se o contribuinte apresentou declaração (DIRPF, DCTF etc.) e não pagou o valor declarado, a prescrição se conta da data do vencimento da obrigação (STJ, REsp nº 644802/PR).

Diferente da decadência, o prazo prescricional está sujeito a hipóteses de interrupção ou suspensão. Em ambos os casos, a fluência do prazo é paralisada em seu curso, mas a diferença surge quando o prazo voltar a fluir. Na interrupção, o prazo é integralmente restituído, desprezando-se o tempo fluído antes dela; na suspensão, considera-se o tempo já decorrido e restitui-se apenas o que restar.

As hipóteses de suspensão da prescrição estão dispersas ao longo do CTN, sendo que as mais importantes são as situações arroladas no artigo 151. A suspensão da prescrição prevista para a ocorrência de inscrição em dívida ativa (Lei nº 6.830/1980, art. 2º, § 3º) foi considerada como aplicável aos créditos não tributários. Portanto, a prescrição tributária não se interrompe ou suspende por força da inscrição em dívida ativa (STJ, REsp nº 881607/MG).

As hipóteses de interrupção da prescrição são prescritas no parágrafo único do artigo 174 do códex. São elas:

a) despacho do juiz que ordenar a citação em execução fiscal;
b) protesto judicial;
c) qualquer ato judicial que constitua em mora o devedor;
d) qualquer ato inequívoco, ainda que extrajudicial, que importe em reconhecimento do débito pelo devedor.

Se o crédito já está sendo exigido através de execução fiscal regular, não flui a prescrição. Contudo, se não localizados bens penhoráveis, o processo é suspenso por um ano, para que a Fazenda promova diligências a fim de localizar outras garantias. Terminada a suspensão sem que a Fazenda dê novo impulso ao processo, inicia-se a fluência do prazo de prescrição quinquenal intercorrente (STJ, Súmula nº 314).

No caso de parcelamento, a confissão de dívida firmada pelo devedor configura ato extrajudicial em que há reconhecimento do débito e, portanto, interrompe a prescrição. O prazo só volta a fluir, todavia, no dia em que o devedor deixa de cumprir o parcelamento (ex-TFR, Súmula nº 248; STJ, REsp nº 762935/MG).

14.7. CONVERSÃO DO DEPÓSITO EM RENDA

A conversão de depósito em renda é hipótese de extinção do crédito tributário, enquanto o depósito (que a antecede) é hipótese de suspensão. Ocorre quando o depósito do montante integral é disponibilizado definitivamente à Fazenda Pública.

Se o depósito a ser convertido foi realizado no curso de processo administrativo, a conversão ocorrerá após a decisão definitiva, mais precisamente trinta dias após a notificação ao devedor e desde que ele não recorra ao Poder Judiciário (CARVALHO, 2005, p. 471).

Mas se o depósito foi realizado no curso de ação judicial, a conversão só poderá ocorrer após o trânsito em julgado (STJ, AgRgREsp nº 835067/SP; TRF4, Súmula nº 18).

14.8. CONSIGNAÇÃO EM PAGAMENTO

A consignação em pagamento é também hipótese de extinção do crédito tributário. Trata-se de instituto do Direito Privado adaptado ao Direito Tributário.

O CC/2002 define o pagamento em consignação da seguinte forma: "Considera-se pagamento, e extingue a obrigação, o depósito judicial ou em estabelecimento bancário da coisa devida, nos casos e forma legais." (CC/2002, art. 334). Este conceito se aplica ao Direito Tributário, com a disciplina empregada pelo CTN, art. 164.

O CTN estabelece que a importância de crédito tributário pode ser consignada judicialmente pelo sujeito passivo, nos casos de:

a) recusa de recebimento ou subordinação deste ao pagamento de outro tributo ou de penalidade, ou ao cumprimento de obrigação acessória;
b) subordinação do recebimento ao cumprimento de exigências administrativas sem fundamento legal;
c) exigência, por mais de uma pessoa jurídica de Direito Público, de tributo idêntico sobre um mesmo fato gerador.

Entende-se por tributo idêntico a hipótese de bitributação, em que dois ou mais entes fazem incidir tributos sobre o mesmo fato gerador. A consignação caberá nas hipóteses em que a bitributação não for expressamente autorizada pela Constituição (NOGUEIRA, 1986, p. 287).

Não se admite consignação em pagamento para obter parcelamento de tributo (STJ, AgRgEDREsp nº 690478/RS). A consignação só pode versar sobre o crédito que o consignante se propõe pagar, não cabendo, portanto, para discutir o montante ou a exigibilidade do tributo em si (CTN, art. 164, § 1º; STJ, REsp nº 685589/RS).

No início da ação, o contribuinte efetua o depósito do tributo e, enquanto permanecer depositado, o crédito fica suspenso. Julgada procedente a consignação, o pagamento se reputa efetuado e a importância consignada é convertida em renda; julgada improcedente a consignação no todo ou em parte, cobra-se o crédito acrescido de juros de mora, sem prejuízo das penalidades cabíveis (CTN, art. 164, § 2º).

14.9. DECISÃO ADMINISTRATIVA IRREFORMÁVEL E DECISÃO JUDICIAL PASSADA EM JULGADO

As decisões definitivas administrativas ou judiciais também podem produzir a extinção do crédito tributário.

Se a discussão do crédito se deu através de processo administrativo fiscal, com a impugnação do lançamento pelo sujeito passivo, a decisão final deste processo, proferida pela autoridade administrativa, produzirá o efeito de extinção. Mas, neste caso, quem produz a extinção é a decisão administrativa irreformável, assim entendida a definitiva na órbita administrativa, que não mais possa ser objeto de ação anulatória. Portanto, é a decisão administrativa da qual não caiba mais possibilidade de reforma no âmbito dos Poderes Executivo e Judiciário (neste último caso, através da ação anulatória).

Se a discussão do crédito, ao contrário, ocorreu através de ação judicial, será a sentença transitada em julgado que produzirá o efeito extintivo, ou, como quer o CTN, a decisão judicial passada em julgado.

QUESTÕES DE CONCURSOS

(TRF 4ª Região – Juiz – 2001) Assinale a alternativa correta.

Na hipótese do IPI com fato gerador no mês de novembro, o prazo de decadência começa a ser contado a partir:

a) do primeiro dia útil do mês de dezembro seguinte;
b) do último dia de novembro;

c) do primeiro dia do exercício seguinte;
d) do primeiro dia após um ano da ocorrência do fato gerador.

Resposta: C

(TRF 3ª Região – Juiz – 2006) O direito de pleitear a restituição de tributo indevido ou maior que o devido em face da legislação tributária aplicável ou da natureza ou circunstâncias materiais do fato gerador ou em face de identificação errada do sujeito passivo, de erro da alíquota aplicável ou de erro material de documento de arrecadação extingue-se com o decurso do prazo de cinco anos:

a) contados, no caso de tributo sujeito a lançamento por homologação, do momento de seu pagamento antecipado de que trata o art. 150, § 1°, do CTN;
b) contados do pagamento do tributo indevido, em relação a todos os tributos;
c) contados da data do pagamento do tributo indevido, exceto o imposto de renda de pessoa jurídica, caso em que o prazo conta-se a partir da data da declaração de ajuste;
d) contados a partir da data do lançamento do tributo feito pela autoridade competente.

Resposta: A e B (revisada após recursos).

(TRF 4ª Região – Juiz – 2000 – ESMAFESC) Assinalar a alternativa correta:

a) Na repetição de indébito tributário, a correção monetária incide a partir do trânsito em julgado da sentença.
b) O fornecimento de mercadorias com a simultânea prestação de serviços em bares, restaurantes e estabelecimentos similares não tem autonomia jurídica e, por isso, não constitui fato gerador do ICMS.
c) O deslocamento de mercadoria de um para outro estabelecimento do mesmo contribuinte, situado em município diverso, está sujeito ao pagamento do ICMS.
d) Os juros moratórios, na repetição do indébito tributário, são devidos a partir do trânsito em julgado da sentença.

Resposta: D

(TRF 4ª Região – Juiz – 2000 – ESMAFESC) Assinalar a alternativa correta:

a) A simples confissão de dívida, acompanhada do seu pedido de parcelamento, mesmo quando anterior a qualquer iniciativa do Fisco, não configura denúncia espontânea.
b) As mercadorias oriundas do estrangeiro, com simples trânsito em porto nacional, destinadas a outro país, estão sujeitas ao pagamento da Taxa de Melhoramento dos Portos (TMP).
c) A alteração dos critérios jurídicos adotados pelo Fisco em ato de amplitude nacional justifica a revisão de lançamento, pois a administração pública pode declarar a nulidade dos seus próprios atos.
d) O prazo da prescrição, interrompido pela confissão e parcelamento da dívida fiscal, recomeça a fluir no dia em que o devedor deixa de cumprir o acordo celebrado.

Resposta: D

(TRF 4ª Região – Juiz – 2000 – ESMAFESC) Assinalar a alternativa correta:

a) A exigência de depósito de parcela do tributo questionado como condição para a interposição de recurso administrativo no contencioso fiscal implica ofensa ao princípio constitucional da ampla defesa.
b) A suspensão da exigibilidade do crédito tributário não impede a execução fiscal, mas o contribuinte tem direito à chamada certidão positiva com efeitos de negativa.
c) Se o crédito tributário está garantido por penhora regular, não pode a autoridade fiscal recusar ao contribuinte a competente certidão negativa de débito.
d) Nos tributos sujeitos a lançamento por homologação, a prescrição da ação de repetição de indébito só ocorre após decorridos cinco anos, contados do fato gerador, acrescidos de mais cinco anos, contados do termo final do prazo deferido ao Fisco para apuração do tributo devido.

Resposta: D

(TRF 4ª Região – Juiz – 2010) Dadas as assertivas abaixo, assinale a alternativa correta.

I – Quanto ao prazo de prescrição e decadência em matéria tributária, os Tribunais Superiores têm decidido que:

II – Alterações de prazos de decadência e prescrição como as feitas pelo art. 5º do Decreto-Lei nº 1.569/1977 e pelos arts. 45 e 46 da Lei nº 8.212/1991 são válidas devido à especialidade desses diplomas no tocante aos tributos específicos de que tratam.

III – Alterações de prazos de decadência e prescrição como as feitas pelo art. 5º do Decreto-Lei nº 1.569/1977 e pelos arts. 45 e 46 da Lei nº 8.212/1991 são ilegais devido ao conflito com dispositivos de lei complementar (Código Tributário Nacional), que é hierarquicamente superior àqueles diplomas posteriores.

IV – Alterações de prazos de decadência e prescrição como as feitas pelo art. 5º do Decreto-Lei nº 1.569/1977 e pelos arts. 45 e 46 da Lei nº 8.212/1991 são inconstitucionais por exigir-se lei complementar para reger tais matérias.

V – O prazo de prescrição para cobrança de tributos sujeitos a lançamento por homologação é de 5 anos a partir da data em que o pagamento antecipado foi ou deveria ter sido feito.

VI – O prazo de prescrição para cobrança de tributos sujeitos a lançamento por homologação é de 10 anos (5 + 5) somente até a publicação da Lei Complementar nº 118/2005, a partir da qual passa a ser de apenas 5 anos.

a) Estão corretas apenas as assertivas I e II.
b) Estão corretas apenas as assertivas II e IV.
c) Estão corretas apenas as assertivas III e IV.
d) Estão corretas apenas as assertivas III e V.
e) Estão corretas apenas as assertivas II, III e IV.

Resposta: C

(TRF 4ª Região – Juiz – 2010) Dadas as assertivas abaixo, assinale a alternativa correta.

I – Quanto à compensação de tributos federais, é matéria firme na atual jurisprudência do Superior Tribunal de Justiça:

II – Deve ser considerado o regime jurídico vigente à época do ajuizamento da demanda, não podendo ser a causa julgada à luz do direito superveniente.

III – Deve ser considerado o regime jurídico vigente no momento em que deva ser feita efetivamente a compensação com encontro de contas entre os mutuamente credores e devedores e, em consequência, caso a compensação pretendida não tenha sido aceita pela administração pública e posteriormente venha a ser vedada pela legislação, aplica-se o dispositivo legal impeditivo.

IV – Serão regidas mediante disposições infralegais, pois somente a forma da compensação é que pode ser alterada.

V – A legislação aplicável nos casos de compensação é a do tempo em que foram gerados os créditos em favor do contribuinte, devendo aplicar-se os sucessivos regimes de compensação criados pelas leis e pelos regulamentos, conforme o período de geração de tais créditos.

VI – A compensação somente é possível entre créditos e débitos de tributos da mesma espécie.

a) Está correta apenas a assertiva I.
b) Está correta apenas a assertiva II.
c) Está correta apenas a assertiva III.
d) Estão corretas apenas as assertivas IV e V.
e) Nenhuma assertiva está correta.

Resposta: A

Capítulo 15

Direito Processual Tributário

15.1. DIREITO PROCESSUAL TRIBUTÁRIO

Há uma corrente que identifica um novo ramo do Direito, denominado Direito Processual Tributário. O objeto de estudo deste ramo reside no conjunto de normas (princípios e regras), estudos e decisões relacionados com normas processuais atinentes à atividade da administração tributária no sentido de exigir o cumprimento das obrigações tributárias.

Ao contrário do Direito Tributário, que seria composto de normas materiais, o Direito Processual Tributário concentra-se sobre normas processuais ou instrumentais. Estas normas processuais se fazem necessárias, sobretudo, diante da plêiade de princípios constitucionais que buscam controlar e limitar a atuação do Estado na exigência de tributos.

Em nosso ordenamento, há diversos textos legislativos contendo normas processuais tributárias. Estes textos organizam o que se convencionou chamar de contencioso tributário (ROSA JÚNIOR, 2009, p. 507), que é o conjunto de procedimentos adotados pelo Estado, em conformidade com a Constituição, para o controle do exercício da atividade de exigência das obrigações tributárias.

Este contencioso se divide em duas principais fases:

a) contencioso administrativo, que é a fase processual desempenhada perante órgãos do Poder Executivo (normalmente ligados à administração tributária dos entes da Federação);
b) contencioso judicial, que corresponde às diversas espécies de ações previstas no ordenamento, através das quais os sujeitos da relação tributária podem invocar a tutela jurisdicional do Estado, perante juízes e tribunais (Poder Judiciário).

Os principais textos normativos, aos quais dedicaremos breve estudo, são:

a) no contencioso administrativo, o Decreto nº 70.235/1972;
b) no contencioso judicial, a Lei nº 6.830/1980 (Lei de Execuções Fiscais) e outras normas processuais federais pertinentes.

15.2. PROCESSO ADMINISTRATIVO TRIBUTÁRIO

O processo administrativo tributário corresponde à fase administrativa do contencioso. A Constituição fundamenta sua existência dentre os direitos e garantias individuais, quando prescreve que aos litigantes, em processo judicial ou administrativo, e aos acusados em geral são assegurados o contraditório e ampla defesa, com os meios e recursos a ela inerentes (CF/1988, art. 5º, LV).

Outro fundamento reside na primeira e última partes da Súmula nº 473 do STF, quando define que "a Administração pode anular seus próprios atos, quando eivados de vícios que os tornam ilegais, porque deles não se originam direitos; [...] e ressalvada, em todos os casos, a apreciação judicial."

Predomina o entendimento de que a legislação sobre processo administrativo fiscal é a mesma dos entes da Federação competentes para os respectivos tributos (CF/1988, art. 24, I). Situação diversa se dá em relação às leis sobre processo judicial tributário, estas de competência privativa da União. Marins (2001, p. 121), outrossim, entende que toda legislação processual (inclusive administrativa) é privativa à União.

A principal norma sobre processo administrativo fiscal no Brasil é a que rege a maioria dos processos federais. Curiosamente, contudo, não é uma lei, mas um decreto (nº 70.235/1972), que foi recepcionado pela CF/1988 com status de lei ordinária (CF/1988, art. 24, XI; ex-TFR, AMS nº 106747/DF). Este decreto mantém relações com outras leis federais, em especial as Leis nº 8.748/1993 e nº 9.784/1999. Divide-se em capítulos: Processo Fiscal; Processo de Consulta; Nulidades; Disposições finais e transitórias. Estaremos concentrados no primeiro.

Vige no processo administrativo tributário o princípio do formalismo moderado, segundo o qual os atos e termos do processo devem adotar formas simples e conter apenas o indispensável à sua finalidade (Decreto 70235/1972, art. 2º).

O primeiro instituto analisado é o do auto de infração. O auto de infração, na verdade, é uma espécie dentro do gênero lançamento de ofício, tratado no CTN nos artigos 142, 145 e 149. A lei identifica duas espécies: auto de infração e notificação de lançamento.

O lançamento formalizado é o documento onde se encerra a exigência do crédito tributário (por tributos ou penalidades pecuniárias). Deve haver um lançamento a cada tributo ou penalidade, acompanhado dos documentos e elementos de provas que o amparam (como termos, depoimentos, laudos). Mas vários lançamentos, perante um mesmo sujeito passivo, podem ser objeto de um único processo, quando a comprovação dos ilícitos depender dos mesmos elementos de prova. Cabe também a formalização em caso de infração à legislação tributária, ainda que dela não resulte exigência de crédito tributário (Decreto nº 70.235/1972, art. 9º, *caput* e § 4º).

Segundo a dicção legal, o auto de infração seria destinado a lançar créditos decorrentes de penalidades, pois oriundas de "faltas" (ou infrações) do sujeito passivo. Já a notificação de lançamento estaria voltada para o "tributo". Os artigos 10 e 11 dispõem sobre as formalidades relativas a estes dois documentos.

Para ter validade, o lançamento pressupõe a notificação regular do sujeito passivo (STJ, REsp nº 478853/RS). Será entregue cópia do lançamento (se este não for lavrado nos próprios livros fiscais do sujeito passivo) para que este, no prazo de 30 dias, pague ou ofereça impugnação.

A forma de intimação pode ser pessoal, mediante assinatura do sujeito passivo, ou, em caso de recusa, declaração escrita do servidor que o intimar; por via postal, telegráfica ou outros meios, com prova de recebimento no domicílio tributário do sujeito passivo, e por meio eletrônico, na forma e condições estabelecidas na legislação. Não há uma ordem de preferência entre estas formas (STJ, REsp nº 380368/RS).

A intimação por edital é usada subsidiariamente, quando não se obtiver a intimação pelas formas anteriores ou o sujeito passivo tiver declarada sua inscrição como inapta. O Decreto nº 70.235/1972, art. 23, § 1º detalha as formalidades.

Se o sujeito passivo impugnar a exigência no prazo legal, fica instaurada a fase litigiosa do procedimento. O processo propriamente dito se inicia neste momento, sendo que até então tem-se procedimento administrativo. O prazo para impugnar é de 30 dias da intimação da exigência e a forma é escrita. O sujeito passivo poderá requerer a juntada de documentos e a realização de perícias, bem como informar se a matéria impugnada foi submetida a apreciação judicial, situação na qual deve juntar cópia da petição.

A revelia ocorre quando a exigência não foi cumprida nem impugnada. Em caso de impugnação parcial, admite-se o prosseguimento da cobrança da parte incontroversa (Decreto nº 70.235/1972, art. 21, § 1º). Abre-se a fase da cobrança amigável, que dura 30 dias após a declaração da revelia. Terminado o prazo sem a satisfação integral do crédito, o sujeito passivo é declarado remisso e encaminhados os autos à autoridade competente para inscrição e cobrança judicial.

O julgamento do processo apresenta duas instâncias:

a) primeira instância, às Delegacias da Receita Federal de Julgamento (DRJ).
b) segunda instância, ao Conselho Administrativo de Recursos Fiscais (CARF).

Na apreciação da prova, a autoridade julgadora formará livremente sua convicção, podendo determinar as diligências que entender necessárias.

As DRJs são órgãos colegiados, integrantes da Secretaria da Receita Federal e compostos pelos delegados da Receita Federal, titulares de delegacias especializadas nas atividades concernentes a julgamento de processos, quanto aos tributos e contribuições administrados pela Secretaria da Receita Federal e por outras autoridades definidas em lei.

Possuem prioridade os processos nos quais houver circunstâncias de crime contra a ordem tributária ou de elevado valor.

Cabe recurso voluntário, total ou parcial, com efeito suspensivo, dentro dos trinta dias seguintes à ciência da decisão da DRJ. A autoridade pode propor também recurso de ofício, quando a decisão exonerar totalmente o sujeito passivo ou quando deixar de aplicar pena de perda de mercadorias.

Não mais se admite depósito prévio ou arrolamento para a admissibilidade de recurso administrativo, por representar obstáculo ao direito de petição e ofensa aos princípios do contraditório e ampla defesa (STF, Súmula Vinculante nº 21; STJ, Súmula nº 373).

Em segunda instância, atua o CARF, que é um órgão paritário e colegiado, integrante do Ministério da Fazenda, com atribuição de julgar recursos de ofício e voluntários de decisão de primeira instância, bem como recursos de natureza especial. Dentro do CARF há ainda a Câmara Superior de Recursos Fiscais, que julga recursos de decisão que der à lei tributária interpretação divergente da que lhe tenha dado outra Câmara, turma de Câmara, turma especial ou a própria Câmara Superior de Recursos Fiscais.

É vedado aos órgãos de julgamento afastar a aplicação ou deixar de observar tratado, acordo internacional, lei ou decreto, sob fundamento de inconstitucionalidade. Contudo, esta disposição não se aplica aos casos de tratado, acordo internacional, lei ou ato normativo:

a) que já tenha sido declarado inconstitucional por decisão definitiva do plenário do Supremo Tribunal Federal;
b) que fundamente crédito tributário objeto de dispensa legal, súmula ou pareceres da AGU.

A dispensa legal é prevista pela Lei nº 10.522/2002, a qual permite que, através de ato declaratório do Procurador-Geral da Fazenda Nacional, seja autorizada a dispensa de contestação e recursos nos processos que versem sobre matéria já decidida definitivamente por jurisprudência pacífica no STF e no STJ. Esta hipótese não se equipara à remissão.

A decisão administrativa, ainda, pode adotar súmula da Advocacia-Geral da União (LC nº 73/1993, art. 43) e os pareceres do advogado-geral da União aprovados pelo presidente da República, conforme a LC nº 73/1993, art. 40.

Por fim, a propositura, pelo contribuinte, de ações judiciais sobre o crédito tributário importa em renúncia ao poder de recorrer na esfera administrativa e desistência do recurso acaso interposto (Lei nº 6.830/1980, art. 38, parágrafo único).

15.3. PROCESSO JUDICIAL TRIBUTÁRIO

O processo judicial tributário engloba todas as ações judiciais, previstas na legislação processual civil, que direta ou indiretamente sejam aplicáveis à matéria tributária. A Constituição estabelece o princípio da proteção judiciária, o qual estabelece que a lei não excluirá da apreciação do Poder Judiciário lesão ou ameaça a direito (CF/1988, art. 5º, XXXV; SILVA, 2007, p. 131). Por isso, como vimos, os atos administrativos estão sempre sujeitos à reapreciação judicial.

Portanto, ainda que o crédito já tenha sido discutido em processo administrativo fiscal já definitivamente julgado, caberá a reapreciação do Poder Judiciário através dos meios e ações próprios.

As principais formas de ações sobre matéria tributária são a execução fiscal, a medida cautelar fiscal, o mandado de segurança, a ação de repetição de indébito, a ação anulatória de débito fiscal, a ação declaratória e a ação de consignação em pagamento.

15.3.1. Execução fiscal

A cobrança judicial da dívida ativa da Fazenda Pública é realizada através da ação de execução fiscal. Esta ação é disciplinada pela Lei nº 6.830/1980, conhecida como Lei de Execução Fiscal (LEF). Esta lei se aplica tanto à dívida ativa federal como dos demais entes (Estados, Municípios e Distrito Federal).

Trata-se de lei ordinária, pois dispõe sobre matéria processual judicial. As normas do Código de Processo Civil são aplicadas subsidiariamente, ou seja, diante do silêncio da LEF, aplica-se o CPC no que couber.

Entende-se por dívida ativa da Fazenda Pública a definição que analisamos no Capítulo V, "Dívida ativa da União" (Lei nº 4.320/1964). Esta dívida pode ser tributária e não tributária, e ambas são cobradas por execução fiscal.

A execução fiscal ancora-se sobre um título executivo, como é comum aos processos de execução. O título executivo é a certidão de dívida ativa, obtida a partir do procedimento de inscrição em dívida ativa (ver Capítulo XVI – "Dívida ativa"). A LEF dispõe, outrossim, que a inscrição suspenderá a prescrição, para todos os efeitos de direito, por 180 dias, ou até a distribuição da execução fiscal, se esta ocorrer antes de findo aquele prazo (LEF, art. 2º, § 3º). Todavia, a jurisprudência entende que esta disposição não se aplica aos créditos tributários, mas somente aos créditos não tributários. A razão é que prescrição tributária é matéria de lei complementar, enquanto a LEF é lei ordinária (STJ, EREsp nº 657536/RJ).

A inscrição e execução da dívida compete à Procuradoria-Geral da Fazenda Nacional, observado o disposto em lei (CF/1988, art. 131, § 3º; LEF, arts. 2º, §§ 4º e 36).

Se a certidão (que chamaremos de CDA – Certidão de Dívida Ativa) contiver omissões que comprometam sua validade, poderá ser emendada ou substituída até a decisão de primeira instância, assegurada ao executado a devolução do prazo para embargos. Segundo a jurisprudência, "A Fazenda Pública pode substituir a CDA até a prolação da sentença de embargos, quando se tratar de correção de erro material ou formal, vedada a modificação do sujeito passivo da execução." (STJ, Súmula nº 392). Mas, se por qualquer motivo, antes desta decisão, a inscrição for cancelada, a execução fiscal será extinta, sem qualquer ônus para as partes.

A execução fiscal pode ser promovida contra o devedor, o fiador, o espólio do devedor, a massa falida, o responsável legal e os sucessores do devedor (a qualquer título).

Nos processos de falência, concordata, liquidação, inventário, arrolamento ou concurso de credores, nenhuma alienação será judicialmente autorizada sem a prova de quitação da dívida ativa ou a concordância da Fazenda Pública. Se inobservada esta exigência, os representantes (síndico, comissário, liquidante, inventariante, administrador) respondem solidariamente pelo valor do bem, caso alienem ou deem em garantia qualquer dos bens por eles administrados. Contudo, os responsáveis poderão indicar bens do devedor principal e, sendo estes insuficientes, respondem com seu patrimônio pessoal.

A cobrança judicial da dívida ativa da Fazenda Pública não é sujeita a concurso de credores ou habilitação em falência, concordata, liquidação, inventário ou arrolamento (CTN, art. 187; LEF, art. 29). O concurso de preferência somente se verifica entre pessoas jurídicas de Direito Público, na seguinte ordem:

a) União e suas autarquias;
b) Estados, Distrito Federal e Territórios e suas autarquias, conjuntamente e *pro rata*;
c) Municípios e suas autarquias, conjuntamente e *pro rata*.

A constitucionalidade desta disposição foi reconhecida pela Súmula nº 563 do STF, que, apesar de ter analisado a questão à luz da Constituição de 1967, continua aplicável à atual (STJ, REsp nº 555286/MG).

Sem prejuízo dos privilégios especiais sobre determinados bens, que sejam previstos em lei, responde pelo pagamento da dívida ativa da Fazenda Pública a totalidade dos bens e das rendas, de qualquer origem ou natureza, do sujeito passivo, seu espólio ou sua massa, inclusive os gravados por ônus real ou cláusula de inalienabilidade ou impenhorabilidade, seja qual for a data da constituição do ônus ou da cláusula, excetuados unicamente os bens e rendas que a lei declara absolutamente impenhoráveis (CTN, art. 184; LEF, art. 30). São exemplos neste sentido a Lei nº 8.009/1990 e o CPC, artigo 649.

O autor da ação será o sujeito ativo da obrigação tributária. Os Estados estrangeiros gozam de imunidade de jurisdição em matéria tributária, não extensível às questões civis, comerciais ou trabalhistas (Convenção de Viena, 1961/1963; STF, ACO 527 e outros; STJ, RO 45/RJ).

A execução fiscal poderá ser proposta no foro do domicílio do réu, se não o tiver, no de sua residência ou no do lugar onde for encontrado (CPC, art. 578). Quando houver mais de um devedor, a Fazenda Pública poderá escolher o foro de qualquer um deles. A ação poderá ainda ser proposta no foro do lugar em que se praticou o ato ou ocorreu o fato que deu origem à dívida, embora nele não mais resida o réu, ou, ainda, no foro da situação dos bens, quando a dívida deles se originar (STJ, EREsp nº 787977/SE). Mas, nas ações propostas pela Fazenda Nacional, impõe-se a norma da CF/1988, art. 109, § 1º, que define o domicílio do réu (STJ, AgRgREsp nº 517851/SE).

A petição inicial indicará apenas o juiz a quem é dirigida, o pedido e o requerimento para citação, devendo ser instruída pela Certidão de Dívida Ativa, podendo até mesmo compor-se a petição inicial e a CDA de um único documento. O valor da causa é o da CDA com os encargos legais. Não é necessário requerimento específico, pela Fazenda, para a produção de provas.

Se as partes requererem, o juiz poderá ordenar a reunião dos processos ao juízo da primeira distribuição, contra o mesmo devedor, por conveniência da unidade da garantia da execução.

É dispensável a juntada do processo administrativo fiscal ou de partes dele, pois a CDA tem efeito de prova pré-constituída, cabendo ao réu a prova em contrário. Mas o juiz pode ordenar a juntada de cópias ou mesmo a exibição dos originais, nos termos da LEF, art. 41, parágrafo único.

Ao receber a petição inicial, o juiz proferirá o despacho inicial, no qual ordenará a citação do réu e, sucessivamente, a penhora ou arresto (com registro e avaliação). O executado será citado para, no prazo de 5 (cinco) dias, pagar a dívida com os juros e multa de mora e encargos indicados na Certidão de Dívida Ativa ou garantir a execução.

A citação é feita preferencialmente pelo correio (se a Fazenda não requerer por outra forma), com aviso de recepção, a qual se considera feita na data da entrega da carta no endereço do executado. Se não constar a data no aviso, presume-se a recepção 10 dias após a postagem. Se o aviso de recepção não retornar em 15 dias da postagem, a citação será feita por oficial de justiça ou por edital (ÁVILA, 2009, p. 270).

A citação por edital é excepcional e será realizada caso falhem as duas formas anteriores (correio e por oficial). É afixado edital na sede do juízo e publicado no órgão oficial com prazo de 30 dias. Ao término deste prazo, contam-se os cinco dias para pagar ou garantir a execução. O executado ausente é citado por edital com prazo de 60 dias.

O executado pode garantir a execução através de: depósito em dinheiro, fiança bancária, nomeação de bens a penhora, indicação de bens de terceiros à penhora (desde que aceitos pela Fazenda Pública). Nos bens imóveis indicados à penhora (pelo executado ou terceiro), deve haver o consentimento expresso do respectivo cônjuge. A garantia pode ser parcial, desde que o executado pague a parte incontroversa.

Se não houver o pagamento e nem a garantia da execução, passa-se à penhora. Quaisquer bens do devedor (exceto os absolutamente impenhoráveis por lei) estão sujeitos a ela. Os bens serão penhorados (ou arrestados) segundo a seguinte ordem preferencial:

a) dinheiro;
b) títulos da dívida pública ou de crédito;
c) pedras e metais preciosos;
d) imóveis;
e) navios e aeronaves;
f) veículos;
g) móveis ou semoventes; e
h) direitos e ações.

Excepcionalmente, a penhora poderá recair sobre estabelecimento comercial, industrial ou agrícola, bem como sobre plantações ou edifícios em construção.

Segundo a jurisprudência, "A Fazenda Pública pode recusar a substituição do bem penhorado por precatórios". (STJ, Súmula nº 406).

O executado será intimado da penhora por:

a) publicação no órgão oficial, se na citação foi o próprio executado quem assinou o AR;
b) pelo correio, nas comarcas do interior dos Estados;
c) pessoalmente por oficial, nos demais casos.

Na penhora de imóveis, o cônjuge precisa ser intimado também.

Em qualquer fase do processo, o executado poderá requerer a substituição da penhora por dinheiro ou fiança bancária. A Fazenda, por sua vez, pode requerer a substituição ou complemento da penhora, independente da ordem prevista na LEF, art. 11.

Não sendo embargada a execução, ou se os embargos forem rejeitados, a Fazenda será intimada para se manifestar sobre a garantia da execução e, se foi esta prestada por terceiros, estes serão intimados para remir o bem (se a garantia for real) ou pagar o valor da dívida em 15 dias. Se não o fizerem, a execução prosseguirá contra o terceiro.

A arrematação será precedida de edital, afixado no local de costume, na sede do juízo, e publicado em resumo, uma só vez, gratuitamente, como expediente judiciário, no órgão oficial. A alienação de quaisquer bens penhorados será feita em leilão público, no lugar designado pelo juiz.

A Fazenda Pública poderá adjudicar os bens penhorados antes do leilão ou depois dele. Se for antes do leilão, deverá adjudicar pelo preço da avaliação, e desde que a execução não tenha sido embargada ou se rejeitados os embargos.

Após o leilão, poderá adjudicar: a) se não houver licitante, pelo preço da avaliação; b) havendo licitantes, com preferência, em igualdade de condições com a melhor oferta, no prazo de 30 (trinta) dias. Neste caso, se o crédito for inferior à avaliação (ou melhor oferta), a Fazenda deverá depositar a diferença em 30 dias.

Qualquer intimação ao representante judicial da Fazenda Pública será feita pessoalmente, podendo ser por vistas nos autos.

A sentença poderá extinguir a execução ante a satisfação integral do crédito, pronunciar a prescrição ou decadência e ainda julgar improcedente a execução fiscal. Os recursos cabíveis seguem a sistemática do CPC, exceto quanto aos valores inferiores a 50 ORTNs, em que só caberão embargos infringentes e de declaração.

Com a extinção da ORTN, o valor de alçada deve ser encontrado a partir dos índices que o substituíram (OTN, BTN, UFIR e, a partir de 1º/1/2000 o IPCA-e). Segundo este critério, seria de R$ 551,49 em julho de 2007 (STJ Resp 592274/DF).

O juiz suspenderá o curso da execução enquanto não for localizado o devedor ou encontrados bens sobre os quais possa recair a penhora e, nesses casos, não correrá o prazo de prescrição. Suspenso o curso da execução, será aberta vista dos autos ao representante judicial da Fazenda Pública. Decorrido o prazo máximo de 1 (um) ano sem que seja localizado o devedor ou encontrados bens penhoráveis, o juiz ordenará o arquivamento dos autos.

Encontrados que sejam, a qualquer tempo, o devedor ou os bens, serão desarquivados os autos para prosseguimento da execução.

Se da decisão que ordenar o arquivamento tiver decorrido o prazo prescricional, o juiz, depois de ouvida a Fazenda Pública, poderá, de ofício, reconhecer a prescrição intercorrente e decretá-la de imediato. Esta manifestação prévia é dispensada em causas de valor insignificante, conforme padrões da legislação.

A Fazenda Pública não está sujeita ao pagamento de custas e emolumentos. A prática dos atos judiciais de seu interesse independerá de preparo ou de prévio depósito. Se vencida, contudo, a Fazenda Pública ressarcirá o valor das despesas feitas pela parte contrária.

15.3.2. Embargos do devedor

O devedor poderá insurgir-se contra a execução através de ação conexa denominada embargos à execução. Não se trata de meio de defesa, mas de verdadeira ação. Os embargos devem ser propostos em 30 dias contados do depósito ou da juntada da prova da fiança bancária, ou da intimação da penhora. Não são admissíveis se não garantida a execução, neste ponto divergindo a LEF do CPC (art. 736) (ÁVILA, 2009, p. 333).

O executado deverá alegar toda matéria útil à defesa, requerer provas e juntar aos autos os documentos e rol de testemunhas, até três, ou, a critério do juiz, até o dobro desse limite.

Não são admissíveis reconvenção ou compensação. As exceções de suspeição, incompetência e impedimentos são admissíveis, mas as demais devem ser arguidas como matéria preliminar e serão processadas e julgadas com os embargos.

A Fazenda terá prazo para impugnar em 30 dias. Se for necessária a produção de provas em audiência, o juiz designará data para instrução e julgamento. Mas se os embargos versarem sobre matéria de direito, ou, sendo de direito e de fato, a prova for exclusivamente documental, o juiz dispensará a audiência e proferirá a sentença no prazo de 30 dias.

Os recursos seguem o rito e elenco estabelecidos no CPC.

15.3.3. Cautelar fiscal

A medida cautelar fiscal é ação de titularidade do sujeito passivo (União, Estados, Distrito Federal ou Municípios). É regulada pela

Lei nº 8.397/1992. Pode ser proposta após a constituição do crédito tributário (exceto Lei nº 8.397/1992, art. 2º, V, "b" e VII), antes ou depois do ajuizamento da execução fiscal.

O sujeito passivo é o devedor de crédito tributário ou não tributário. A propositura de tal medida é possível em hipóteses previamente definidas em lei, visando preservar as garantias do crédito tributário. É essencial a prova literal da constituição do crédito e comprovação documental das hipóteses que justificam sua propositura.

A medida cautelar fiscal cabe quando o devedor (Lei nº 8.397/1992, art. 2º):

I – sem domicílio certo, intenta ausentar-se ou alienar bens que possui ou deixa de pagar a obrigação no prazo fixado;

II – tendo domicílio certo, ausenta-se ou tenta se ausentar, visando elidir o adimplemento da obrigação;

III – caindo em insolvência, aliena ou tenta alienar bens;

IV – contrai ou tenta contrair dívidas que comprometam a liquidez do seu patrimônio;

V – notificado pela Fazenda Pública para que proceda ao recolhimento do crédito fiscal: a) deixa de pagá-lo no prazo legal, salvo se suspensa sua exigibilidade; b) põe ou tenta pôr seus bens em nome de terceiros;

VI – possui débitos, inscritos ou não em dívida ativa, que somados ultrapassem trinta por cento do seu patrimônio conhecido;

VII – aliena bens ou direitos sem proceder à devida comunicação ao órgão da Fazenda Pública competente, quando exigível em virtude de lei;

VIII – tem sua inscrição no cadastro de contribuintes declarada inapta pelo órgão fazendário;

IX – pratica outros atos que dificultem ou impeçam a satisfação do crédito.

O juiz, se deferir o pedido, poderá decretar a indisponibilidade dos bens do requerido até o limite da satisfação da obrigação. Cabe também a indisponibilidade na pessoa jurídica, mas recairá somente sobre os bens do ativo permanente e poderá atingir o acionista controlador e demais dirigentes à época do fato gerador (se houve lançamento de ofício) ou do inadimplemento da obrigação (nos demais casos).

O juiz concederá liminarmente a medida cautelar fiscal, dispensada a Fazenda Pública de justificação prévia e de prestação de caução.

O executado é citado para contestar em 15 dias, sob pena de revelia e confissão. Se esta ocorrer, o juiz proferirá sentença em 10 dias. Se não houver, o juiz marcará audiência de instrução e julgamento, se necessária a produção de provas.

Quando a medida cautelar fiscal for concedida em procedimento preparatório, deverá a Fazenda Pública propor a execução judicial da dívida ativa no prazo de sessenta dias, contados da data em que a exigência se tornar irrecorrível na esfera administrativa. Conserva a sua eficácia na pendência do processo de execução judicial da dívida ativa, mas pode, a qualquer tempo, ser revogada ou modificada. Pode também haver substituição por prestação de garantia, mediante prévia oitiva da Fazenda Pública.

Cessa a eficácia da medida cautelar fiscal se:

a) a Fazenda Pública não propuser a execução em 60 dias;
b) a medida não for executada em 30 dias;
c) houver a extinção da subsequente execução fiscal;
d) o executado satisfizer a obrigação plenamente. Se isso ocorrer, a Fazenda não pode repetir o pedido.

Se o juiz reconhecer em sentença a extinção do crédito, por qualquer de suas formas (CTN, art. 156), esta decisão obsta a execução fiscal subsequente. Nos demais casos, não impede a execução e nem influi sobre ela.

Cabe apelação da sentença que defere a medida, sem efeito suspensivo, salvo se o executado oferecer garantias.

15.3.4. Mandado de segurança

O mandado de segurança é previsto para proteger direito líquido e certo, não amparado por *habeas corpus* ou *habeas data*, quando o responsável pela ilegalidade ou abuso de poder for autoridade pública ou agente de pessoa jurídica no exercício de atribuições do poder público (CF/1988, art. 5º, LXIX). Atualmente, a matéria é regulada pela Lei nº 12.016, de 7.8.2009, que revogou a Lei nº 1.533/1951 (e outras) que estabelecia seu regime jurídico anterior.

Embora o mandado de segurança não seja específico para a matéria tributária, constitui meio hábil para sua discussão (LEF, art. 38; STJ, RMS 2496). O prazo para seu requerimento é de 120 dias, contados da ciência, pelo interessado, do ato impugnado.

Não cabe mandado de segurança contra lei em tese (STF, Súmula nº 266); Não é substitutivo da ação de cobrança (STF, Súmula nº 269); Não produz efeitos patrimoniais em relação a período pretérito, os quais devem ser reclamados administrativamente ou pela via judicial própria (STF, Súmula nº 271); Serve para declarar o direito à compensação tributária (STJ, Súmula nº 213); Não cabe contra ato judicial passível de recurso ou correição (STF, Súmula nº 267). Nem contra decisão judicial com trânsito em julgado (STF, Súmula nº 268); É incabível para convalidar a compensação tributária realizada pelo contribuinte (STJ, Súmula nº 460).

A liminar em mandado de segurança é capaz de determinar a suspensão do crédito tributário, mas não se admite concessão de direito a compensação e entrega de mercadorias e bens provenientes do exterior, dentre outros assuntos (CTN, art. 151, IV; Lei nº 12.016/2009, art. 7º, § 2º; STJ, Súmula nº 212). Cabe agravo da decisão que decidir sobre a liminar.

Admite-se mandado de segurança preventivo, quando existente a lei instituidora, independente de ato concreto da autoridade (STJ, REsp nº 90089/SP).

O mandado de segurança coletivo pode ser impetrado por partido político com representação no Congresso Nacional, na defesa de seus interesses legítimos relativos a seus integrantes ou à finalidade partidária, ou por organização sindical, entidade de classe ou associação legalmente constituída e em funcionamento há, pelo menos, 1 (um) ano, em defesa de direitos líquidos e certos da totalidade, ou de parte, dos seus membros ou associados, na forma dos seus estatutos e desde que pertinentes às suas finalidades, dispensada, para tanto, autorização especial.

A entidade de classe tem legitimação para o mandado de segurança ainda quando a pretensão veiculada interesse apenas a uma parte da respectiva categoria (STF, Súmula nº 630). A impetração de mandado de segurança coletivo por entidade de classe em favor dos associados independe da autorização destes (STF, Súmula nº 629).

Os direitos protegidos pelo mandado de segurança coletivo podem ser coletivos ou individuais. Entende-se como direitos coletivos os transindividuais, de natureza indivisível, de que seja titular grupo ou categoria de pessoas ligadas entre si ou com a parte contrária por uma relação jurídica básica. Os direitos individuais homogêneos são os decorrentes de origem comum e da atividade ou situação específica da totalidade ou de parte dos associados ou membros do impetrante.

Cabe apelação da sentença que indeferir a petição inicial, conceder ou denegar o mandado de segurança. Na ação de mandado de segurança, não se admite condenação em honorários advocatícios (Lei nº 12.016/2009, art. 25; STJ, Súmula nº 105).

15.3.5. Ação de repetição de indébito

A ação de repetição de indébito tem seu fundamento no CTN, arts. 165-168, e na LEF, art. 38. Constitui ação à disposição dos sujeitos passivos contra a Fazenda Pública, no sentido de exercer o direito à restituição de tributo recolhido indevidamente.

Esta ação submete-se ao regime do processo de conhecimento e subsequente processo de execução (CPC, Livros I e II). Na execução contra a Fazenda Pública, observa-se em especial o CPC, art. 730 e os regimes impostos pela CF/1988, art. 100 (ver Capítulo III).

Na execução por quantia certa contra a Fazenda Pública, citar-se-á a devedora para opor embargos em 10 (dez) dias; se esta não os opuser, no prazo legal, observar-se-ão as seguintes regras (CPC, art. 730):

I – o juiz requisitará o pagamento por intermédio do presidente do tribunal competente;

II – far-se-á o pagamento na ordem de apresentação do precatório e à conta do respectivo crédito.

Importante lembrar que o prazo acima foi ampliado para 30 dias pela Lei nº 9.494/1997, art. 1º-B.

Se o credor for preterido no seu direito de preferência, o presidente do tribunal, que expediu a ordem, poderá, depois de ouvido o chefe do Ministério Público, ordenar o sequestro da quantia necessária para satisfazer o débito.

Para os créditos de baixo valor, sujeitos ao regime das requisições de pagamento, segue-se, contudo, regime distinto, previsto para as ações ordinárias dos juizados especiais, conforme as Leis nº 9.099/1995 (Geral), nº 10.259/2001 (Federal) e nº 12.153/2009 (Estados e Municípios).

Quanto à correção monetária, é devida a partir do pagamento indevido (STJ, Súmula nº 162), enquanto os juros moratórios (salvo lei em contrário – exemplo, SELIC) são devidos a partir do trânsito em julgado da sentença que condenar à repetição (STJ, Súmula nº 188).

Sobre o prazo para a ação de repetição de indébito, nos tributos sujeitos a lançamento por homologação, *vide* Capítulo XIV – Restituição de tributos indevidos.

15.3.6. Anulatória de débito fiscal

A ação anulatória de débito fiscal constitui outra ação, à disposição do sujeito passivo, para a discussão judicial da dívida ativa da Fazenda Pública. Esta ação é prevista pela LEF, art. 38, mas não há um texto legislativo específico sobre o seu rito processual.

O pressuposto para a ação anulatória é a existência de crédito tributário já constituído pelo lançamento (ROSA JÚNIOR, 2009, p. 574). Sua propositura importa em renúncia ao poder de recorrer na esfera administrativa e desistência do recurso acaso interposto (LEF, art. 38, parágrafo único).

O prazo prescricional é de cinco anos, contados da notificação de lançamento (Decreto nº 20.910/1932).

Se o crédito for federal, deve-se observar a competência da Justiça Federal (CF/1988, art. 109). Não havendo disposição específica sobre o rito, aplica-se o procedimento comum (CPC, art. 271, Livros I e II). O procedimento dos juizados especiais federais prevê expressamente a admissibilidade desta ação (Lei nº 10.259/2001, art. 3º, § 1º,

III) e no procedimento dos Estados e Municípios não há vedação expressa à sua discussão. A competência dos juizados será absoluta para as causas sujeitas a requisição de pequeno valor (CF/1988, art. 100, § 3º).

A propositura de ação anulatória não inibe a Fazenda Pública de promover-lhe a execução, exceto se o sujeito passivo efetuou o depósito integral (CPC, art. 585, § 1º; ROSA JÚNIOR, 2009, p. 575).

A LEF estabelece que é pressuposto da ação anulatória o prévio depósito do montante atualizado do crédito e seus consectários (LEF, art. 38). Contudo, a jurisprudência firmou-se no sentido de ser este depósito mera faculdade do sujeito passivo (ex-TFR, Súmula nº 247; TRF-3, Súmula nº 2; STJ, REsp nº 91127/BA).

Haverá conexão entre a ação anulatória e a execução fiscal já proposta sobre o mesmo crédito, exceto quando a anulatória for proposta em juízo diverso da execução, por razão de competência absoluta (STJ, CC nº 105358/SP). Não sendo embargada a execução, inexiste sentença, não se podendo falar de coisa julgada capaz de impedir a propositura da ação anulatória do lançamento fiscal (STJ, REsp nº 9401/SP). Também não há preclusão se os embargos, embora propostos, não tiveram julgamento de mérito (STJ, REsp nº 190752/SP).

A sentença transitada em julgado que julgar procedente a ação anulatória é causa de extinção do crédito tributário (CTN, art. 156, X).

15.3.7. Ação declaratória

A ação declaratória negativa é outra forma de ação disponível ao sujeito passivo para a discussão de créditos tributários em juízo. Seu fundamento provém do CPC, art. 4º, que preceitua: "O interesse do autor pode limitar-se à declaração: I – da existência ou da inexistência de relação jurídica; II – da autenticidade ou falsidade de documento. Parágrafo único. É admissível a ação declaratória, ainda que tenha ocorrido a violação do direito".

Esta ação tem como pressuposto a inexistência de crédito tributário definitivamente constituído ou não dotado de eficácia preclusiva (ROSA JÚNIOR, 2009, p. 577). Não cabe sua propositura se já existe execução fiscal em andamento (STJ, CC nº 81290/SP).

Apresenta diferenças em relação à ação anulatória, pois enquanto esta objetiva sentença constitutiva negativa, a declaratória pretende declaração negativa. Outra diferença é que a declaratória cabe somente até a constituição do crédito, sendo que após esta caberá a anulatória (ROSA JÚNIOR, 2009, p. 578).

A prescrição desta ação é de cinco anos (Decreto nº 20.910/1932).

Não cabe quando o tributo já foi pago, pois neste caso caberá repetição de indébito ou a ação anulatória do art. 169 do CTN (STJ, RESP nº 947206/RJ). Cabe, todavia, para discussão sobre correção monetária (STJ, RESP nº 104471/PR), mas não cabe para apreciar "lei em tese", devendo-se apontar, ainda que potencialmente, a repercussão do provimento judicial na esfera particular (STJ, AgRg.Ag 927765/MG).

15.3.8. Ação de consignação em pagamento

Sobre esta ação, já tratamos no Capítulo XIV, ao qual remetemos.

QUESTÕES DE CONCURSOS

(TRF 4ª Região – Juiz – 2010) Dadas as assertivas abaixo, assinale a alternativa correta.

I – O art. 19 da Lei nº 8.870/1994 prevê que "As ações judiciais, inclusive cautelares, que tenham por objeto a discussão de débito para com o INSS serão, obrigatoriamente, precedidas do depósito preparatório do valor do mesmo, monetariamente corrigido até a data de efetivação, acrescido dos juros, multa de mora e demais encargos", o que levou o Supremo Tribunal Federal a firmar entendimento de que:

II – Compete aos magistrados avaliar as condições dos casos concretos para conceder ou não a dispensa do depósito preparatório exigido pelo art. 19 da Lei nº 8.870/1994.

III – A ausência do depósito preparatório a que se refere o art. 19 citado não impede a propositura de ações cautelares de mandados de segurança, mas apenas de ações ordinárias, inclusive anulatórias de lançamento fiscal.

IV – Somente os embargos de devedor contra o INSS serão necessariamente precedidos de depósitos preparatórios do art. 19 da Lei nº 8.870/1994.

V – É inconstitucional a exigência de depósito prévio como requisito de admissibilidade de ação judicial na qual se pretenda discutir a exigibilidade de crédito tributário.

VI – Somente para admissibilidade de recursos, como na justiça do trabalho, é que se pode exigir depósito prévio para rediscussão de exigibilidade de crédito tributário.

a) Está correta apenas a assertiva III.
b) Está correta apenas a assertiva IV.
c) Está correta apenas a assertiva V.
d) Estão corretas apenas as assertivas II e V.
e) Nenhuma assertiva está correta.

Resposta: B

(TRF 1ª Região – 2009 – CESPE) Francisco passou a não pagar aos credores e ao fisco os tributos devidos nas operações da sociedade comercial que gerenciava, tendo-se retirado da sociedade e registrado a alteração contratual na junta comercial. Os credores promoveram diversas ações de execução contra a empresa, cujo patrimônio foi totalmente alienado para o pagamento das dívidas, no curso do procedimento administrativo de lançamento fiscal. A fazenda nacional ajuizou execução fiscal contra a pessoa jurídica, mas não obteve êxito na localização de bens para penhora. Nessa situação hipotética, a execução fiscal poderá ser redirecionada contra Francisco

a) Caso se trate de sociedade por cotas de responsabilidade limitada.
b) Em virtude da inexistência de bens da sociedade e da inadimplência com a fazenda pública, que é credora privilegiada.
c) Porque não foi requerida, previamente, a falência.
d) Na parte relativa à redução tributária obtida por meio de contribuição previdenciária descontada do empregado e deliberadamente não recolhida aos cofres públicos.

e) Se for demonstrado que o sucessor na administração da empresa não tinha conhecimento dos débitos fiscais.

Resposta: D

(TRF 4ª Região – Juiz XI – 2004) Assinalar a alternativa correta.

I – No caso de empresa concordatária, a multa punitiva do art. 161, *caput*, do Código Tributário Nacional, não pode ser aplicada.

II – A notificação de lançamento de débito sem assinatura do servidor e indicação de seu cargo ou função é nula, mesmo que o contribuinte tenha exercido ampla defesa.

III – A competência para processar a execução fiscal é a da sede da empresa executada, desimportando a sua mudança de sede posterior à penhora.

IV – As multas aplicadas por infrações administrativas tributárias seguem o princípio da retroatividade da legislação mais benéfica vigente no momento da execução.

a) Estão corretas apenas as assertivas I e III.
b) Estão corretas apenas as assertivas II e IV.
c) Estão corretas apenas as assertivas III e IV.
d) Todas as assertivas estão corretas.

Resposta: C

(Magistratura São Paulo concurso nº 174) Em qualquer fase do processo de execução fiscal, será deferida pelo juiz:

a) à Fazenda Pública, a substituição dos bens penhorados por outros, independentemente da ordem legal.
b) à Fazenda Pública, a substituição dos bens penhorados por outros, observada a ordem legal.
c) ao executado, a substituição dos bens penhorados por outros que tornam menos gravosa a execução.
d) ao executado, a substituição dos bens penhorados por títulos da dívida pública.

Resposta: A

(Magistratura São Paulo concurso nº 174) O executado oferecerá embargos à execução fiscal, no prazo de trinta dias, contados da juntada:

a) do mandado de penhora.
b) da prova da fiança bancária.
c) da carta precatória.
d) do mandado de citação com hora certa.

Resposta: B

(TRF 1ª Região – Juiz – 2009) Assinale a opção que apresenta conclusão correta acerca da situação hipotética nela contida.

a) A autoridade fiscal lavrou auto de infração referente ao IRPJ em decorrência de omissão de receita, que foi devidamente impugnado pelo contribuinte, tendo sido, em seguida, lançada, pelas mesmas omissões, a COFINS. Nessa situação, se a instância superior declarar insubsistente a exigência do IRPJ, acatando a alegação do contribuinte de inexistência de omissão de receita, será excluída, também, a cobrança da COFINS.
b) Em determinada sociedade, o fisco constatou distribuição disfarçada de lucros e autuou um dos sócios beneficiários, vindo o lançamento a ser inscrito em dívida ativa. Nessa situação, o crédito tributário poderá ser exigido da empresa, ainda que pendente lançamento fiscal para verificação da efetiva distribuição de lucros pela sociedade, máxime em virtude da independência das instâncias judicial e administrativa.
c) A União moveu executivo fiscal para cobrança de tributo sujeito a lançamento por homologação. Nessa situação, a União decairá do direito de exigir omissões de receitas ocorridas, pelo reconhecimento da legalidade do crédito.
d) Determinada empresa cometeu fraude na declaração de IRPJ em 2000, tendo o auto de infração sido lavrado em 2004, e o lançamento definitivo feito em 2007, depois de percorridas todas as instâncias administrativas, em decorrência do contraditório. Nessa situação, decaiu a fazenda pública de constituir seu crédito.

e) Determinado auto de infração por sonegação fiscal foi lavrado em outubro de 2003 e concluído o procedimento fiscal em janeiro de 2009. Nessa situação, há de ser declarado prescrito o crédito tributário em virtude da prescrição intercorrente.

Resposta: A

(TRF 2ª Região – Juiz – 2009) Em cada uma das opções abaixo, é apresentada uma situação hipotética, seguida de assertiva a ser julgada. Assinale a opção que apresenta a assertiva correta.

a) A União foi vencedora em ação indenizatória por danos causados ao seu patrimônio por João e na execução da sentença penhorou um automóvel. Dois meses após, o Distrito Federal propôs executivo fiscal contra João, por créditos tributários de sua competência, vindo a ser penhorado o mesmo veículo. Nessa situação, o produto da venda judicial do automóvel deverá satisfazer o crédito da União em primeiro lugar.
b) A União e o INSS ingressaram em juízo com execução fiscal de seus créditos contra devedor comum, cuja penhora recaiu sobre o mesmo bem. Nessa situação, o crédito do INSS terá preferência no produto da venda judicial do bem, quando se tratar de crédito tributário oriundo de fato que a lei defina como crime.
c) Foi proposta execução fiscal e veio a ser penhorado bem de sociedade comercial que, posteriormente, teve falência decretada. Nessa situação, o bem ficará excluído da massa, garantindo sem restrições a fazenda pública.
d) Determinada sociedade comercial teve falência decretada e verificou-se que as contribuições previdenciárias descontadas dos salários de seus empregados deixaram de ser repassadas ao INSS, o qual promoveu execução fiscal. Nessa situação, tais valores podem ser penhorados pelo INSS antes do pagamento de qualquer crédito, respeitados os oriundos da relação trabalhista.
e) Determinada sociedade comercial adquiriu bem imóvel gravado por hipoteca, devidamente registrada. Sobreveio inadimplência da dívida hipotecária e de dívidas tributárias

da União. Ingressaram judicialmente, exigindo seus créditos, tanto o credor hipotecário quanto o ente público, e foi penhorado o imóvel. Nessa situação, na alienação judicial do bem, o crédito tributário terá preferência, apesar de o imóvel estar gravado com garantia real.

Resposta: E

(TRF 3ª Região – Juiz – 2002) Considerando a Lei nº 6.830/1980, que dispõe sobre a cobrança da dívida ativa da Fazenda Pública, a ação de execução fiscal poderá ser promovida:

a) somente no domicílio ou na residência do executado, por não servir o CPC de aplicação subsidiária;
b) no foro da situação dos bens donde originou a dívida, ainda que este não seja o do domicílio ou residência do executado, por opção da Fazenda Pública, valendo-se da aplicação subsidiária do CPC;
c) onde for mais conveniente à Fazenda Pública, mesmo sem aplicação subsidiária do CPC;
d) onde for mais conveniente ao executado, com aplicação subsidiária do CPC.

Resposta: B

(TRF 3ª Região – Juiz – 2002) Assinale a alternativa incorreta, considerando o processo de execução:

a) a remição da execução consiste no direito conferido ao devedor de pagar ou consignar a importância devida, antes de arrematados ou adjudicados os bens que estão penhorados, e não se confunde com a remição de bens, que é direito não atribuído ao devedor, nem tampouco se confunde com a remissão de dívida, que é o perdão concedido pelo credor ao devedor;
b) é nula a execução se o título não for líquido, certo e exigível, bem como se o devedor não for regularmente citado e, ainda, se for iniciada sem a prova de que se realizou a condição ou termo, em se tratando de relação jurídica que contém essa ordem de subordinação;

c) na execução fiscal, o executado será citado para, em cinco dias, pagar a dívida e os acessórios, sendo que o prazo para a oposição de embargos é de trinta dias contados do depósito, da juntada da prova da fiança bancária ou da intimação da penhora;
d) a cobrança da dívida ativa da Fazenda Pública fica sujeita a concurso de credores e habilitação somente na falência e concordata, sendo que se verifica exclusivamente entre as pessoas jurídicas de direito público.

Resposta: D

(TRF 5ª Região – Juiz – CESPE – 2009) Constituída uma dívida tributária contra certo contribuinte, foi emitida a respectiva certidão de dívida ativa. Como o contribuinte não a pagou, o Estado ajuizou a devida ação de execução fiscal sem nada requerer em especial quanto à citação. Nesse caso, e de acordo com a Lei de Execução Fiscal, o juiz deve, inicialmente, determinar a citação

a) pelo correio, com aviso de recebimento, e a citação deve ser considerada feita na data da entrega da carta no endereço do executado.
b) por oficial de justiça, e a citação será considerada feita quando da juntada aos autos do processo do mandado cumprido.
c) pelo correio, com aviso de recebimento, e a citação deve ser considerada feita em 10 dias após a entrega da carta à agência postal.
d) por oficial de justiça, e a citação deve ser considerada feita quando da data definida como de cumprimento do mandado.
e) pelo correio, com aviso de recebimento, e a citação será considerada feita quando da juntada aos autos do processo do respectivo aviso de recebimento.

Resposta: A

Administração tributária e dívida ativa

16.1. ADMINISTRAÇÃO TRIBUTÁRIA

Entende-se por administração tributária o conjunto de órgãos dedicados à execução da legislação tributária; inclui órgãos do Poder Executivo. Cada sujeito ativo possuirá sua própria administração tributária (União, Estados, Distrito Federal, Municípios, autarquias, fundações públicas etc).

A Constituição Federal confere ao Estado o poder/dever de fiscalizar o cumprimento da legislação tributária, podendo identificar o patrimônio, rendimento e as atividades dos contribuintes, respeitados os direitos individuais e nos termos da lei (CF/1988, art. 145, § 1º).

A administração tributária é reputada como atividade essencial ao Estado. Por este motivo, será exercida por servidores de carreiras específicas e terá recursos prioritários para a realização de suas atividades e atuará de forma integrada, inclusive com o compartilhamento de cadastros e de informações fiscais, na forma da lei ou convênio (CF/1988, art. 37, XXII com redação pela EC nº 42/2003).

Compete privativamente ao Senado Federal avaliar periodicamente a funcionalidade do Sistema Tributário Nacional, em sua estrutura e seus componentes, e o desempenho das administrações tributárias da União, dos Estados, do Distrito Federal e dos Municípios (art. 52, XV com redação pela EC nº 42/2003)

Como decorrência de sua essencialidade, a administração tributária goza de autonomia financeira e representa exceção ao princípio da não vinculação, que, como vimos, prescreve ser vedada a vinculação de receita de impostos a órgão, fundo ou despesa (CF/1988, art. 167, IV, com redação pela EC nº 42/2003).

Na União, a administração tributária é composta pelos órgãos do Ministério da Fazenda, sobretudo a Secretaria da Receita Federal do Brasil. A Procuradoria-Geral da Fazenda Nacional não integra, formalmente, a administração tributária, mas pode ser considerada materialmente integrante, uma vez que dentre suas atribuições se encontra a inscrição e cobrança judicial da dívida ativa.

16.2. PROCEDIMENTO FISCAL

A legislação tributária, observado o disposto no CTN, regulará, em caráter geral, ou especificamente em função da natureza do tributo de que se tratar, a competência e os poderes das autoridades administrativas em matéria de fiscalização da sua aplicação.

A legislação aplica-se às pessoas naturais ou jurídicas, contribuintes ou não, inclusive às que gozem de imunidade tributária ou de isenção de caráter pessoal (CTN, art. 194).

Para os efeitos da legislação tributária, não têm aplicação quaisquer disposições legais excludentes ou limitativas do direito de examinar mercadorias, livros, arquivos, documentos, papéis e efeitos comerciais ou fiscais dos comerciantes industriais ou produtores, ou da obrigação destes de exibi-los (CTN, art. 195).

Isso significa que, havendo conflito aparente entre a lei tributária e leis civis, comerciais, trabalhistas etc., quanto ao dever de exibir documentos (como havia entre o antigo Código Comercial, artigo 17, e as leis tributárias), prevalecerá a primeira. Ou melhor, se a lei civil assegura ao sujeito passivo a prerrogativa de não exibir seus arquivos, e a lei tributária impõe o dever de exibi-los às autoridades, o sigilo prevalece perante terceiros, exceto à autoridade (FREITAS, 2005, p. 784).

Os livros obrigatórios de escrituração comercial e fiscal e os comprovantes dos lançamentos neles efetuados serão conservados até que ocorra a prescrição dos créditos tributários decorrentes das operações a que se refiram.

Contudo, este poder é limitado aos pontos objeto da investigação, impedindo que o poder de fiscalizar se transforme no poder de devassar (STF, Súmula nº 439)

A autoridade administrativa que proceder ou presidi-lo a quaisquer diligências de fiscalização lavrará os termos necessários para que se documente o início do procedimento, na forma da legislação aplicável, que fixará prazo máximo para a conclusão daquelas (CTN, art. 196).

Os termos serão lavrados, sempre que possível, em um dos livros fiscais exibidos; quando lavrados em separado deles se entregará, à pessoa sujeita à fiscalização, cópia autenticada pela autoridade a que se referiu antes.

16.3. SIGILO FISCAL E PRESTAÇÃO DE INFORMAÇÕES

Em regra, a autoridade fiscal pode exigir a prestação de informações sobre bens, negócios e atividades de terceiros de qualquer pessoa que as possua. Deverá fazê-lo mediante intimação escrita.

O CTN exemplifica aqueles que são obrigados a prestar tais informações, referindo-se aos (CTN, art. 197):

a) tabeliães, escrivães e demais serventuários de ofício;
b) bancos, casas bancárias, Caixas Econômicas e demais instituições financeiras;
c) empresas de administração de bens;
d) corretores, leiloeiros e despachantes oficiais;
e) inventariantes;
f) síndicos, comissários e liquidatários;
g) quaisquer outras entidades ou pessoas que a lei designe em razão de seu cargo, ofício, função, ministério, atividade ou profissão.

Todavia, este poder sofre limitações. Se o tributo deve ser exigido mediante atividade administrativa plenamente vinculada à lei, e se a requisição de informações é uma das atividades a serviço deste propósito, a própria lei poderá limitar os poderes das autoridades.

Há determinadas informações que se incorporam à dignidade da pessoa humana e a seus direitos fundamentais, de forma que sua divulgação merece absoluto cuidado e consideração das autoridades. Surgem, assim, os deveres de sigilo, que se dividem em três principais espécies: o sigilo profissional, o sigilo fiscal e o sigilo bancário.

16.3.1. Sigilo profissional

O sigilo profissional também é conhecido como funcional. Consiste em que a obrigação de informar a administração não abrange a prestação de informações quanto a fatos sobre os quais o informante esteja legalmente obrigado a observar segredo em razão de cargo, ofício, função, ministério, atividade ou profissão (CTN, art. 197, parágrafo único). Exemplos: psicólogo, médico, advogado, sacerdote etc. (CARVALHO, 2005, p. 369).

16.3.2. Sigilo fiscal

No exercício de suas atividades, a administração tributária adquire dados e conhecimentos sobre o patrimônio, situação financeira ou econômica do sujeito passivo (ou de terceiros), ou ainda sobre o estado de seus negócios ou atividades (CTN, art. 198). Estas informações devem ser utilizadas estritamente no cumprimento do poder/dever da Administração e de seus servidores, não permitindo seu repasse a terceiros (jornalistas, por exemplo).

Por isso, em regra, é vedada a divulgação pela Administração (que o CTN chama de Fazenda Pública) ou seus servidores. Por isso, qualquer servidor (mesmo que funcionalmente não ligado à Fazenda) está sujeito a este dever. A responsabilidade é funcional, sem prejuízo da responsabilidade criminal ou de outras consequências previstas pelo ordenamento.

Contudo, o dever de sigilo fiscal pode ser excepcionado de duas formas:

a) quebra do sigilo, situação na qual o dever de sigilo prevalece salvo ordem em contrário;
b) inexistência de sigilo, que são situações nas quais o sigilo não ocorre originalmente.

A quebra de sigilo pode se dar em duas situações (CTN, art. 198, § 1º, I e II):

a) requisição de autoridade judiciária no interesse da justiça;
b) solicitações de autoridade administrativa no interesse da administração pública, desde que seja comprovada a instauração regular de processo administrativo, no órgão ou na entidade respectiva, com o objetivo de investigar o sujeito passivo a que se refere a informação, por prática de infração administrativa.

A jurisprudência entende que o Ministério Público não poderá requisitar informações e documentos cobertos por sigilo fiscal sem prévia ordem judicial (STJ, RHC nº 20329/PR).

O intercâmbio de informação sigilosa, no âmbito da administração pública, será realizado mediante processo regularmente instaurado, e a entrega será feita pessoalmente à autoridade solicitante, mediante recibo, que formalize a transferência e assegure a preservação do sigilo (CTN, art. 198, § 2º).

A inexistência são situações em que, *ab initio*, não é vedada a divulgação de informações. Ocorre em três casos:

a) representações fiscais para fins penais (Lei nº 9.430/1996, art. 83);
b) inscrições na dívida ativa da Fazenda Pública (Lei nº 6.830/1980, art. 2º);
c) parcelamento ou moratória (CTN, art. 198, § 3º, I a III).

A representação fiscal para fins penais ocorre quando a autoridade fiscal encaminha elementos, documentos e informações ao Ministério Públicos, para apuração e persecução penal dos crimes previstos na Lei nº 8.137/1990. A respeito, o STF posicionou-se através de Súmula Vinculante nº 24, *in verbis*:

> "Não se tipifica crime material contra a ordem tributária, previsto no art. 1º, incisos I a IV, da Lei nº 8.137/1990, antes do lançamento

definitivo do tributo." (STF, SV nº 24, Plenário, 2.12.2009, DOU de 11/12/2009, p. 1). Precedentes: HC 81611, HC 85185, HC 86120, HC 83353, HC 85463, HC 85428.

16.3.3. Sigilo bancário

Apesar de serem obrigadas, em regra, a atender requisições da administração tributária, as autoridades e instituições do Sistema Financeiro Nacional devem observar sigilo, ou seja, não podem divulgar livremente informações inerentes às operações financeiras realizadas por seus clientes ou terceiros. É que a conta bancária de uma pessoa fala muito sobre ela. Através de um simples extrato bancário, é possível descobrir confidências e expor demasiadamente a vida privada. Por isso, as instituições financeiras conservarão sigilo em suas operações ativas e passivas e serviços prestados (LC 105/2001, art. 1º).

São consideradas instituições financeiras (LC nº 105/2001, art. 1º, § 1º):

I – os bancos de qualquer espécie;
II – distribuidoras de valores mobiliários;
III – corretoras de câmbio e de valores mobiliários;
IV – sociedades de crédito, financiamento e investimentos;
V – sociedades de crédito imobiliário;
VI – administradoras de cartões de crédito;
VII – sociedades de arrendamento mercantil;
VIII – administradoras de mercado de balcão organizado;
IX – cooperativas de crédito;
X – associações de poupança e empréstimo;
XI – bolsas de valores e de mercadorias e futuros;
XII – entidades de liquidação e compensação;
XIII – outras sociedades que, em razão da natureza de suas operações, assim venham a ser consideradas pelo Conselho Monetário Nacional.

Contudo, "banco não é esconderijo", como definiu com felicidade Ziegler, ou seja, o sigilo bancário não é absoluto e não pode servir à ilicitude. Por este motivo, nossa legislação estabelece exceções ao sigilo bancário. A primeira e mais famosa é a quebra mediante ordem judicial. Mas a atual legislação admite que a administração tributária também possa, mediante condições e sem prévia ordem judicial, ter acesso a informações financeiras.

A primeira disposição mais flexível, em nossa época, surgiu com a lei que instituiu a CPMF (Lei nº 9.311/1996, art. 11, § 3º). A primeira redação restringia o uso dos dados bancários para apuração da própria CPMF, mas a Lei nº 10.174/2001 estendeu a possibilidade de uso dos dados para qualquer tributo administrado pela Receita Federal.

O art. 11, § 3º, da Lei nº 9.311/1996, com a redação dada pela Lei nº 10.174/2001, que autoriza o uso de informações da CPMF para a constituição do crédito tributário de outros, aplica-se imediatamente, ainda que a fatos geradores ocorridos antes da Lei nº 10.174/2001 (STJ, REsp nº 1.134.665/SP; CARF, SV nº 35, anexo à Portaria MF nº 383/2010).

Posteriormente, a matéria foi disciplinada pela Lei Complementar nº 105, de 2001, a qual permanece em vigor até os dias atuais. Esta lei oferece duas maneiras de acesso a dados bancários: montantes globais e quebra do sigilo.

A informação quanto à movimentação global mensal constitui obrigação acessória das instituições financeiras e deve ser realizada periodicamente e independente de procedimento ou processo fiscal específico ou prévio. Assim, as instituições financeiras devem prestar à Secretaria da Receita Federal do Ministério da Fazenda informações sobre as operações financeiras efetuadas pelos usuários de seus serviços (LC nº 105/2001, art. 5º).

Estas informações serão prestadas, continuamente, em arquivos digitais, e restringir-se-ão a informes relacionados com a identificação dos titulares das operações e com os montantes globais mensalmente movimentados, relativos a cada usuário, vedada a inserção de qualquer elemento que permita identificar a sua origem ou a natureza dos gastos efetuados (LC nº 105/2001, art. 5º e Decreto nº 4.489/2002, arts. 1º e 2º).

A quebra do sigilo poderá ser determinada pelas autoridades administrativas competentes da União, dos Estados, do Distrito Federal e dos Municípios. Para tanto, faz-se necessária a existência de processo administrativo instaurado ou procedimento fiscal em curso e que tais exames sejam considerados indispensáveis pela autoridade competente. A requisição pode se referir a documentos, livros e registros de instituições financeiras, inclusive os referentes a contas de depósitos e aplicações financeiras (LC nº 105/2001, art. 6º).

Antes de requisitar, a autoridade deve oportunizar ao sujeito passivo a apresentação dos documentos ou justificação dos fatos objeto do procedimento ou processo. Não o fazendo (ou fazendo de forma insatisfatória), a autoridade que preside o procedimento propõe à autoridade competente para decidir a requisição direta à instituição financeira onde se encontrem os dados. Todos os cotitulares da conta bancária devem ser intimados para comprovar a origem dos depósitos nela efetuados, na fase que precede a lavratura do auto de infração com base na presunção legal de omissão de receitas ou rendimentos, sob pena de nulidade do lançamento (Súmula Vinculante CARF nº 29, anexo à Portaria MF nº 383/2010).

As pessoas obrigadas a informar, diante da requisição, são as instituições financeiras em geral (inclusive empresas de fomento comercial ou *factoring*), Bacen e Comissão de Valores Mobiliários.

16.3.4. Cooperação entre fazendas e entes públicos

No plano interno, a Fazenda Pública da União e as dos Estados, do Distrito Federal e dos Municípios prestar-se-ão mutuamente assistência para a fiscalização dos tributos respectivos e permuta de informações, na forma estabelecida, em caráter geral ou específico, por lei ou convênio (CTN, art. 199).

No plano internacional, a Fazenda Pública da União (somente ela), na forma estabelecida em tratados, acordos ou convênios, poderá permutar informações com Estados estrangeiros no interesse da arrecadação e da fiscalização de tributos (CTN, art. 199, parágrafo único).

As autoridades administrativas federais poderão, ainda, requisitar o auxílio da força pública federal, estadual ou municipal e, reciprocamente, quando vítimas de embaraço ou desacato no exercício de suas funções, ou quando necessário à efetivação de medida prevista na legislação tributária, ainda que não se configure fato definido em lei como crime ou contravenção (CTN, art. 200).

Todavia, os agentes fiscais só podem ingressar no estabelecimento ou outro domicílio do sujeito passivo quando autorizados por ele ou seu representante legal. Não havendo autorização, não basta requisitar a força pública, sendo necessária ordem judicial específica para adentrar as dependências do contribuinte (STF, RE nº 313303-7 e HC nº 79512/RJ).

16.4. DÍVIDA ATIVA

Já analisamos, nos capítulos anteriores, o conceito geral de dívida ativa, e vimos que existe dívida ativa tributária e não tributária.

Nesta fase cabe discorrer sobre a disciplina dada pelo CTN à dívida ativa tributária, no que tange a suas normas de direito material.

O códex diz que constitui dívida ativa tributária a proveniente de crédito dessa natureza, regularmente inscrita na repartição administrativa competente, depois de esgotado o prazo fixado, para pagamento, pela lei ou por decisão final proferida em processo regular (CTN, art. 201).

A inscrição não ocorre automaticamente após o inadimplemento da obrigação, mas constitui ato de controle e verificação da legalidade do lançamento e do processo fiscal, realizado por órgão competente. No caso da União, esta função pertence à PGFN, como vimos (PAULSEN, 2009, p. 1265). Configura importante controle de legalidade, sobretudo formal, realizado pelo Poder Executivo, impedindo que créditos irregularmente constituídos sejam incluídos em dívida ativa (CARVALHO, 2005, p. 536).

A dívida ativa tributária é inscrita através do termo de inscrição em dívida ativa, que é um registro que deverá conter informações extraídas do processo fiscal. Estas informações são elencadas taxativamente pelo CTN, e a falta ou insuficiência gera nulidade da inscrição.

O termo de inscrição da dívida ativa, autenticado pela autoridade competente, indicará obrigatoriamente (CTN, art. 202):

a) o nome do devedor e, sendo caso, o dos corresponsáveis, bem como, sempre que possível, o domicílio ou a residência de um e de outros;
b) a quantia devida e a maneira de calcular os juros de mora acrescidos;

c) a origem e natureza do crédito, mencionada especificamente a disposição da lei em que seja fundado;
d) a data em que foi inscrita;
e) sendo o caso, o número do processo administrativo de que se originar o crédito;
f) a indicação do livro e da folha da inscrição.

A omissão de quaisquer dos requisitos citados, ou o erro a eles relativo, são causas de nulidade da inscrição e do processo de cobrança dela decorrente, mas a nulidade poderá ser sanada até a decisão de primeira instância, mediante substituição da certidão nula, devolvido ao sujeito passivo, acusado ou interessado, o prazo para defesa, que somente poderá versar sobre a parte modificada (CTN, art. 203).

Como vimos, o STJ especificou que:

> "A Fazenda Pública pode substituir a certidão de dívida ativa (CDA) até a prolação da sentença de embargos, quando se tratar de correção de erro material ou formal, vedada a modificação do sujeito passivo da execução." (STJ, Súmula nº 392, DJE 07.10.2009).

A dívida regularmente inscrita goza da presunção de certeza e liquidez e tem o efeito de prova pré-constituída. Esta presunção é relativa (*juris tantum*) e pode ser ilidida por prova inequívoca, a cargo do sujeito passivo ou do terceiro a quem aproveite (CTN, art. 204). A fluência de juros de mora não exclui a liquidez do crédito (CTN, art. 201, parágrafo único).

Portanto, a dívida inscrita possui como atributo a presunção de veracidade, que comporta prova em contrário, cujo ônus é do sujeito passivo ou terceiro interessado. Trata-se, portanto, de presunção *juris tantum*, e não *jure et de jure* (FREITAS, 2005, p. 834).

16.5. CERTIDÕES E CADASTRO

A lei poderá exigir que a prova da quitação de determinado tributo, quando exigível, seja feita por certidão negativa, expedida à vista de requerimento do interessado, que contenha todas as informações necessárias à identificação de sua pessoa, domicílio fiscal e ramo de negócio ou atividade, e indique o período a que se refere o pedido.

A obrigatoriedade de exibir certidão negativa constitui uma das garantias do crédito tributário. Repousa sobre a ideia de vedar acesso, do sujeito passivo infrator ou inadimplente, a benefícios ou vantagens oferecidos pelo poder público ao particular. Contudo, "[...] Inexistindo o crédito tributário constituído, o contribuinte tem direito à certidão negativa de débito [...]" (STJ, EREsp nº 180771/PR).

A certidão negativa será sempre expedida nos termos em que tenha sido requerida e será fornecida dentro de 10 (dez) dias da data da entrada do requerimento na repartição (CTN, art. 205).

A exigência de certidões negativas é matéria de lei ordinária, sendo que há inúmeras previsões em nosso ordenamento jurídico (exemplo, Lei nº 8.666/1993, arts. 27-29). O CTN, contudo, traz quatro exemplos:

a) a extinção das obrigações do falido requer prova de quitação de todos os tributos (CTN, art. 191).
b) a concessão de recuperação judicial depende da apresentação da prova de quitação de todos os tributos, observado o disposto nos arts. 151, 205 e 206 do CTN (CTN, art. 191-A).
c) nenhuma sentença de julgamento de partilha ou adjudicação será proferida sem prova da quitação de todos os tributos relativos aos bens do espólio, ou às suas rendas (CTN, art. 192)
d) salvo quando expressamente autorizado por lei, nenhum departamento da administração pública da União, dos Estados, do Distrito Federal ou dos Municípios, ou sua autarquia, celebrará contrato ou aceitará proposta em concorrência pública sem que o contratante ou proponente faça prova da quitação de todos os tributos devidos à Fazenda Pública interessada, relativos à atividade em cujo exercício contrata ou concorre (CTN, art. 193).

A certidão positiva com efeitos de negativa (CPEn) tem os mesmos efeitos de certidão negativa e deverá ser expedida nas seguintes hipóteses: a) existência de créditos não vencidos; b) créditos em curso de cobrança executiva em que tenha sido efetivada a penhora; c) créditos com a exigibilidade suspensa (CTN, art. 206). As hipóteses citadas não precisam ocorrer conjuntamente. Por exemplo, "[...] Não ha que se negar o fornecimento de certidão negativa se o débito encontra-se parcelado e vem sendo regularmente pago [...]" (STJ, REsp nº 95889/SP).

Contudo, independentemente de disposição legal permissiva, será dispensada a prova de quitação de tributos, ou o seu suprimento, quando se tratar de prática de ato indispensável para evitar a caducidade de direito, respondendo, porém, todos os participantes no ato pelo tributo porventura devido, juros de mora e penalidades cabíveis, exceto as relativas a infrações cuja responsabilidade seja pessoal ao infrator (CTN, art. 207).

Como participantes do ato devem-se entender as pessoas que têm responsabilidade e interesse sobre o ato ou negócio sobre o qual o tributo incide (ROSA JÚNIOR, 2009, p. 482).

A certidão negativa expedida com dolo ou fraude, que contenha erro contra a Fazenda Pública, responsabiliza pessoalmente o funcionário que a expedir pelo crédito tributário e juros de mora acrescidos, sem prejuízo da responsabilidade criminal e funcional que no caso couber (CTN, art. 208).

Importante observar que o servidor não responde assim por mera certidão errada. É preciso que tenha procedido dolosamente, pois a certidão deve conter erro que prejudica a Fazenda, e o servidor que a emitiu sabe disso (NASCIMENTO, 2002, p. 505). Isso não significa, contudo, que o erro do servidor deva ficar sempre impune, apenas que a responsabilidade dele se dará por outra forma, ou seja, não pessoal quanto ao crédito tributário.

QUESTÕES DE CONCURSOS

(TRF 4ª Região – Juiz – 2000 – ESMAFESC) Assinalar a alternativa correta:

a) Os livros obrigatórios de escrituração comercial e fiscal e os comprovantes dos lançamentos neles efetuados devem ser conservados até que ocorra a prescrição dos créditos tributários decorrentes das obrigações a que se refiram.

b) Os valores indevidamente recolhidos a título de FINSOCIAL não são passíveis de compensação com parcelas vincendas da COFINS, pois não se cuida de tributos da mesma espécie.

c) O contribuinte não pode creditar-se do valor do IPI incidente sobre produtos adquiridos sob o regime de isenção, mas poderá fazê-lo se os produtos adquiridos estiverem submetidos à alíquota zero.
d) A solidariedade das pessoas que tenham interesse comum na situação que constitua fato gerador da obrigação tributária não comporta benefício de ordem, mas o pagamento efetuado por um dos obrigados não extingue a responsabilidade dos demais.

Resposta: A

(TRF 4ª Região – Juiz – 2001) Assinalar a alternativa correta.

a) O contribuinte não tem direito à obtenção de certidão negativa de débito, se deixou de recolher tempestivamente tributo sujeito a lançamento por homologação.
b) O contribuinte tem direito à certidão positiva com efeitos de negativa, mesmo em caso de já estar sendo executado e ter tido bens penhorados na cobrança executiva.
c) Em se tratando de tributo sujeito a lançamento por homologação e não tendo sido a exação recolhida no prazo, o contribuinte não terá direito à certidão negativa de débito mesmo que ele ainda não tenha sido objeto de lançamento de ofício.
d) Não tem os mesmos efeitos da negativa a certidão onde conste a existência de créditos não vencidos, em curso de cobrança executiva em que tenha sido efetivada a penhora, ou cuja exigibilidade esteja suspensa.

Resposta: B

(TRF 1ª Região – Juiz – 2009) A respeito da responsabilidade tributária, assinale a opção correta.

a) Considere que João tenha adquirido um galpão onde funcionou, por quinze anos, um minimercado, que recém encerrou suas atividades e tenha instalado ali nova empresa com o mesmo ramo de atividade. Nessa situação, João sucedeu a antiga empresa, respondendo pelos tributos relativos ao fundo de comércio do estabelecimento anterior.

b) O funcionário do fisco que expedir fraudulentamente certidão negativa contra a fazenda pública responderá pelo crédito tributário, já que estará caracterizada a responsabilidade de terceiro pela obrigação tributária.

c) A responsabilidade tributária é pessoal ou solidária, inexistindo responsabilidade subsidiária para o pagamento do tributo.

d) A responsabilidade do espólio não alcança as multas devidas pelo *de cujus*, inclusive a moratória.

e) É defeso ao fisco efetivar inscrição em dívida ativa do sucessor hereditário do devedor, já que a responsabilidade do sucessor se limita ao quinhão e ao montante do tributo devido pelo *de cujus* até a abertura da sucessão e não pagos até a data da partilha.

Resposta: B

(TRF 2ª Região – Juiz – 2009 – CESPE) Assinale a opção correta com relação ao procedimento fiscal e à dívida ativa.

a) A autoridade fiscal poderá efetuar apreensão temporária de mercadorias desacompanhadas de documento fiscal idôneo e retê-las até comprovação de legitimidade de sua posse pelo proprietário.

b) Durante fiscalização tributária, poderá o fisco efetivar busca e apreensão de documentos nas dependências e no escritório de sociedade comercial, independentemente de autorização judicial e de seus proprietários, prepostos ou gerentes.

c) Ao tomar conhecimento de contribuições sociais declaradas por empresa na declaração de contribuições e tributos federais, cujos valores não foram recolhidos no prazo estabelecido, deverá a autoridade fiscal notificá-la para efetuar o recolhimento do débito, sob pena de inscrição em dívida ativa, ficando suspenso o prazo prescricional.

d) A autoridade fiscal deverá fazer constar da certidão de inscrição do débito tributário em dívida ativa o nome dos sócios-gerentes, corresponsáveis pela dívida, pressuposto necessário para viabilizar o redirecionamento do executivo fiscal.

e) A fazenda pública pode substituir a certidão de inscrição do débito fiscal em dívida ativa, quando aquela apresentar nulidade, apenas até a citação do devedor no executivo fiscal.

Resposta: A

(TRF 3ª Região – Juiz – 2002) Para a regularidade e observância do devido processo administrativo-fiscal, o MPF (Mandado de Procedimento Fiscal), em consequência ao ato de fiscalização, não será exigido quando:

a) relativo ao tratamento automático das declarações (malhas fiscais);
b) depois de realizado o despacho aduaneiro;
c) da fiscalização que implique quebra do sigilo bancário do contribuinte;
d) o auditor-fiscal entenda necessário à fiscalização do contribuinte.

Resposta: A

(TRF 3ª Região – Juiz – 2003) Assinale a alternativa correta:

a) o encargo de vinte por cento, do Decreto-Lei nº 1.025/1969, é sempre devido nas execuções fiscais da União e substitui, nos embargos, a condenação do devedor em honorários advocatícios;
b) estão sujeitos à fiscalização tributária ou previdenciárias quaisquer livros comerciais, podendo a autoridade fiscal analisar todas as matérias que os envolvem, independentemente do objeto da fiscalização;
c) é vedado o intercâmbio de informações sigilosas, no âmbito da administração pública, salvo com relação a informações decorrentes da inscrição de dívida ativa da Fazenda Pública;
d) certidões que comprovem a quitação e regularidade de situação junto ao fisco devem ser negadas se houver débito tributário, ainda que garantido por penhora regular.

Resposta: A

Referências

ALEXANDRE, Ricardo. *Direito Tributário Esquematizado.* 4º ed. São Paulo: Método, 2010.

ALEXANDRINO, Marcelo; PAULO, Vicente. *Direito Tributário na Constituição e no STF.* 8º ed. Rio de Janeiro: Ímpetus, 2008.

AMARO, Luciano. *Direito Tributário Brasileiro.* 10º ed. São Paulo: Editora Saraiva, 2004.

ATALIBA, Geraldo. *Hipótese de Incidência Tributária.* São Paulo: Revista dos Tribunais, 1991.

ÁVILA, René Bergmann et al. *Direito Processual Tributário.* 5º ed. Porto Alegre: Livraria do Advogado, 2009.

BALEEIRO, Aliomar. *Uma Introdução à Ciência das Finanças.* 13º ed. Rio de Janeiro: Forense, 1981.

BALEEIRO, Aliomar. *Direito Tributário Brasileiro.* 10º ed. Rio de Janeiro: Forense, 1996.

BALEEIRO, Aliomar et al. *Limitações Constitucionais ao Poder de Tributar.* 7º ed. Rio de Janeiro: Forense, 1997.

BARROS FILHO, Theotonio Monteiro de. *As Taxas e seus Principais Problemas Teóricos.* São Paulo: Revista dos Tribunais, 1941.

BARROSO, Luis Roberto. *Interpretação e aplicação da Constituição: fundamentos de uma dogmática constitucional transformadora.* 5º ed. rev., atual. e ampl. São Paulo: Saraiva, 2003.

BORGES, José Souto Maior. *Isenções Tributárias.* 2º ed. São Paulo: Sugestões Literárias, 1980.

BRASIL, Ministério da Fazenda. *Secretaria da Receita Federal – Perguntas e Respostas Pessoa Jurídica 2007.* Brasília: Imprensa Oficial, 2007.

BRITO, Maria do Socorro Carvalho. *Fato gerador da obrigação tributária e atividades ilícitas.* Disponível em: http://www.jus.com.br. Acesso em: 15 mar. 2006.

CALIENDO, Paulo. *Breves Notas do art. 116, parágrafo único, do CTN.* Revista Interesse Público, ano 9, nº 42, maio/2007. Belo Horizonte: Forum.

CARRAZA, Roque Antoniio, ICMS. 10º ed. São Paulo: Malheiros. 2005.

CARRAZA, Roque Antonio. *Curso de Direito Constitucional Tributário.* 19º/23º ed. São Paulo: Malheiros Editores, 2003, 2007.

CARVALHO, Paulo de Barros. *Curso de Direito Tributário.* 8º 10º e 14º ed. São Paulo: Saraiva, 1996, 1998, 2005.

CASSONE, Vitório. *Direito Tributário.* 4º ed. São Paulo: Atlas, 1992.

COELHO, Sacha Calmon Navarro. *Comentários à Constituição de 1988/Sistema Tributário.* 3º ed. Rio de Janeiro: Forense, 1991.

COELHO, Sacha Calmon Navarro. *Curso de Direito Tributário Brasileiro.* 9º ed. Rio de Janeiro: Forense, 2007, 447.

CONTI, José Maurício. *Princípios da Capacidade Contributiva e da Progressividade.* São Paulo: Dialética, 1996.

CRETELLA JÚNIOR, José. *Comentários à Constituição Brasileira de 1988.* 2º ed. Rio de Janeiro: Forense Universitária, 1993. v. VII.

DE PLÁCIDO E SILVA. Atualizado por Nagib Slaib Fº. Gláucia Carvalho. *Vocabulário Jurídico.* 23º ed. Rio de Janeiro: Forense, 2004.

DENARI, Zelmo. *Curso de Direito Tributário.* 2º ed. São Paulo: Forense, 1991.

DERZI, Misabel Abreu Machado. *Os Conceitos de Renda e de Patrimônio.* Belo Horizonte: Del Rey, 1992.

_________, Misabel Abreu Machado. *O Princípio da Irretroatividade do Direito na Constituição e no Código Tributário Nacional.* Revista de Direito Tributário 67. São Paulo: Malheiros p. 250.

DI PIETRO, Maria Sylvia Zanella. *Direito Administrativo.* 12º ed. São Paulo: Atlas, 2000.

DIFINI, Luiz Felipe Silveira. *Manual de Direito Tributário.* São Paulo: Saraiva, 2003.

DINIZ, Maria Helena. *Código Civil Anotado.* 12º ed. São Paulo: Saraiva, 2006.

FANUCCHI, Fábio. *Curso de Direito Tributário Brasileiro.* 3º ed. São Paulo: Resenha Tributária, 1975. v. I.

FERRAZ JÚNIOR, Tercio Sampaio Ferraz. *Remissão e Anistia Fiscais.* Revista de Direito Tributário nº 70 p. 83-83.

FERREIRA, Abel Henrique. *O princípio da Capacidade Contributiva frente aos Tributos Vinculados e aos Impostos reais e Indiretos.* Revista Fórum de Direito Tributário. São Paulo: Fórum, dez. 2003. v. VI.

FERREIRA, Aurélio Buarque de Hollanda. *Novo Dicionário Aurélio da Língua Portuguesa.* 3º ed. Curitiba: Positivo, 2004.

FERREIRA FILHO, Manoel Gonçalves. *Comentários à Constituição brasileira de 1988.* São Paulo: Saraiva, 1990.

FONSECA, João Bosco Leopoldino. *Direito Econômico.* 5º ed. Rio de Janeiro: Forense, 2005.

FREITAS, Vladimir Passos de et al. *Código Tributário Nacional Comentado.* 3º/4º ed. São Paulo: Revista dos Tribunais, 2005, 2007.

FUHLER, Maximilianus Cláudio *Américo. Resumo de Direito Constitucional.* 10º ed. São Paulo: Malheiros, 2008.

GODOY, Walter. *Os Direitos dos Contribuintes,* 2º ed, Porto Alegre: Síntese, 2003.

GONÇALVES, J.A. Lima. *Isonomia na Norma Tributária.* São Paulo: Malheiros, 1993.

GRECO, Marco Aurélio. *Contribuições de uma figura sui generis.* São Paulo: Dialética, 2000.

GRUPENMACHER, Betina Treiger et al. *Direito Tributário e o Novo Código Civil.* São Paulo: Quartier Latin, 2004.

HORVATH, Estevão; OLIVEIRA, Regis Fernandes de. *Manual de Direito Financeiro.* 6º ed. São Paulo: RT, 2003.

HOUAISS, Antonio. *Dicionário Houaiss da Língua Portuguesa.* Rio de Janeiro: Objetiva, 2001.

JUND, Sergio. *Direito Financeiro e Orçamento Público.* 2º ed. Rio de Janeiro: Elsevier, 2008.

JUND, Sergio. *AFO – Administração Financeira e Orçamentária:* teoria e 750 questões. 3º ed. Rio de Janeiro: Elsevier, 2008-2.

KARKACHE, Sérgio. *O Código Civil de 2002 e o Direito Tributário.* Curitiba: ESAF, 2007.

KARKACHE, Sérgio. *Princípio do tratamento favorecido:* o direito das empresas de pequeno porte a uma carga tributária menor. Curitiba: UFPR, 2010.

MAGALHÃES, José Luiz Quadros de. *"A Teoria do Poder Constituinte".* Teresina: Jus Navigandi. Disponível em: <http://jus2.uol.com.br/doutrina/texto.asp?id=4829>. Acesso em: 23 fev. 2005.

MACÊDO, Welton Charles Brito. *O ICMS na importação de bens por pessoa física ou jurídica não contribuinte do imposto. Manutenção do enunciado da Súmula nº 660 do*

STF e o princípio da não-cumulatividade. Teresina: Revista Eletrônica Jus Navigandi ano 10 nº 1050 17 maio 2006. Disponível em: <http://jus2.uol.com.br/doutrina/texto.asp?id=8435>. Acesso em: 24 fev. 2007.

MACHADO, Hugo de Brito. *Temas de Direito Tributário.* São Paulo: RT, 1993.

______________. *Comentários ao Código Tributário Nacional.* São Paulo: Saraiva, 1998. v. I.

MACHADO, Hugo de Brito. *Curso de Direito Tributário.* 24º ed. São Paulo: Malheiros, 2004.

MARINS, James. *Direito Processual Tributário Brasileiro (Administrativo e Judicial).* São Paulo: Dialética, 2001.

MARTINS, Ives Gandra da Silva et al. *Comentários ao Código Tributário Nacional.* São Paulo: Saraiva, 1998. v. II.

MEIRELES, Hely Lopes. *Direito Administrativo Brasileiro.* 16º ed. São Paulo: Revista dos Tribunais, 1991.

MELO, José Eduardo Soares de. *Curso de Direito Tributário.* 3º ed. São Paulo: Dialética, 2002.

______________. *Impostos Federais Estaduais e Municipais.* 2º ed. Porto Alegre: Livraria do Advogado, 2006.

MORAES, Bernardo Ribeiro de. *Compêndio de Direito Tributário.* 1º e 4º ed. Rio de Janeiro: 1984, 1995.

MORAES, Germana Oliveira et al. *Direito constitucional:* estudos em homenagem a Paulo Bonavides. São Paulo: Malheiros, 2001.

NASCIMENTO, Carlos Válder do et al. *Comentários ao Código Tributário Nacional.* 6º ed. Rio de Janeiro: Forense, 2002.

NERY JÚNIOR, Nelson. *Código Civil Anotado.* 2º ed. São Paulo: Revista dos Tribunais, 2003.

NERY JÚNIOR, Nelson; NERY, Rosa Maria de Andrade. *Código Civil Comentado.* 5º ed. São Paulo: Revista dos Tribunais, 2007.

NOGUEIRA, Rui Barbosa. *Curso de Direito Tributário.* 7º ed. São Paulo: Saraiva, 1986.

PAULSEN, Leandro. *Segurança Jurídica Certeza do Direito e Tributação.* Porto Alegre: Livraria do Advogado, 2006.

PAULSEN Leandro. *Direito Tributário - Constituição e Código Tributário Nacional à Luz da Doutrina e da Jurisprudência.* 11º edição. Porto Alegre: Livraria do Advogado; 2009.

PEIXOTO, Marcelo Magalhães et al. *Comentários ao Código Tributário Nacional.* 1º ed. São Paulo: MP Editora, 2005.

POSSETI, Marco Antonio F. *Auditor Fiscal da Receita Federal do Brasil Coleção Concursos Públicos.* Caderno de Direito Tributário. 1º ed. Curitiba: Maximus, 2005. p. 5. v. II.

RABELLO FILHO, Francisco Pinto. *O Princípio da Anterioridade da Lei Tributária.* São Paulo: Editora Revista dos Tribunais, 2002. p. 100-103.

REALE, Miguel. *Lições Preliminares de Direito.* 19º ed. São Paulo: Saraiva, 2009.

REQUIÃO, Rubens. *Curso de Direito Comercial.* 24º ed. São Paulo: Saraiva, ?. v. I.

ROSA JÚNIOR, Luiz Emygdio F. da. *Manual de Direito Tributário.* Rio de Janeiro: Renovar, 2009.

RUSCHMANN, Cristiano Frederico. *Direito Tributário.* 1º ed. São Paulo: (Coleção Cursos e Concursos) Saraiva, 2006.

SANTOS, Sandro Roberto. *Como fica o planejamento tributário diante da denominada "Norma Geral Antielisão".* Revista Forum de Direito Tributário, ano 5, nº 30, nov/2007. Belo Horizonte: Forum.

SILVA, José Afonso da. *Curso de Direito Constitucional Positivo.* 19º ed. São Paulo: Malheiros, 2001.

SILVA, José Afonso da. *Curso de Direito Constitucional Positivo.* 10º e 22º ed. São Paulo: Malheiros, 1995 e 01/2003.

SILVA, José Afonso da. *Comentário Contextual à Constituição.* São Paulo: Malheiros, 2007.

SILVA, José Afonso da. *Comentário Contextual à Constituição.* São Paulo: Malheiros, 2007.

SOUSA, Ercias Rodrigues de. *A Federação brasileira: a repartição constitucional da competência tributária e o papel das normas gerais.* Jus Navigandi Teresina ano 7 nº 59 1 out. 2002. Disponível em: <http://jus.uol.com.br/revista/texto/3309>. Acesso em: 28 out. 2010.

SOUZA, Hamilton Dias de. *Comentários ao Código Tributário Nacional.* Coordenação de Ives Gandra da Silva Martins 1998. Saraiva, 1998. v. 2.

STRECK, Lenio Luiz. *Jurisdição constitucional e hermenêutica:* uma nova crítica do Direito. Porto Alegre: Livraria do Advogado, 2002.

TORRES, Ricardo Lobo. *Curso de Direito Financeiro e Tributário.* 15º ed. Rio de Janeiro: Renovar, 2008.

VALADÃO, Alexander Roberto Alves. *Direito Tributário.* Curitiba: IESDE, 2006. 112 p.

WILGES, Ilmo José. *Finanças Públicas:* Orçamento e Direito Financeiro. 2º ed. São Paulo: AGE, 2006.

ZIEGLER, Jean. *A Suíça, o ouro e os Mortos:* como os banqueiros suíços ajudaram a financiar a máquina de guerra Nazista. Tradução de: Ana Barradas. Rio de Janeiro: Record, 1999.

SZKLAROWSKY, Leon Frejda. *O real e o plano de estabilização econômica. A Medida Provisória nº 592/94.* Teresina: Jus Navigandi. Disponível em: <http://www.jus.com.br>. Acesso em: 30 jan. 2004.